utb 5933

Eine Arbeitsgemeinschaft der Verlage

Brill | Schöningh – Fink · Paderborn
Brill | Vandenhoeck & Ruprecht · Göttingen – Böhlau · Wien · Köln
Verlag Barbara Budrich · Opladen · Toronto
facultas · Wien
Haupt Verlag · Bern
Verlag Julius Klinkhardt · Bad Heilbrunn
Mohr Siebeck · Tübingen
Narr Francke Attempto Verlag – expert verlag · Tübingen
Psychiatrie Verlag · Köln
Ernst Reinhardt Verlag · München
transcript Verlag · Bielefeld
Verlag Eugen Ulmer · Stuttgart
UVK Verlag · München
Waxmann · Münster · New York
wbv Publikation · Bielefeld
Wochenschau Verlag · Frankfurt am Main

Hans-Joachim Strauch

Richterliche Urteilsfindung

Methoden und Praktiken

Mohr Siebeck

Hans-Joachim Strauch ist Honorarprofessor für Verwaltungsrecht und Rechtstheorie an der Friedrich-Schiller-Universität Jena.

ISBN 978-3-8252-5933-4 (UTB Band 5933)

Online-Angebote oder elektronische Ausgaben sind erhältlich unter www.utb-shop.de.

Die Deutsche Nationalbibliothek verzeichnet diese Publikation in der Deutschen Nationalbibliographie; detaillierte bibliographische Daten sind im Internet über *http://dnb.dnb.de* abrufbar.

© 2023 Mohr Siebeck, Tübingen. www.mohrsiebeck.com

Das Werk einschließlich aller seiner Teile ist urheberrechtlich geschützt. Jede Verwertung außerhalb der engen Grenzen des Urheberrechtsgesetzes ist ohne Zustimmung des Verlags unzulässig und strafbar. Das gilt insbesondere für die Verbreitung, Vervielfältigung, Übersetzung und die Einspeicherung und Verarbeitung in elektronischen Systemen.

Das Buch wurde von epline in Böblingen gesetzt.

Printed in Germany.

Inhaltsverzeichnis

Einleitung 1

Teil A: Methode – Theorien und Praktiken 3

Kapitel 1: Akademische Methodenlehre vs. Methodenlehre richterlicher Fallbearbeitung 5

I. Die „akademische Methodenlehre" und ihre Praxis 5
   1. Erste wesentliche Differenz: Sachverhalt 6
   2. Zweite wesentliche Differenz:
      „Recht" aus akademischer und aus richterlicher Perspektive 7
II. Der Gerichtssaal als „Bühne" und Kommunikationsraum 10

Kapitel 2: Die Methode der gerichtlichen Praxis – Struktur und Grundgedanken 12

I. Richterliche Praxis – Praktiken als Befund 12
II. Methode als Bündel richterlicher Praktiken, Regeln und Orientierungen .. 13
III. Zur Konzeption einer Methodenlehre der Praxis 14
   1. Multiperspektivität der Fallbearbeitung 15
   2. Multiperspektivität und Kohärenz 17

Teil B: Wahrnehmung und Fallverstehen 19

Kapitel 3: Prozesse der Wahrnehmung 21

I. Die basalen Mechanismen 21
II. Vorurteile und Vorverständnisse 23
III. Mechanismen sozialer Kognition 25
IV. Wahrnehmung und Mustererkennung – Grundlagen des Fallverstehens ... 27

Kapitel 4: Strukturen der Wahrnehmung im Spiegel der Sprache 29

I. Vagheit als Befund 29
II. Vagheit und Methode 29

Teil C: Sachverhalts- und Rechtsermittlung 31

Kapitel 5: Sachverhaltsermittlung: Kommunikation zwischen Zielgerichtetheit und Offenheit 33

I. Die ideale Kommunikationshaltung – geteilte Aufmerksamkeit 34
   1. Hypothesenbildung 35

2. Zeugenvernehmung 36
II. Verhandlungsführung 37
   1. Zur Amtsermittlung 38
   2. Zum Beibringungsgrundsatz 39
   3. Verhandlungsführung und „Richtertypen" 40
   4. Sachverhaltsermittlung mittels Recherche im Netz,
      insbesondere über Wikipedia 42
      a) Zum Befund 42
      b) Prozessrechtliche Vorgaben 43

Kapitel 6: Der Zeugenbeweis 44
I.   Wahrnehmung und Sich-Erinnern – neurowissenschaftliche Grundlagen . 45
II. Erste allgemeine Folgerungen für die Einschätzung von Zeugenaussagen .. 46
III. Die „Nullhypothese" 49
IV. Wege der „Verifizierung" 50
V.   Das Problem der „falschen Erinnerung" 52

Kapitel 7: Die Verknüpfung von Indizien 55
I.   Zur Typologie der Verknüpfungen 56
II. Erfahrungssätze 56
   1. „Allgemeine" und sonstige Erfahrungssätze 57
   2. Ausreichende oder notwendige Bedingung 57
   3. Zum Umgang mit Wahrscheinlichkeiten 58
   4. Fehleinschätzungen der Kausalität 60
III. Wissen, Erfahrung oder Annahmen? 61
   1. Scheinbare Erfahrungssätze 61
   2. Scheinbare Alternativlosigkeit 62
   3. Richterlich gesetztes Erfahrungswissen 62
   4. Der nächste Schritt: „Gesamtschau" – „Gesamtwürdigung" 63

Kapitel 8: Komplexe Verknüpfungen – „Gesamtschau", „Gesamtwürdigung" 64
I.   „Gesamtschau" und „Gesamtwürdigung" aus revisionsrechtlicher Sicht 64
II. Die Wahrscheinlichkeitstheorie –
     eine allgemeine Lehre vom Indizienbeweis? 66
   1. Das Modell 67
   2. Die Grenzen des Modells 68
   3. Fazit 69
III. „Gesamtschau" – kognitive Mechanismen 69
   1. Die prinzipiellen Schwierigkeiten 70
   2. Strategie der Strukturierung 72
   3. „Gesamtschau" – Mustererkennung 73

Kapitel 9: Beweismaß und die freie richterliche Überzeugung 79

I. Die gesetzlichen Regelungen 79
II. Beweismaß – ein einheitlicher oder ein pragmatisch flexibler Maßstab? ... 81
III. Subjektive Überzeugung vs. Methode? 82
IV. Subjektive Gewissheit – Prozesse der Objektivierung 84
V. Die Verantwortung des Richters für seine „Gewissheit" 85

Kapitel 10: Wege der Rechtsermittlung 87

I. Einordnung in Vergleichsfälle 88
II. Rechtsfindung und die „anerkannten Methoden der Gesetzesauslegung" .. 89
   1. Die neuere Rechtsprechung des BVerfG 90
   2. Grundregeln zur richterlichen Gesetzesinterpretation 91
   3. Zur Indizwirkung der Gesetzesmaterialien 92
III. Einordnung in einen dogmatischen Zusammenhang 93
   1. Dogmatische Einordnung 93
   2. Bildung einer neuen Regel 94
IV. Urteilsfindung und Gerechtigkeit – methodische Einordnungen 95
   1. Subsumtionsprozesse 97
   2. Prozesse der Abwägung 99
   3. Verfahrens-Gerechtigkeit 101

Kapitel 11: Rechtssystem und richterliche Rechtserzeugung 104

I. Ausgangsthesen 104
II. Zur zentralen Rolle der Entscheidungsnorm 105
III. „Leitsatzrecht" 106
IV. „Gesetz und Recht" 106
V. Die Legitimationsfrage 107
VI. Rechtssystem und Hypertext 108

Teil D: Methode und Kohärenz 111

Kapitel 12: Urteilsfindung – Bedingungen einer kohärenten Entscheidung 113

I. Der theoretische Rahmen 113
II. Kohärenz von Sachverhalt, Gründen und Urteil 115
III. Kriterien der Kohärenz 115
IV. Sachverhalts- und Rechtsermittlung 117
   1. Sachverhaltsermittlung 117
   2. Rechtsanwendung 117

Nachwort: Praxis im Vordergrund – Theorie im Hintergrund 119

I. Die rechtstheoretischen Perspektiven 121
   1. Die Kanones und ihr trügerischer Schematismus 121

      2. Argumentationstheorien 123
      3. Interpretations- vs. Argumentationstheorien? 124
II. Die philosophisch-theoretische Rahmung 125
      1. Argumentationstheorien 125
      2. Auslegungstheorien – Hermeneutik 126
III. Zur Notwendigkeit neuer theoretischer Perspektiven 129

Literaturverzeichnis 131

Abgekürzt zitierte Nachschlagewerke 138

Stichwortverzeichnis 139

Einleitung

Wie kommen Richterinnen und Richter zu ihren Urteilen? – Eine Frage, die sich nicht nur Juristinnen und Juristen immer wieder stellen, dabei aber meist entweder nur die „Rechtsfindung", die Stichhaltigkeit der „Gründe" oder Einzelfragen im Auge haben. Thema dieses Buches ist demgegenüber Beschreibung, Analyse und Methode des Prozesses der Urteilsfindung in allen seinen Stationen, insbesondere auch denen der Sachverhaltsermittlung.

Soll ein Urteil nicht willkürlich sein, müssen Richter[1] angeben können, auf welchem Wege („méta-hodós") sie zu ihren sachlichen Feststellungen und ihren rechtlichen Schlussfolgerungen gekommen sind. Welches Judiz und welche Vorverständnisse auch immer mit am Werk gewesen sein mögen, als rechtlich begründet kann eine Schlussfolgerung nur gelten, wenn sie methodisch gerechtfertigt werden kann. Das unterscheidet sie von der Dezision, den Mehrheitsentscheidungen einer antiken Volksversammlung oder dem salomonischen Urteil. Wer über „Recht" redet, muss also auch über Methode reden. Zu reden ist dann freilich auch über die unterschiedlichen theoretischen Vorverständnisse, mit denen man das tut und über die unterschiedlichen Praxisfelder, in denen man mit jeweils anderen Perspektiven und Zielstellungen agiert. Schon eingangs ist also festzuhalten: Thema kann nicht „die" juristische Methode sein. Eine differenzierende Auseinandersetzung mit den Phänomenen der juristischen Methode muss vielmehr mit den unterschiedlichen Perspektiven beginnen, unter denen sie theoretisch erfasst und praktisch betrieben wird. Das wird im Teil A geschehen und für die theoretisch Interessierten im Nachwort noch vertieft werden. Da die Prozesse richterlicher Urteilsfindung zunächst immer auch von den Mechanismen und Prozessen der Wahrnehmung und Mustererkennung abhängig sind, werden deren Grundlagen als Basiswissen im Teil B dargestellt, bevor dann die „Wahrheits- und Rechtsfindung", das „richterliche Kerngeschäft", im Teil C ausführlich behandelt wird. Aber Methode ist nicht nur ein Sammelbegriff für Praktiken. Im Hintergrund geht es immer auch um den Zusammenhang von Kohärenz, Methode und Gerechtigkeit. Dies wird im Teil D Gegenstand der Kap. 12 sein. Hier eröffnen sich zugleich auch für die herkömmliche Methodenlehre bisher nicht gesehene Perspektiven.

Die „Richterliche Urteilsfindung" soll die Diskussion, die ich mit der „Methodenlehre des gerichtlichen Erkenntnisverfahrens" anstoßen wollte, fortsetzen und dies auch mit Texten, die erst im Anschluss entstanden sind.[2] Wenn ich von einer „Me-

---

1 Hier und im Folgenden wird im Anschluss an den Wortgebrauch in Art. 92 GG (Die rechtsprechende Gewalt ist den Richtern anvertraut) nur noch die Funktionsbezeichnung „Richter" verwendet.
2 *Strauch* 2017. Was die Nachweise zu Gedanken und Gedankengängen angeht, die dort bereits be-

thodenlehre des gerichtlichen Erkenntnisverfahrens" spreche, dann sind, um Missverständnissen vorzubeugen, mit Erkenntnis all die kognitiven Prozesse gemeint, die bei der richterlichen „Wahrheits- und Rechtsfindung" eine Rolle spielen. Deshalb auch der Untertitel „Prozesse richterlicher Kognition". Es galt und gilt, die Mechanismen zu erfassen, die es uns erlauben, die Prozesse der Sachverhalts- und Rechtsermittlung in den Grundzügen zu verstehen, um die richterliche Urteilsfindung und die ihr zugrunde liegenden Praktiken genauer analysieren zu können. Auf diese theoretischen Grundlegungen wie auch auf die dazugehörigen Literaturnachweise kann und muss – schon des Umfanges wegen – weitgehend verwiesen werden. Im Fokus dieses Buches steht nicht die theoretische Strukturierung, sondern die *richterliche Praxis* und deren Perspektiven. Deshalb sind in den Grundzügen wesentliche, für das Konzept einer Methodenlehre der Praxis entscheidende Prozesse, Bewertungskategorien und Denkmuster praxisbezogen darzulegen. Ziel ist es, die impliziten (adäquaten wie verfehlten) Praktiken, Regeln und Orientierungen, die die Methodik der Praxis ausmachen, in ihrer Regelhaftigkeit explizit zu machen – man kann auch sagen: Methode als Methode erkennbar und bewusst zu machen.

Eine Studie, die wie diese der Multiperspektivität des Themas gerecht werden will, entsteht nicht nur aus den Quellen, die im Literaturverzeichnis offengelegt sind. Zu dokumentieren wäre eine Vielzahl von Diskussionen, Anregungen, Hinweisen und kritischen Fragen von Kollegen und Kolleginnen, Gesprächspartnerinnen und Gesprächspartnern. Ihnen sei gedankt. Dabei gilt mein besonderer Dank Frau Prof. Dr. Susanne Hähnchen, von der Universität Potsdam und ihren „Adleraugen" – den akademischen Mitarbeitern Marco Birkholz, Christoph Lachner und Vanessa Franke für die kritische Durchsicht des Manuskripts und die anregenden und bereichernden Diskussionen, die wir über den Text geführt haben.

---

handelt wurden, werde ich mich in den folgenden Fußnoten weitgehend auf dieses Buch – ML – beziehen. Weitere Texte, aus denen Passagen z. T. übernommen wurden, sind: *Strauch* 2019a (Ästhetik), 2019b (notwendiger Paradigmenwechsel) und 2020 (Multiperspektivität).

Teil A: Methode – Theorien und Praktiken

Kapitel 1

Akademische Methodenlehre vs. Methodenlehre richterlicher Fallbearbeitung

„Methode hat man, über Methode spricht man nicht!", sagt der Praktiker. Muss man auch nicht, meint der Theoretiker. Wer ein rechtswissenschaftliches Studium erfolgreich abgeschlossen hat, hat die Methode, die er für die Praxis braucht. – Doch so einfach ist das nicht. Die Praxis der akademischen Falllösung ist eine andere als die Praxis, in der Richter ihre Fälle bearbeiten. Es bedarf deshalb einer *eigenständigen Methodenlehre*, um die methodischen Praktiken, Orientierungen und impliziten Regeln der richterlichen Praxis auch als Feld eines eigenständigen methodischen Erkenntnis- und Handlungszusammenhanges zu erfassen.

Jede Theorie ist durch die Perspektive begrenzt, aus der ein Erkenntnisgegenstand beobachtet und strukturiert, eine Diskussion geführt wird. Entsprechend geraten dann andere Aspekte des Phänomens aus dem Blickfeld. Die Methodenlehre ist ein typisches Beispiel für eine solche Verengung. Man setzt die Methodenlehre, die am besten als die „akademische" bezeichnet wird, mit „der" juristischen Methodenlehre gleich – obwohl es „die" juristische Methode so wenig gibt wie etwa „die" Methode der Wirtschaftswissenschaften oder der Biologie. Eine Methode wird immer auch durch die Praxis bestimmt, auf die sie bezogen ist, ist immer auch auf die Sachgegebenheiten ausgerichtet, nach denen es sich entscheidend richtet, wie verfahren werden soll und ob die Grundsätze, nach denen man sich dabei richtet, auch angemessen sind.

I. Die „akademische Methodenlehre" und ihre Praxis

Das Feld, auf das die herkömmliche, die „akademische Methodenlehre", bezogen ist, ist die Praxis der Falllösung in Übungs- und Examensklausuren, und diese Praxis bestimmt auch ihre entscheidenden Fragestellungen, Themen und theoretischen Perspektiven. Die Erste Staatsprüfung „dient der Feststellung, ob das rechtswissenschaftliche Studienziel erreicht […] ist", wie es z. B. in § 1 Abs. 2 BW JAPrO heißt. Was hier sehr allgemein formuliert ist und vielen Vorstellungen Raum lässt, mündet in der entscheidenden praktischen Konkretisierung bekanntlich in ein relativ einfaches Feststellungsverfahren: Der entscheidende Nachweis wird durch eine hinreichende Zahl ausreichend gelungener Falllösungen erbracht. Der Prüfling soll in Klausur und ohne Recherchemöglichkeit zeigen, was er zuvor als Student ausführlich geübt hatte: dass er subsumieren kann und die Regeln der Gesetzesauslegung beherrscht. Subsumtion und Auslegung sind so nur folgerichtig die zentralen Themen in den Handreichungen, Grundrissen und Lehrbüchern zur juristischen Methode. Traditionell wird die Lehre von der juristischen Methode so im Kern entweder als eine Auslegungs- oder als Begründungslehre verstanden.

Kein Gegenstand methodischer Überlegungen ist die Ermittlung und Feststellung des Sachverhaltes; die akademische Methodenlehre registriert hier selbst „gewissermaßen" eine „Leerstelle".[1] Darin liegt zugleich die erste entscheidende Differenz zu dem, was im Gegensatz dazu eine Methodenlehre der Praxis zwingend thematisieren muss. Der zweite, keineswegs mehr sofort einleuchtende Unterschied ergibt sich dann aus der Differenz der unterschiedlichen Ziel- und Zwecksetzungen, die einerseits die akademische und andererseits die richterliche Rechtsermittlung steuern.

1. Erste wesentliche Differenz: Sachverhalt

Für die akademische Methodenlehre gibt der Sachverhalt die Probleme vor – aber er selbst ist für sie kein Problem.[2] Der Richter muss den Sachverhalt dagegen erst eigenständig generieren – und die zugrunde zu legenden Tatsachen und ihre Zusammenhänge zu ermitteln, ist in seiner Praxis oft viel schwieriger und arbeitsaufwendiger als sie rechtlich „richtig" zu beurteilen. Die Frage „Wie kommt der Richter zu seinem Sachverhalt?" ist für die richterliche Praxis also von zentraler Relevanz. Aus seiner akademisch-rechtswissenschaftlichen Ausbildung bringt er hierzu so gut wie nichts mit. Wesentlich bleiben ein „learning by doing" und das Prozessrecht. Dieses gibt das Verfahren und mit den Prozessgrundsätzen auch methodische Grundsätze vor, aus denen sich z. T. ergibt, wie zu verfahren ist.[3] Aber das ist noch keine Methode der Sachverhaltsermittlung. Ein Sachverhalt, der rechtsfehlerfrei ermittelt wurde und dessen Feststellungen „revisionssicher" sind, ist damit noch lange nicht auch in der Sache richtig.

Der Sachverhalt ist ein Konstrukt. Im Kap. 6 ist das näher darzulegen; vorwegzunehmen ist hier nur ein wesentlicher Grundgedanke: Zu fragen ist nicht, ob es wirklich so gewesen ist, ob ein Sachverhalt der Wirklichkeit entspricht, sondern ob er richtig konstruiert wurde. Anders als eine Sachverhaltshypothese, die oft spontan im Gefolge von Assoziationen gebildet wird, wird ein Sachverhalt nicht unmittelbar erfasst, sondern muss methodisch ermittelt und konstruiert werden. Nur haben wir es hier nicht mit einem (zunächst) einfachen Regelwerk zu tun (Beispiel: Kanones), sondern mit einem Bündel von Regeln, kognitiven Prozessen und sozialen Praktiken. Es ist ihr Ineinandergreifen, in dem ein Sachverhalt generiert wird. Wesentlich und hervorzuheben sind:

---

1 *Reimer* 2020, Rn. 14.
2 Zu ersten Ansätzen, die allerdings noch eher Hinweischarakter haben, siehe *Reimer* 2020, Rn. 91 ff.; *Möllers* 2021, 519 ff. – *Reimer* schränkt jedoch zugleich ein: Es wäre „eine Überfrachtung der Methodenlehre, wollte man ihr die Last einer vollständigen Wahrnehmungs- und Ermittlungslehre aufbürden" aaO, Rn. 15. Eine Methodenlehre für die gerichtliche Praxis muss diese Last jedoch tragen und sich die Mühe machen.
3 Entsprechend wird die „Sachverhaltsfeststellung als verfahrensrechtliches Problem" behandelt, *Rüthers/Fischer/Birk* 2022, Rn. 669 ff.

– wie schon gesagt, die Vorgaben des Prozessrechts, die das Verfahren strukturieren, die richterlichen Ermittlungsmöglichkeiten begründen und begrenzen und es ausschließen, die Frage nach der Richtigkeit eines Sachverhaltes losgelöst von der prozessualen Situation zu beantworten;
– die Strukturen menschlicher Wahrnehmungs- und Gedächtnisprozesse mit ihren Fehlerquellen, Selektions- und Wertungsmechanismen, die Richter prinzipiell nicht anders betreffen als Zeugen und Sachverständige,[4] und Regeln zur Verifikation bzw. Falsifikation erfordern;[5]
– Regeln, nach denen wir Tatsachen verknüpfen und aus ihnen Schlussfolgerungen ziehen (Alltagswissen, Erfahrungssätze, Umgang mit und Bewertung von Gutachten);
– Struktur und Umgang mit den Phänomenen der richterlichen „Gesamtwürdigung".
– das für die Sachverhaltsgenerierung typische Wechselspiel von Sachverhaltshypothesen und den in Betracht kommenden rechtlichen Einordnungs- und Lösungsmustern. Durch neue Tatsachen, Beweise, rechtliche Gesichtspunkte werden die jeweiligen Ausgangshypothesen im Prozessablauf dann immer wieder in Frage gestellt, bestätigt, falsifiziert, durch neue ersetzt usw. – bis die Sache entscheidungsreif ist.

Diese *Dynamik des Fallverstehens* ist aber nicht nur ein weiteres wesentliches Strukturmoment einer Methodik der gerichtlichen Praxis. Sie markiert zugleich auch einen spezifischen Unterschied zwischen einem rechtswissenschaftlichen Umgang mit einem vorgegebenen, eindeutigen Fall und einer richterlichen Falllösung, in der die Generierung des Sachverhaltes und die rechtliche Beurteilung – jedenfalls in den Tatsacheninstanzen – weitgehend im Wechselspiel erfolgen. Von Engischs vielzitierter Formel vom „Hin- und Herwandern des Blicks" wird diese Dynamik nur einseitig erfasst.[6] Denn nicht nur der rechtliche Blick auf den Sachverhalt, sondern dieser selbst ist im Prozessgeschehen stets veränderlich.

2. Zweite wesentliche Differenz: „Recht" aus akademischer und aus richterlicher Perspektive

Das Richteramt setzt „ein rechtswissenschaftliches Studium" voraus, § 5 DRiG. Diese formelle Voraussetzung hat ihren unmittelbaren inneren Bezug zur Unabhängigkeit des Richters. Einen wissenschaftlichen Umgang mit dem Recht gelernt und diesen

---

4 „Prinzipiell", weil die „mildernde Rolle der Professionalität" hier nicht außer Acht bleiben darf.
5 Zur „Verifizierung": Diese ist nicht in dem Sinne eines Nachweises zu verstehen, dass ein vermuteter oder behaupteter Sachverhalt unzweifelhaft wahr ist. Gebraucht wird der Begriff vielmehr in dem deutlich weiteren Sinn einer Beschreibung des Vorganges, in dem der Richter den Sachverhalt und seine Elemente daraufhin zu überprüfen hat, ob sie unter den Bedingungen eines gerichtlichen Prozesses und nach den Kohärenzkriterien als „richtig" und insofern auch als „wahr" dem Urteil zugrunde gelegt werden können.
6 Wie er selbst anmerkte, hatte er mit der von ihm „nicht sonderlich strapazierte[n], auch nicht näher analysierte[n] Wendung" nur „logische Probleme des Zirkels" im Auge; *Engisch* 1975, 206, Fn. 54. Näher ML, 563 ff.

auch reflektiert zu haben, ist eine unabdingbare Bedingung dieser Unabhängigkeit. Doch das besagt nicht, dass eine Methode des gerichtlichen Erkenntnisverfahrens nur auf der Ebene der Sachverhaltsgenerierung ein eigenständiges Betätigungsfeld habe, im Übrigen aber, und damit im entscheidenden Bereich, mit der „Methode der Rechtswissenschaft" identisch sei. Die „Juristische Methodenlehre" ist eben in erster Linie eine „Methodenlehre *für* die Rechtswissenschaft"[7] und keine „Lehre für die Rechtspraxis". So unterschiedlich die Praxisfelder sind, so stark divergieren oft auch ihre Perspektiven. Prononciert formuliert: Über Recht zu forschen und zu reden ist etwas anderes als Recht zu sprechen.[8] Festzuhalten sind insbesondere fünf Unterschiede – zugleich werden durch sie auch Randbedingungen richterlicher Methode markiert. Aber, um Missverständnisse zu vermeiden: Sie markieren kein aliud, sondern *unterschiedliche Fokussierungen* im Erkenntnis- und Entscheidungsprozess.

a) **Unterschiedliche Intentionen und Erkenntnisinteressen:** Der Wissenschaftler hat neues Wissen zu schaffen, soll neue Wege finden, kreativ und originell sein, wenn er mehr sein will als kompilierender Kommentator des Rechts. Seine Gedanken und Ergebnisse müssen sich in die *wissenschaftliche* Diskussion einfügen; in dieser werden sie bewertet. Demgegenüber hat der Richter zunächst immer nur einen *konkreten sozialen Konflikt* zu lösen und seine Lösung muss sich in die Rechtsprechung einfügen. Sie muss *im Justizsystem „netzwerkfähig"* sein. Das ergibt typische Unterschiede im Habitus: Gut zu beobachten sind solche Differenzen etwa in Spruchkörpern, die sowohl mit Berufsrichtern als auch mit Universitätsprofessoren besetzt sind. Unterschiedliche Fokussierungen auf praktische Auswirkungen und rechtswissenschaftliche Folgerichtigkeit sind hier oft nicht auf einen Nenner zu bringen.

b) **Institutionelle Einbindung:** Richter und Wissenschaftler sind unabhängig: Der Richter ist aber in ganz anderer Weise unmittelbarer institutionell eingebunden – eine Einbindung, die der Wissenschaftler so nicht kennt. Sie wird von der rechtswissenschaftlichen Methode deshalb auch als solche nicht thematisiert. Der wesentliche Verstehenshorizont, der sich aus den Prägungen der institutionellen Einbindung ergibt, kommt nicht in den Blick.[9] Auch nicht die Bildung *spezifischer Denk- und Argumentationsräume*, in denen sich das Denken und Argumentieren des Einzelnen eben nicht als ein solches in „Einsamkeit und Freiheit", sondern als eines eingebunden in eine „Interpretationsgemeinschaft"[10] erweist. Plastisch wird diese Unterschiedlich-

---

[7] In Umkehrung der Einschätzung von *Reimer* 2020, Rn. 12: „Methodenlehre als Lehre für die Rechtspraxis".
[8] *Kelsen* 1960, 352 hat die entscheidende Differenz aus der Perspektive der Reinen Rechtslehre klar beschrieben: „Vor allem aber muß die Interpretation des Rechts durch die Rechtswissenschaft von der Interpretation durch Rechtsorgane als nicht authentisch auf das schärfste unterschieden werden. Sie ist rein erkenntnismäßige Feststellung des Sinnes von Rechtsnormen. Sie ist, zum unterschied von der Interpretation durch Rechtsorgane, keine Rechtserzeugung."
[9] Typisch etwa die Konsequenz, mit der eine Bedeutung jur. Datenbanken für die jur. Methode verneint wird; beispielhaft *Klappstein*, Rechtstheorie 45 (2014), 133–140, 136 ff.
[10] Siehe *Lenk* 1995, 122 f.; zur Konzeption der Interpretationsgemeinschaft bei S. Fish ausführlich *Lee* 2010, 309 ff.; ML, 110 f., 361 f.

keit etwa in der Einstellung zum und im Umgang mit „*Richterrecht*".[11] Zur Illustration eine Grundsituation: Zu einem juristischen Problem gibt es drei unterschiedliche Literaturmeinungen und eine BGH-Entscheidung. Der Rechtswissenschaftler wird hier aller Voraussicht seinen dogmatischen Grundanschauungen folgen, der Richter (in seiner richterlichen Funktion) der BGH-Entscheidung. Protokollierte man dazu die Diskussion, würden sich mit hoher Wahrscheinlichkeit diese unterschiedlichen Funktionen und Rollen in den jeweiligen Argumentsstrukturen auch widerspiegeln. Das gilt auch auf der Ebene einer Revisionsinstanz. Hier bedingen sich „die Rechtswerte der Rechtssicherheit und des Vertrauensschutzes" und die „Kontinuität der Rechtsprechung".[12] Diese ist deshalb immer ein gewichtiges Argument.

c) **Einbindung in den Instanzenzug:** Die institutionelle Einbindung zeigt sich nicht nur in Phänomenen wie dem der „Gruppenkohärenz" (ohne die etwa ein Spruchkörper kaum adäquat arbeiten kann) und dem der „Interpretationsgemeinschaft"; sie steuert den Rechtsermittlungsprozess nicht nur mental und über Habitus, gleichsam induktiv. – Die richterliche Rechtsfindung ist auch inhaltlich auf die Rechtsprechungspraxis ausgerichtet. Rechtsmittel und die Verpflichtung der jeweils obersten Gerichte, bei Abweichungen den jeweiligen Großen Senat oder, zur „*Wahrung der Einheitlichkeit der Rechtsprechung*", den Gemeinsamen Senat der obersten Gerichtshöfe anzurufen (Art. 95 GG), führen dazu, dass auch die konkrete Rechtseinschätzung im frei zu entscheidenden Einzelfall zugleich immer im Hinblick auf die Vorgaben durch die bisherige Rechtsprechung erfolgen wird. Hier gibt es in der Regel eine „Schere im Kopf", die dem Rechtswissenschaftler in der Regel fremd ist, jedenfalls sein sollte.

d) **Die verfassungsrechtlichen und verfassungsgerichtlichen Determinanten:** Wie Rüthers immer wieder zu Recht betont hat, sind Methodenfragen auch Verfassungsfragen.[13] Rüthers stellte diese Frage, um die verfassungsrechtliche Gebotenheit seiner historischen Auslegung zu begründen.[14] Und er hat sich in diesem Zusammenhang stets sehr kritisch mit der Rechtsprechung des Bundesverfassungsgerichtes auseinandergesetzt – sowohl mit dessen These, die Verfassung gebe keine bestimmte Auslegungsmethode vor, als auch zu dessen Auffassungen zur objektiven Theorie.[15] Soweit Methodenfragen Verfassungsfragen sind, ist es dann aber auch Sache des Bun-

---

11 Zur Debatte vgl. die Beiträge im Sammelband „Richterrecht zwischen Gesetzesrecht und Rechtsgestaltung" hrsg. von *Christian Bumke* (2012); weitere Nachweise ML, 472 ff.
12 BGH, Beschluss vom 4.10.1982 – GSZ 1/82 – BGHZ 85, 64–75, 66, Rn. 8; siehe auch BGH, Urteil vom 25.6.1997 – IV ZR 233/96 – juris, Rn. 8; BGH, Beschluss vom 27.6.2000 – 1 ARs 6/00 – juris, Rn. 32.
13 *Rüthers*, JZ 2006, 54, 60; *Rüthers/Fischer/Birk* 2022, Rn. 706, 871.
14 Weder aus Text noch aus der Entstehungsgeschichte des GG lässt sich jedoch bei näherer Analyse ein Verdikt gegen die objektive Auslegungstheorie begründen; näher ML, 462, 465. Die „historisch-subjektive" Theorie, wie sie 1905 und später von Heck formuliert wurde, richtete sich zum einen gegen die Begriffsjurisprudenz, zum anderen gegen die Freirechtsschule. Die Frage demokratischer Legitimation richterlicher Rechtsfortbildung wird erst ab 1970/1980 diskutiert; vgl. *Lassahn* 2017, 5 ff. Zu Heck vgl. *Heck* 1936.
15 *Rüthers/Fischer/Birk* 2022, Rn. 810 ff.

desverfassungsgerichts, über die Auslegung des GG zu entscheiden. Die Vorgaben, die sich hier aus der Rechtsprechung des Bundesverfassungsgerichtes ergeben, sind dann auch nicht mehr beliebig diskutierbar. Jedenfalls für eine Methode der richterlichen Praxis sind, soweit Entscheidungen vorliegen, nicht mehr die allgemeinen verfassungsrechtlichen Diskussionen über die Begründbarkeit der „subjektiven Theorie" aus der Entstehungsgeschichte oder dem Demokratiebegriff entscheidend, sondern die Vorgaben, die sich aus der Rechtsprechung des BVerfG ergeben. Sie bestimmen entscheidend die methodischen Regeln und Spielräume, die dem Richter durch die verfassungsgerichtliche Interpretation des Artikels 20 Abs. 3 GG vorgegeben werden. Konkreter ist darauf noch im Kap. 13. einzugehen.

e) Erkenntnis- und Argumentationsperspektive: Der Rechtswissenschaftler kann seine Rechtsfrage frei wählen, dem Richter ist sie durch Anträge, Klage oder Anklage vorgegeben. Der Richter muss auch den rechtlich *lege arte* nicht entscheidbaren Fall lösen; sei es, der gordische Knoten wird durchgehauen oder durch Vergleich.[16] Auch die Argumentationsperspektiven und Informationsprozesse unterscheiden sich grundlegend. Während sich der Wissenschaftler seine Informationsbasis frei und eigenständig schaffen kann, wird die richterliche „Wahrheitsfindung" entscheidend durch die jeweiligen Prozessordnungen gesteuert.[17] Der Richter hat sich vornehmlich auf das zu konzentrieren, was ihm vorgetragen wird. Er muss seinen *Dialog* nicht nur mit Argumenten, sondern mit Menschen führen[18]. Das rechtliche Gehör verpflichtet nicht nur zum Zuhören – es verpflichtet den Richter auch, „die wesentlichen, der Rechtsverfolgung und Rechtsverteidigung dienenden Tatsachenbehauptungen in den Entscheidungsgründen" zu verarbeiten.[19] Seine Erkenntnis- und Entscheidungsperspektive ist deshalb immer auch die des *konkreten Konfliktes*. Und damit kommt ein weiteres, entscheidendes Element ins Spiel, das den Weg des Richters zum Urteil bestimmt: Der Gerichtssaal ist nicht zuletzt auch – Bühne.

II. Der Gerichtssaal als „Bühne" und Kommunikationsraum

Macht, Herrschaft, Religion und Recht können auf Bilder und Darstellung nicht verzichten; sie müssen wahrnehmbar sein, um für „wahr" genommen zu werden. Sie müssen sich deshalb immer auch über Ritualisierung und Inszenierung realisieren – mögen diese auch noch so puritanisch oder reduziert ausfallen. Der Prozess ist ein ritualisierter Kampf. Ein Theater mit einem in der Regel offenen Stück.[20] Fest stehen

---

16 Die Vergleichspraxis wäre – über notwendige methodenkritische Bemerkungen hinaus – ein eigenständiges Thema einer Rechtsprechungstheorie.
17 Ausführlich ML, 162–174.
18 Näher kann in diesem Rahmen auf die „Die Dialogik des Rechts", vgl. dazu *Gröschner* 2013, nicht eingegangen werden.
19 BVerfGE 47, 182, 189; BVerfG, Nichtannahmebeschluss vom 2.7.2018 – 1 BvR 682/12 – juris. Im Übrigen sollte es nicht nur eine Frage der rechtlichen Relevanz sein, auf die vorgetragenen Informationen und Argumente einzugehen.
20 Zur szenisch-theatralen Dimension der Rechtsprechung grundlegend *Vismann* 2011.

nur die Rollen: die Betroffenen sind Laien, die Professionals in Roben. Alle können mal aus der Rolle fallen, nur der Richter darf es nicht. Dann misslingt das Stück. Denn die Aufführung ist darauf angelegt, Akzeptanz zu schaffen, auch und gerade den Unterlegenen davon zu überzeugen, dass das Gericht sich seiner Sache ernsthaft, unvoreingenommen und nach bestem Wissen und Gewissen angenommen hat. Und da das Misslingen leichter zu beschreiben ist als das Gelingen, drei Beispiele für Rolleninkonsistenz: Der Richter, der Probleme mit der Autorität hat, die er darstellen muss – nicht als die eigene, sondern als die des Rechts. Mit den Worten Montesquieus: Er ist la bouche de la loi, der Mund des Gesetzes, und verkennt seine Rolle, wenn er den Lässigen, den Gelangweilten, den Zyniker oder den Antiautoritären gibt. Er verkennt diese auch, wenn er glaubt, mehrere Rollen gleichzeitig spielen zu können – etwa als Jugendrichter gleichzeitig den Kumpel, Richter und Therapeuten.[21] Noch eine Variante des Aussendens widersprüchlicher Botschaften: ein Verwaltungsrichter, der in ganz liebenswürdiger Weise seine Bürgerfreundlichkeit zelebriert – oft aber mit der fatalen Folge, dass die Partei mit allem gerechnet hatte, aber nicht mit einem Unterliegen, einer Klageabweisung.

Nun von der Bühne zur sprachlichen Kommunikation, vom Rollenspiel zum Sprachspiel: Der *Gerichtssaal* ist ein Kommunikationsraum eigener Art. Er ist *strukturell asymmetrisch*. Sprache ermöglicht nicht nur Kommunikation. Sie schließt auch aus, wenn man den Sinn dessen, was da kommuniziert wird, nicht wirklich verstehen kann. Für dieses nur allzu bekannte Problem: Umgangssprache – Juristendeutsch muss der Richter eine situativ jeweils angemessene Sprache, man wird auch sagen können: Übersetzung finden. Das zentrale Moment einer gelungenen Kommunikation lässt sich jedoch auch abstrakt festmachen. Es liegt im *rechtlichen Gehör* – im Gehörtwerden. Es muss dem Richter gelingen, dem „Menschen vor Gericht" zu vermitteln, dass er seine Rede nicht nur gehört, sondern auch „wahrgenommen" hat, dass er sich seiner Sache angenommen und sie auch verstanden hat. Die *mündliche Verhandlung* dient eben nicht nur einer offenen, rationalen Informationsbeschaffung. Es sollte auch zur Methode des Richters gehören, sie so zu führen, dass auch ein Nicht-Jurist ein Verständnis dafür bekommen kann, warum das Urteil so und nicht anders ausgefallen ist. Das Gericht sollte jedenfalls den Versuch machen, die Parteien auf diesem Weg mitzunehmen, was allein durch eine im Juristendeutsch abgefasste Urteilsbegründung nicht gelingen kann. Nur so werden „Menschen vor Gericht"[22] auch eine Niederlage akzeptieren können.

---

21 Wie eine Fallstudie zur Problematik richterlicher Grenzüberschreitungen in bester Absicht liest sich der Roman von *Ian McEwan*, Kindeswohl, Zürich 2014.
22 So der Titel einer immer wieder aufgelegten Fortbildungstagung der Deutschen Richterakademie.

Kapitel 2

Die Methode der gerichtlichen Praxis – Struktur und Grundgedanken

Das Postulat einer Eigenständigkeit der richterlichen Methodik mag nach den Überlegungen im vorigen Abschnitt einleuchtend sein. Wie aber ist es zu konkretisieren? Legt man die unter Juristen herkömmliche Vorstellung über die Struktur „der" Juristischen Methode zugrunde, so ist Methode als ein *Ensemble von Regeln* zu verstehen. So ist es auch nur konsequent, die Subsumtions- und die Auslegungsregeln als ihr Kerngeschäft zu bezeichnen. Man wird sich zwar dann noch fragen müssen, ob in diesen Vorstellungen von Methode nicht wesentliche Elemente vergessen wurden, wie etwa die Methode der Vertragsgestaltung oder eine klare Verortung der Dogmatik in der Auslegungslehre. Aber man hat „die Lehre von der juristischen Methode" natürlich auf einen Begriff gebracht, wenn man sie mit Adomeit „in ihrem Kernstück eine Auslegungslehre" nennt[1]. Doch, wie oben bereits die Beschreibung der für die Sachverhaltsermittlung wichtigen Schritte deutlich werden ließ, sind es in der richterlichen Praxis im Wesentlichen nicht konkret formulierte Regeln, über die die Methode des gerichtlichen Erkenntnisverfahrens zu erfassen ist. Diese Praxis lässt sich nur über die ihr eigenen Phänomene erfassen.

I. Richterliche Praxis – Praktiken als Befund

Fragt man einen Richter nach seinem Methodenbegriff, wird er – anders als ein Jurastudent – mit hoher Wahrscheinlichkeit keine Regeln aufzählen. Er wird z. B. die Art und Weise seiner Aktenbearbeitung schildern, wie er bei Rechtsfragen recherchiert, worauf er bei Zeugenvernehmungen achtet, wie er seine Verhandlungen führt und welche Rolle dabei seine „Vergleichstaktiken" spielen, welche Ziele er beim Abfassen der Entscheidung im Auge hat – usw. Fasst man solche Schilderungen zusammen, werden die vielfältigen Unterschiede viel eher ins Auge springen als die Gemeinsamkeiten: Unterschiede nach Instanzen, Fachgebieten, Arbeitsbelastungen, Arbeitsbedingungen, -mitteln und -techniken, Großstadtgerichten oder kleinen Amtsgerichten. So wird etwa ein Amtsrichter in Mietsachen i. d. R. einzelfallbezogener entscheiden und begründen als ein VG oder OVG in Baurechtssachen, die ihre Entscheidungsbegründungen so abfassen müssen, dass sich die Baubehörden an ihnen auch orientieren können. Oder ein anderes Beispiel: Ein Amtsrichter konnte (und musste) sich für seine Rechtsermittlung früher mit dem „Palandt" zufriedengeben, ein Richter am BGH sicher nicht. Doch angesichts der heutigen Datenbankzugänge

---

1 *Adomeit* 1998, 11.

haben sich hier die methodischen Standards bereits verändert. Eine weitere, grundlegende Veränderung der richterlichen Fallbearbeitung wird sich aus der allgemeinen Einführung der elektronischen Akte ergeben. Die technische Integration von Sachverhalts- und Rechtsrecherche, Bearbeitungsschemata, Textbausteinen und Texterstellung im IT-Arbeitsplatz wird auf die richterliche Arbeitsweise eine bisher noch nicht abschätzbare Prägewirkung ausüben.

II. Methode als Bündel richterlicher Praktiken, Regeln und Orientierungen

Wenn in dieser Beschreibung kaum Regeln auftauchen, ist das kein Zufall. Die Praxis ist wesentlich durch prozedurales Wissen[2] geprägt, implizites oder explizites Wissen darüber, wie man sich in bestimmten Situationen zu verhalten, wie man dann zu verfahren hat. Natürlich schließt eine Methode der Praxis auch Regeln – z. B. die Auslegungs- und Subsumtionsregeln – ein. Aber sie lässt sich nicht über Regelwerke definieren. Sie umfasst auch Grundsätze und Prinzipien wie die Bindung an Recht und Gesetz und die Orientierung an den Prozessmaximen. Aber auch das macht sie nur unter anderem aus. Definieren lässt sich die Methode nur beschreibend – nämlich als Ensemble oder Bündel von Praktiken, Regeln und Orientierungen.

Hat man dann etwas konkreter den Amtsrichter, den Strafkammer-Vorsitzenden, den Verwaltungs- oder Finanzrichter, den BGH- oder Familienrichter im Auge, finden sich in diesem Bündel jeweils ganz unterschiedliche Praktiken, Regeln und Grundsätze. Eine hinreichend ausgearbeitete Methode der Praxis müsste deshalb entweder als voluminöses Handbuch oder als eine Reihe von Einzelbänden konzipiert werden. Deshalb auch der Ausdruck „Bündel": Vieles in diesem Bündel wäre identisch, anderes würde in dem Bereich, in dem man tätig ist, kaum oder gar nie gebraucht. Man denke nur an die unterschiedliche Bedeutung, die etwa der Zeugenvernehmung in den unterschiedlichen Instanzen und Gerichtsbarkeiten zukommt. Nun, ein Handbuch ist mit diesem Büchlein nicht geplant. Es kann hier nur darauf ankommen, sich auf die Prozesssituationen und Tätigkeiten zu beschränken, die in dieser oder jener Form in der richterlichen Arbeit immer wieder auftauchen, dem Richter in seiner üblichen Arbeit immer wieder begegnen. Wenn wir der Grundfrage nachgehen „Wie kommt der Richter zu seinem Urteil?" so sind dies vornehmlich:

- die Rechtsermittlung, das heißt die Arbeit mit dem Gesetz oder allgemeiner, dem Recht
- die gerichtliche Tatsachenfeststellung – hier etwa die Zeugenvernehmung
- die oben schon behandelte Frage des Prozesses als Inszenierung und
- schließlich die Aufgabe, in der Urteilsfindung zu einer kohärenten Entscheidung zu kommen.

Diese Themen werden im Folgenden in den Grundgedanken zu behandeln sein. – Zunächst ist dabei die Frage zu beantworten, wie die richterlichen Praktiken über-

---

2   Näher dazu ML, 85 ff.

haupt als Teile und Elemente eine Methodenlehre begriffen und analysiert werden können.

Diese Praktiken variieren individuell und laufen auch keineswegs immer nach dem gleichen Schema ab. Für die Praxis ist so eine jeweils notwendige Anpassung sichergestellt. Zugleich folgt daraus allerdings die Schwierigkeit, in den unterschiedlichen Praktiken gemeinsame Strukturen auszumachen, Generalisierungen zu gewinnen. Und hier ist die *Regelhaftigkeit*, mit der verfahren wird wesentlich. Diese lässt sich zwar nicht einfach und unmittelbar in Regeln oder gar Algorithmen auflösen, folgt aber immer auch Mustern und zeigt implizit typische Verhaltensweisen. Entsprechend handhabt man Methodik auch nach dem Motto: „Methode hat man, über Methode spricht man nicht!"[3] Man kann mit diesem Satz die Haltung der Juristen zu ihrer Methode ironisieren. Er verweist aber vor allem auf ein ganz entscheidendes Phänomen richterlicher Methode: Regeln werden habitualisiert.[4] Über die *Habitualisierung* prägen die sozialen Praktiken die individuellen richterlichen Praktiken – mit ihren Verfahrens-, Verhaltens- und Deutungsmustern.[5] Diese Einbettung in soziale oder individuelle Praktiken ist auch unhintergehbar. Verstehen wir mit Kant das Urteilen als eine regelgeleitete Anwendung von Regeln, bleibt immer die Frage, nach welchen Regeln sich dann die Anwendung zu richten hat. Dafür können aber „nicht immer wiederum Regeln gegeben werden".[6] Eine regelgeleitete Anwendung kann folglich selbst nicht hinreichend durch Regeln definiert werden, „weil das ins Unendliche gehen würde".[7]

III. Zur Konzeption einer Methodenlehre der Praxis

Es sind zwei Grundgedanken, die eine Methodenlehre des gerichtlichen Erkenntnisverfahrens konkretisieren muss, um der Praxis die notwendigen Prüfungsmaßstäbe und Richtigkeitskriterien zur Verfügung zu stellen: Es ist zunächst die Einsicht in die *Multiperspektivität*, ohne die eine Analyse der richterlichen Fallbearbeitung nicht möglich ist. Zum anderen muss eine Methode *Wegmarken für die Beurteilung* des richterlichen Vorgehens vorgeben. Die Methodenlehre ist hier in ihrer Aufgabe gefordert, ihre Ansätze so auf die Praxis herunterzubrechen, dass für die Praxis auch „tools for handling" gewonnen werden können. – Notwendig ist nichts weniger als eine gegenüber der akademischen Methodenlehre grundlegend andere philosophisch-theoretische Rahmung.

---

3 *Voßkuhle* 2002, 175.
4 Konkret zur „akademischen" Methodenlehre *Reimer* 2020, Rn. 18.
5 Ausführlich zum Zusammenhang von Methode und Habitus ML, insb. 74–79; zum theoretischen Hintergrund: *Bourdieu* 1970.
6 *Kant* 1968: „Das mag in der Theorie richtig sein, taugt aber nicht für die Praxis", 275 (Akademieausgabe).
7 *Kant* aaO, 275.

1. Multiperspektivität der Fallbearbeitung

Ausgehend von dem Befund, dass wir es bei der richterlichen Methode mit einem Bündel sozialer Praktiken, Orientierungen und Regeln zu tun haben,[8] muss eine zentrale Aufgabe die *Analyse dieser Praktiken* sein. Die „Regeln" sind hier eher *implizite Regeln* als (vergleichbar den Subsumtions- und Auslegungsregeln) lernbare Regelkomplexe. Es kommt darauf an, diese (verborgenen) Regeln weitmöglichst transparent zu machen. Das ist zugleich eine wichtige Voraussetzung für die „Orientierung" für die „richtige Entscheidung". Beispielhaft und typisch etwa das Feld des Zeugenbeweises. Der Richter braucht hier Kriterien für Glaubwürdigkeit und Glaubhaftigkeit. Voraussetzung für die Entwicklung solcher Kriterien ist die Kenntnis der Mechanismen unserer Wahrnehmung und unseres Gedächtnissystems. Diese muss der Richter in den Grundzügen auch kennen, wenn er die Kriterien anwenden will oder auch nur zu entscheiden hat, ob ein Gutachter hinzuziehen ist.

Sowohl die Praktiken als auch die Erkenntnisfelder, auf denen sie angewandt werden, haben ihre *Mechanismen*: Mechanismen der Wahrnehmung, der Selektion und Fokussierung von Wahrnehmungen, der unterschiedlichen Steuerung dieser Prozesse durch Alltags- und Sachwissen, Mechanismen der Fehleinschätzungen von Wahrscheinlichkeiten usw. Diese Praktiken zu reflektieren bedeutet, ihre *faktischen Regeln* zu analysieren – auf mögliche „Erkenntnisfehler" hin sowie auch auf Veränderbarkeiten der faktischen durch *methodische Regeln*. Als Beispiele seien hier der Umgang mit Alltagswissen und Wahrscheinlichkeiten sowie die Regeln genannt, die inzwischen für die Bewertung von Zeugenaussagen entwickelt wurden.

Zur Illustration solcher „Erkenntnisfehler" ein protokollierter Ausschnitt aus einer Vernehmung in dem Strafverfahren gegen den Wettermoderator Kachelmann, das 2011 ein weidlich ausgemünztes Presseereignis war:

Richter Seidling: „Was hat Sie veranlasst, nicht vom dringenden Tatverdacht abzurücken?"
Haftrichter: „Seine Schilderung zum Ablauf des Abends war mir nicht einleuchtend."
Kachelmann lauscht mit dem Kopf in den Händen.
Der Haftrichter weiter: „Ich ging davon aus, dass jemand, der einen einer solchen Straftat bezichtigt, wahrheitsgemäße Angaben macht. Es gab Bilder von den Verletzungen der Frau. Ich habe es ausgeschlossen, dass sich jemand diese Verletzungen selbst zufügt."
Kachelmann faltet die Hände.

---

[8] Mit dieser Beschreibung knüpfe ich an die Begrifflichkeit an, die Rahel Jaeggi zugrunde gelegt hat; vgl. *Jaeggi* 2014, 10, 77, 104. Methodische Praktiken sind zwar keine Lebensformen; als konkretisierende *Elemente* der Lebensform „Demokratischer Rechtsstaat" lässt sich die Methode der richterlichen Praxis mit dieser Begrifflichkeit jedoch theoretisch deutlich präziser erfassen als mit den üblichen Ansätzen der „Juristischen Methodenlehre"; vgl. u. a. die Stichworte „Gewohnheit und implizites Wissen", 125 ff., „Übung" und „Verhaltensmuster", 153 ff., „Orientierung", 169 f., „Begriff und Verwirklichung", 183 ff.

„Mir war auch nicht einleuchtend, dass eine Frau erst freiwillig den Geschlechtsverkehr ausführt und sich dann zur Trennung bespricht. Ich kann nicht sagen, ob damals schon ein Gutachten zu DNA-Spuren am Messer vorlag. Jörg Kachelmann gab spontan an, weder das Messer noch andere Gegenstände angefasst zu haben bei der Essenszubereitung. Er war ja schon einige Tage in Haft, er hat sich gut überlegen können, was er sagt."

Das Beispiel zeigt, wie leicht ein irgendwie auf „Lebenserfahrung" gestützter Begründungssatz – hier: „Ich ging davon aus, dass jemand, der einen einer solchen Straftat bezichtigt, wahrheitsgemäße Angaben macht" – Inhalte annehmen kann, die weder intellektuell noch empirisch irgendwie belastbar sind. Hätte der Haftrichter sich etwas sachkundiger mit Zeugenaussagen befasst oder auch nur die Rechtsprechung des BGH zur Nullhypothese im Auge gehabt (vereinfacht den Grundsatz, einer Zeugenaussage erst einmal nicht zu glauben, Kap. 8 III.), wären ihm wahrscheinlich an seinem „Erfahrungssatz" selbst Zweifel gekommen. Alltagstheorien und die auf ihnen aufbauenden Erfahrungssätze sind also keineswegs immer „gute Gründe". Wie in jeder Alltagssituation sind sie zwar auch im „Justiz-Alltag" unverzichtbar. Multiperspektivisch verbindet sich damit aber auch der Auftrag, Alltagstheorien methodisch auf die Frage hin zu überprüfen, ob und inwieweit sie wissenschaftlich noch haltbar sind oder korrigiert werden müssen.

Gegenüber der akademischen Methodenlehre bedeutet dieser Ansatz für eine Methode der Praxis in mindestens dreifacher Hinsicht einen Wechsel in den theoretischen Perspektiven und auch Veränderungen im „Denkstil":[9] Die Vorgänge, *wie der Richter zu seinem Urteil kommt*, galten als Vorgänge in einer *Black-Box*, in die man keinen Einblick nehmen kann, weil sich psychische und kognitive Prozesse mit wissenschaftlichen Methoden nicht beschreiben lassen[10]. Sich Gedanken darüber zu machen, wie Richter entscheiden, war unter dieser Voraussetzung unsinnig. Nicht von Ungefähr gab es deshalb auch keine Methodenlehre für die gerichtliche Praxis. Nun ist auch heute aus der Black-Box zwar noch keine „*Glass-Box*" geworden. Viele Prozesse des gerichtlichen Erkenntnisverfahrens können wir jedoch mit Mitteln der Kognitionswissenschaften ausleuchten und analysieren. Und so wie es Ziel der Kognitiven Psychologie ist, „ein Glass-Box-Modell der Informationsverarbeitung zu erarbeiten, in dem die Strukturen und Prozesse der Informationsverarbeitung nachvollziehbar sind",[11] muss auch die juristische Methode den Versuch machen, richterliche Informationsverarbeitungsprozesse mit Hilfe der Kognitionswissenschaften so nachvollziehbar wie möglich zu machen.

Dieses Vorhaben setzt dann aber auch einen Erkenntnisbegriff voraus, der „Erkenntnis" nicht auf abgesicherte Deduktionszusammenhänge beschränkt und der unter „kognitiven Prozessen" nicht ausschließlich das „logische Denken" versteht.[12] Nur eine Methodenlehre, der ein *weiter Begriff des „Erkennens"* zugrunde gelegt ist,

---

9 *Fleck* 1980; dazu ML, 107 f.
10 So die Grundauffassung des Behaviorismus.
11 *Rösler* 2011, 2.
12 So etwa die Position von *Neumann*, Rechtstheorie 32 (2001), 239, 242.

kann dann auch in die Lage sein, grundsätzlich alle kognitiven Prozesse zu erfassen, die zur Entscheidung oder, wie es in Österreich heißt, zu einem „Erkenntnis" führen.[13]

2. Multiperspektivität und Kohärenz

Versteht man den gerichtlichen Prozess als ein Verfahren, in dem es um das Sammeln und Verarbeiten von Informationen geht, hat das für den Prozess der Urteilsfindung methodologisch die Konsequenz: Je nachdem, welche Informationen zu beschaffen und zu verarbeiten sind, ist es auch eine Vielzahl von Methoden, die den Weg des Richters von der ersten Aktenvorlage bis zum Urteil bestimmen. Aber diesem Bündel von Methoden entspricht auch einem Bündel methodisch unverbundener Feststellungen. Und diese ergeben noch kein Urteil.

Die Schlussfolgerungen, die aus den Informationen gezogen werden, müssen stimmig, d. h. *kohärent* sein, um auch „richtig" zu sein. Um ein Bild des Argumentationstheoretikers H. Wohlrapp zu verwenden: „Argumente stehen in einem Text nicht wie Gänseblumen in der Wiese herum."[14] Erforderlich ist deshalb ein theoretischer Ansatz, der die Einzelergebnisse einer Sach- und Rechtsermittlung zu einem in sich stimmigen Urteil zusammenführt. Dieser theoretische Ansatz kann nur ein formaler sein und er darf weder Erkenntnis mit logischer Deduktion gleichsetzen noch die Annahme implizieren, Methode könne durch normative Prüfprogramme oder sonstige Vorgaben eine objektiv richtige Entscheidung garantieren. Andererseits kann eine Methodik der richterlichen Praxis ohne *Richtigkeitskriterien*, ohne Maßstäbe für eine „richtige Entscheidung" nicht auskommen. An diesem entscheidenden Punkt ist auf Kants Gedanken der „regulative[n] Idee" zurückzugreifen.[15] Ein erster, ganz pragmatischer Grund für einen solchen Rückgriff ergibt sich aus dem, was man „professionelles Selbstverständnis" nennen kann. Ein Richter, für den es keinen Unterschied macht, ob er seine Entscheidung mit dem Würfelbecher, durch Handauflegen oder methodisch erarbeitet, kann nicht professionell arbeiten.[16] Ein solches Arbeiten bedarf dann zugleich der Idee der „richtigen Entscheidung" – nicht um sie auch faktisch zu realisieren, sondern als *notwendige Orientierung*. Das entspricht dem Kant'schen Gedanke der „regulativen Idee" als „regulatives Prinzip"[17] und mithin deren Funktion, einem Ideal, das nur in Gedanken existiert, die Regel seiner stets nur unvollkommenen Verwirklichung an die Hand zu geben.[18] Und der Richter wird sie auch so handhaben müssen, nämlich als Aufgabe, im „regulativen Gebrauch" seine Methode so auf diese Idee auszurichten, „als ob" dieses Ziel auch erreichbar wäre.

---

13 Näher ML, 79–85.
14 *Wohlrapp* 2005, so der Titel des Beitrages.
15 Ausführlich ML, 616–620, 618.
16 Einen anschaulichen Einblick in das richterliche Selbstverständnis gibt die 1988 von *Jeannette Schmid* u. a. durchgeführte und 1997 publizierte empirische Studie, „Der Rechtsfall – ein richterliches Konstrukt", *Drosdeck* 1997, 24 f.; näher dazu ML, 21–24.
17 Im Anschluss an *Kant*, KrV A 644/B 672; näher *Höffe* 2003, 268 ff.
18 *Kant*, KrV B 672; für *Lege* 1999, 526, ist dieser regulative Gebrauch „Bedingung der Möglichkeit einer eigenständigen Jurisprudenz".

Es bedarf deshalb einer Theorie, die den Denk- und Argumentationsraum, in dem ein Urteil gebildet wird, so zu strukturieren vermag, dass dem Richter die Wegmarken vorgeben werden, die er beachten muss, um zu einem stimmigen, kohärenten Urteil zu kommen. Als theoretische Grundlage, die diese Voraussetzungen erfüllt, sehe ich hier nur einen *kohärenztheoretischen Ansatz*. Nutzt man diesen theoretischen Ansatz, lässt sich – zum „regulativen Gebrauch" – aus ihm auch das Postulat einer „richtigen Entscheidung" mit einer Faustformel konkretisieren:

> „Richtig" ist eine Entscheidung, für die es nach den Umständen, die dem Richter bekannt sind und die von ihm zu ermitteln waren, keine Alternative gab, die im Entscheidungszeitpunkt in sich argumentativ stimmiger und damit „richtiger" gewesen wäre.

Ausführlich wird auf den *kohärenztheoretischen Ansatz* im Schlussteil D einzugehen sein. Dem multiperspektivischen Ansatz entspricht es auch, im anschließenden Teil B nicht unmittelbar die Fragen der „richtigen" Sachverhalts- und Rechtsermittlung zu thematisieren, sondern zuvor der grundlegenden Frage nachzugehen: Wie funktioniert das eigentlich, was wir *„richterliche Wahrheitsfindung"* nennen?

Teil B: Wahrnehmung und Fallverstehen

Kapitel 3

Prozesse der Wahrnehmung

Aus der Perspektive des Richters, und ganz abstrakt gesehen, ist das gerichtliche Verfahren ein Prozess der Informationsgewinnung und Informationsverarbeitung. Wenn man fragt, wie der Richter zu seinem Urteil kommt, muss man sich also zunächst einmal eine Vorstellung davon machen können, wie und was er wahrnimmt und wo die Gefahren liegen, dass das Falsche „für-wahr-genommen" wird. Die Argumentationskette eines Prozessvertreters oder der Umstand, dass einer Zeugin bei einer Gegenfrage für einen Moment die Gesichtszüge entgleiten, die der Richter nicht aufnimmt, weil er sich gerade auf einen eigenen Gedanken konzentriert hatte, wären für die Urteilsfindung wichtige Informationen gewesen, die für diese aber gar nicht mehr in den Blick genommen werden können.

Der immer wieder zu betonenden zentralen Bedeutung der Wahrnehmungs-Vorgänge entspricht es, sie und ihre Grundmechanismen vor den Kapiteln zur Sachverhalts- und zur Rechtsermittlung zu thematisieren. Die Probleme, die sich dann konkret bei der Entscheidungsfindung stellen, lasen sich dagegen besser erst in dem Zusammenhang der jeweiligen Sachkapitel erörtern, so etwa die Fragen des Zeugenbeweises oder die Fragen, wie wir die Prozesse der Gesamtwürdigung zu verstehen haben. Der dafür auch gebrauchte Terminus „Gesamtschau" verweist hier aber schon sprachlich auf den Zusammenhang von Urteilsfindung und Wahrnehmung.

I. Die basalen Mechanismen

„Wahrnehmung" ist kein einheitliches Phänomen. Man sieht einen Unfallwagen, eine Unfallskizze, man sieht Bilder auch von Verletzten; man liest einen Bericht, hört einen Sachverständigen, einen Zeugen, blättert in einer Unfallakte usw. Und dabei wird man wahrscheinlich immer auch etwas übersehen, überhören, überlesen, überblättern. Das eine Bild löst Emotionen aus, die die weiteren Aktivitäten des Richters entscheidend steuern, aber einen anderen Richter kalt lassen würden. Oder ein Experiment, das in Strafrechts- oder Kriminologie-Vorlesungen gerne und zu Recht gemacht wird: Während des Vortrages kommt jemand in den Hörsaal und tut etwas; anschließend werden die Hörer gebeten, zu schildern, was sie gesehen haben. Immer ist das Erstaunen groß über das, was man gesehen und über das, was man nicht gesehen hat.

Schon eine so extrem verkürzte „Phänomenologie der Wahrnehmung" zeigt, dass eine Methodenlehre keine kochbuchartigen Anweisungen zum richtigen „methodischen Wahrnehmen" geben kann. Es kann hier auch nicht um ein „Handbuch zur Methodik des richterlichen Wahrnehmens" gehen. Notwendig ist aber ein Wissen des Richters um die basalen Mechanismen und bestimmenden Strukturen des Wahrnehmens – auch wenn wir diese heute vielfach erst in Ansätzen verstehen können.[1]

Einführend ein Bild: Jemand sitzt in seinem Haus vor dem Bildschirm, hat die Überwachungskamera eingeschaltet und kann nun beobachten, was vor seinem Haus vorgeht. Gewählt habe ich dieses Bild, um im Kontrast deutlich zu machen, wie Wahrnehmung gerade *nicht* funktioniert. Auf unserem „inneren Bildschirm" erscheinen die Bilder keineswegs so, wie sie auf die Netzhaut treffen. *Wahrnehmung ist immer selektiv*: ein Förster, ein Liebespaar, ein Holzhändler oder ein Beduine, die durch denselben Wald gehen, nehmen nicht dasselbe wahr. Wir speichern als „Erkenntnis" auch nicht das, was auf der Netzhaut abgebildet wurde. Was gesehen wird, ist das Ergebnis eines hochkomplexen Datenverarbeitungsprozesses – gesteuert ebenso durch rationale wie durch hochemotionale Fokussierungen, durch Hintergrundprogramme ebenso wie durch spontane Reiz-Reaktionen.[2] Datenraten machen das deutlich: Kann man die Informationsmenge, die auf die Netzhaut gelangt, mit 10 Milliarden Bits pro Sekunde veranschlagen, reicht die Weiterleitungskapazität des Sehnervs nur für 6 Millionen Bits pro Sekunde und von dieser Informationsmenge gelangen nicht einmal 100 Bits zu den Gehirnregionen, die sich mit bewusster Wahrnehmung befassen.[3] Was ich wahrnehme, ist deshalb aber kein rein individuell-subjektives Konstrukt, kein nur eingebildeter Zugang zur Realität.[4] Allerdings bleibt dieser Zugang immer perspektivisch und abhängig von dem, was wir schon erfahren haben und wissen. Erklärbar wird dies durch die zentrale Rolle, die das *Gedächtnissystem* in den Wahrnehmungs- und Erkenntnisprozessen spielt. Der Neurowissenschaftler Gerhard Roth hat sie auf den Nenner gebracht: *„Das Gedächtnis ist unser wichtigstes Sinnesorgan".*[5] Es sind die Inhalte unseres genetischen, kulturellen und individuellen Gedächtnisses, die es uns ermöglichen, die Informationen, mit denen uns die Sinnesorgane versorgen, einzuordnen, zu dekodieren und zu verstehen. Doch auch hier verstellt schnell ein falsches Bild den Blick auf die Mechanismen. Unser Auge funktioniert, wie gesagt, nicht wie eine Digitalkamera und auch das Gedächtnis ist keine Festplatte, die sicher immer wieder genau das wiedergibt, was sie einmal gespeichert hatte. Schon bei der Einspeicherung spielt eine Dynamik eine entscheiden-

---

1   Bestimmend für die hier vertretene Position ist ein „neuro-kultureller Ansatz", also ein Ansatz, der nicht auf eine neurokonstruktivistische Perspektive beschränkt ist. Dazu näher: *Strauch* 2005, 479–519, 483, 485 ff. Erkenntnis ist stets ein neuro-kultureller, ein neuro-sozialer Vorgang. Das Gehirn ist ein soziales Organ und über das Gedächtnissystem immer auch ein „kulturelles". Der Ansatz ist insoweit auch *Cassirers* „Philosophie der Symbolischen Formen" 1953, verpflichtet; näher dazu Kap. 12 I. Im Übrigen folgen die Ausführungen (1.–3.) weitgehend den entsprechenden meines Vortrages „Die Ästhetik richterlicher Erkenntnis" in: *Strauch* 2019a, 9–24, 16 ff.; dort auch näher zu den unterschiedlichen theoretischen und wissenschaftlichen Ansätzen zur Wahrnehmungslehre.
2   Grundlegend dazu *Edelman* 2007, 47 ff., 54 ff., 111; *Roth* 1997, 255 gibt am Beispiel eines Stuhles eine detaillierte Aufgliederung solcher Aspekte und ihrer Zuordnung zu unterschiedlichen kortikalen Arealen.
3   Näher ML, 575 ff. mit Verweis auf *Raichle*, Spektrum der Wissenschaft 2010/6, 60–66, 63. Zur Informationsverarbeitung in der Netzhaut siehe *Bear et al.* 2018, 343 ff.
4   Vgl. dazu unten II.2.
5   *Roth* 1997, 261.

de Rolle, die sich auf die Formel bringen lässt: „Erinnerungen müssen stimmen" – nicht etwa „objektiv", sondern sie müssen *für mich* stimmig sein. Es geht um eine *„temporal kohärente Struktur"*[6] und sie wird hergestellt, indem wir Informationen und Erleben so ordnen, dass sie sich in unser Welt- und Selbstbild *ohne Dissonanzen*[7] einfügen. Und auch beim Abruf haben wir es mit einem dynamischen Prozess zu tun. Bei jedem Abruf wird die Information in einer veränderten (Lebens-)Situation und somit in einem neuen Zusammenhang erinnert. Im Kontext neuer aktueller Informationen verändert sich so auch das alte „Aktivitätsmuster" (*Wolf Singer*)[8] – das heißt das Muster, in dem das neuronale Netzwerk aktiv ist, wenn es das erzeugt, was wir Vorstellung, Erkenntnis, Bewusstsein oder eben Erinnerung nennen.

II. Vorurteile und Vorverständnisse

Was und wie wir wahrnehmen, hängt mit anderen Worten entscheidend davon ab, wie das Gehirn neue Informationen mit gegebenem Wissen, Erfahrungen, Mustern oder sonstigen Gedächtnisinhalten – und zwar in Gestalt ihrer augenblicklichen (!) Aktivitätsmuster – vervollständigt, abgleicht und dekodiert – sich eben einen Reim darauf macht. Zusammenreimen kann es sich nur, wenn es „passt" und dafür bestimmend ist, wie es sich in das Vorhandene „einfügt". Um etwas zu erkennen, etwas zu verstehen, brauchen wir immer ein „Vorwissen". Die Philosophische Hermeneutik thematisiert diesen Zusammenhang unter dem Stichwort „Vorurteil" – so ursprünglich Heidegger und dann Gadamer[9] – oder, wie J. Esser, als „Vorverständnis".[10] Nur verengt dieser Ansatz den Verstehenshintergrund auf eine spezifische philosophische Sicht oder, wie J. Esser, auf spezifisch juristische Perspektiven[11] und verstellt damit eher einen nachvollziehbaren Zugang für das Verstehen der Wahrnehmungsprozesse. Schlüssel zu ihrem Verstehen ist eine Kernthese der Gedächtnisforschung: „Wir sind

---

6 Im Anschluss an *Metzinger* 1996, 609, Fn. 26 u. 609 ff.; dieser unter Hinweis auf einen Aufsatz von W. Singer aus dem Jahr 1994 (*Singer* 2002, 120 ff.). – Siehe auch *Edelman* 2007, 50 ff., 55.
7 Ich beziehe mich hier im Anschluss an *Kühnel/Markowitsch* 2009, 221 f. auf die kognitive Dissonanztheorie von Festinger; *Festinger* 2012.
8 *Singer*, DZPh 53 (2005), 707, 716.
9 Bezogen ist der Begriff allerdings auf ganz unterschiedliche philosophische Konzepte: So liegt bei *M. Heidegger* am Anfang des hermeneutischen Zirkels in einer ursprünglichen Grundevidenz der Wahrheit, während es *H.-G. Gadamer* um ein Textverstehen geht, das sich der Interpretationsgeschichte immer bewusst sein muss.
10 *Esser* (1972). Zum Begriff des Vorverständnisses bei Esser siehe *Frommel* 1981, 86, 90, 95.
11 Der Begriff konkretisiert die These, dass es eine theoriefreie Wahrnehmung nicht gibt – konkret beschreibt er die professionelle juristische Perspektive, die immer durch jeweils bestimmte theoretische Ansätze und Orientierungs-Tools geprägt ist. Diese Fokussierung ist jedoch nicht abgrenzbar. Auch Wahl und Inhalt der spezifisch juristischen Perspektive sind u. a. immer auch durch Zeitgeist, seine Ideologien und persönliche Erfahrungen geprägt. Es geht also um nichts anderes als um das im jeweiligen Gedächtnissystem gespeicherte prozedurale und materielle Wissen, mit dem der Jurist „versteht" und arbeitet. Zur strukturellen Veränderungen an Synapsen, durch die es zu den entscheidenden „Bahnungen", d. h. zu einer bevorzugten Verwendung einer Nervenverschaltung kommt, siehe *Singer* 2006.

Erinnerung".[12] Der entscheidende Vorgang ist der Abgleich, die Einordnung und Einpassung neuer Informationen in vorhandene Kontexte. Das kann ebenso präsentes professionelles wie auch implizites, prozedurales Wissen sein oder nur ungefähres. Doch nur selten ist dem Wahrnehmenden bewusst, wie wirksam und bestimmend dabei Prägungen und Emotionen sind. Und der Bezug auf das Gedächtnissystem macht auch deutlich, dass ein im Gedächtnissystem gar nicht vorhandenes Wissen ebenso Ursache für ein Fehlurteil sein kann wie ein auf Abwege führendes Vorverständnis.

Die hermeneutischen Begriffe beschreiben m. a. W. Erkenntnisbedingungen, die konkret erst erklärbar und analysierbar werden, wenn man ihren kognitionswissenschaftlichen Hintergrund einbezieht. Der Schlüssel zum Verstehen des „Vorurteils" liegt in der Funktion unseres Gedächtnissystems und dessen Komplexität. In den Blick zu nehmen sind nicht nur die Speicherung unseres gelernten Wissens, sondern auch die Inhalte unseres kollektiven, evolutionären und kulturellen Gedächtnisses; wirksam sind nicht zuletzt auch unsere persönlichen Erfahrungen und Prägungen – eingeschlossen die mit ihnen verbundenen Emotionen und Ängste. Eine gewisse Trennschärfe hat für Juristen in dem hermeneutischen Zusammenhang nur der Begriff des „Vorverständnisses", wie er von J. Esser benutzt wurde. Doch um die Prozesse der richterlichen Urteilsfindung zu verstehen, sind mindestens drei unterschiedliche Arten von „Vorurteilen" bzw. „Vorverständnissen" zu unterscheiden:

1. Das *juristische Vorverständnis* im Sinne J. Essers. Zu bestimmen ist es als die professionelle juristische Perspektive.[13] Gemeint ist das juristische Wissen, das der Jurist gelernt hat und aus dem sich die Voreinstellungen ergeben, mit denen er an Falllösungen herangeht. Umfasst sind die im juristischen Diskurs üblichen juristischen Argumentationsmuster und Denkweisen, theoretischen und dogmatischen Positionen, die die juristische Kommunikation über strittige Fragen, Ausgangspunkte und Wertungen tragen und so einen fachlichen Dialog unter Juristen erst ermöglichen. Davon zu unterscheiden sind
2. die *politischen und soziokulturellen Vorverständnisse*. Die richterliche Sicht und Entscheidungsfindung wird auch geprägt durch Weltbilder, politische Präferenzen, ideologische Perspektiven. Das zeigt sich meist mehr oder minder graduell – zwischen beharrend und progressiv, Freigeist und religiösen Bindungen, norm- oder gerechtigkeitsorientierter Herangehensweise. Als anschauliches Beispiel sei auf den Fall der Kündigung eines katholischen Chefarztes durch einen katholischen Arbeitgeber wegen einer Wiederheirat verwiesen; der Entscheidung des BAG vom 20.2.2019[14] war ein langer Verfahrensgang mit jeweils konträren Wertungen – unter anderem des BVerfG und des EuGH – vorausgegangen. Unverkennbar z. B. auch die unterschiedlichen Gewichtungen der Privatautonomie, mit

---

12 Vgl. den Titel: Wir sind Erinnerung, Gedächtnis und Persönlichkeit, *Schacter* 1999.
13 Zum Begriffsverständnis bei Esser: *Frommel* 1981, 90, 93.
14 BAGE 166, 1–35.

denen verschiedene Senate des BGH die Sittenwidrigkeit einer Bürgschaftserklärung bejaht bzw. verneint haben.[15]
3. die *persönlichen Vorverständnisse* des Richters, der Richterin, die eigenen Einstellungen, Wertungsmuster und Erfahrungen. Ein Familienrichter, der gerade eine Scheidung mit Rosenkrieg hinter sich gebracht hat, wird manches anderes sehen als ein glücklicher Ehemann, und es macht einen Unterschied, ob der Verkehrsrichter ein leidenschaftlicher Autofahrer ist oder aus Überzeugung keinen Führerschein hat.

Diese drei Vorurteils-Schichten sind zu unterscheiden, um sich ihrer spezifischen Wirkungsweisen auf Entscheidungsprozesse auch bewusst machen zu können. Sie lassen sich jedoch nicht trennen; Weltbilder, Bewertungsmuster und Denkstrukturen bilden sich in und mit der Persönlichkeit der Richterin, des Richters. Ob ein Richter eher einer topischen oder stärker einer auf klare Begrifflichkeit ausgerichteten Argumentationsweise zuneigt, sich im Denken und Handeln eher konventionell verhält oder eher empathisch reagiert und zu unkonventionellen Lösungen neigt, zeigt Strukturen, die sich in allen drei der genannten Vorurteils-Schichten ausprägen. Der von J. Esser angenommene Zusammenhang von „Vorverständnis und Methodenwahl" besteht also nicht nur zwischen juristischem Vorverständnis und Methode; für eine Methodenlehre, die auch die Sachverhaltsermittlung und die zwischenmenschliche Kommunikation einschließen muss, werden auch persönliche und andere Vorverständnisse zu Methodenfragen. Sich diesen Fragen zu stellen und die Vorurteils-Problematik auch konkret zu reflektieren, ist mithin Bedingung der Professionalisierung und entscheidend für die gelingende richterliche Professionalität. Ausgleich und Abmilderung dieser Vorurteilsstrukturen ist aber nicht nur ein Problem der Professionalisierung; viel wichtiger und wirksamer sind hier oft die kollegialen Korrekturen im Spruchkörper.[16]

III. Mechanismen sozialer Kognition

Wie bereits festgestellt, lässt sich die Wahrnehmung auf der Ebene individueller Kognition als Herstellung von Kohärenz beschreiben – nämlich als ein Prozess des Sich-irgendwie-Einfügens neuer Informationen in mein Welt- und Selbstbild. Für die Richtigkeit einer richterlichen Feststellung und Schlussfolgerung kann es aber auf dieses individuelle Welt- und Selbstbild evident nicht entscheidend ankommen. Auf dieser Ebene ist nur die Wahrnehmung relevant, die *intersubjektiv vermittelbar* ist. Entscheidend ist, ob und wie sich auch eine Übereinstimmung mit dem Welt- und Selbstbild der *Anderen*, der Gesellschaft herstellt, herstellen lässt.

---

15 Vgl. die Entscheidungen zur Ehegattenbürgschaft: einerseits BGH, Urteil vom 14.5.2002 – XI ZR 81/01 – juris, NJW 2002, 2230–2232, andererseits BGH Urteil vom 8.10.1998 – IX ZR 257/97, WM 1998, 2327, 2329 f.
16 Näher dazu ML, 102 ff., 258, 558.

Eine solche *Vermittlung* zwischen der Ebene des individuellen Wahrnehmens und Erkennens und der Ebene eines professionellen, hier des richterlichen Erkennens, ist zuerst eine unmittelbare menschliche Grunderfahrung, gehen wir doch in der Regel wie selbstverständlich davon aus, dass wir unsere Wahrnehmung mit jenen der Anderen, die „dasselbe" sehen teilen, sie wenigstens kommunizieren können. Was wir wahrnehmen, ist nicht nur das Konstrukt unseres individuellen Organs „Gehirn", das uns nichts anderes als die Illusion einer Realität vorgaukelt, es ist nicht nur die „neuronale Realität" des radikalen Konstruktivismus.[17] Wahrnehmung ist leibräumliches Erleben und Agieren in der Lebenswelt, die ich mit anderen teile.[18] Die Mechanismen, die dieser Vermittlung zugrunde liegen, sind komplex. Es sind Mechanismen sozialer Kognition,[19] die für den Menschen als Zoon politikon, der nur mit einem „Du", in einer Gruppe, in einer Gemeinschaft aufwachsen und existieren kann, konstitutiv sind. Stichworte, die zugleich auf ganz unterschiedliche theoretische Perspektiven verweisen, müssen in diesem Rahmen genügen: Anpassung, kollektives und kulturelles Gedächtnis, Habitus und Denkstile, Übereinstimmung, Spiegelneuronen,[20] Gruppenkohärenz, common sense, Narrative, über die sich gesellschaftliche Werte vermitteln. Konkret: die *richterliche Kognition ist immer auch institutionell strukturierte Kognition*. Bestimmt wird sie entscheidend durch die professionelle, richterliche Rolle, nicht allein durch die individuell-subjektive Perspektive der Richterin oder des Richters. Die Wahrnehmung ist am Richtertisch eine andere als am Mittagstisch. Sie agiert mit anderen Intentionen, es werden andere Filter, andere Muster und andere Erfahrungen aktiviert.

Menschliches Wahrnehmen und Erkennen ist mit anderen Worten kraft der geschilderten Mechanismen durchaus darauf angelegt, dass sich unsere Feststellungen und Schlussfolgerungen auch in das Welt- und Selbstbild der Anderen, der Gesellschaft einfügen. Nur stellt sich Kohärenz auf dieser Ebene nicht mehr in vornehmlich autonom verlaufenden Prozessen her. Wir haben es hier mit einer weitgehend bewusst strukturierten Kohärenz zu tun.[21] Die Operationen und Kriterien, die auf dieser Ebene der strukturierenden Kohärenz die Maßstäbe für eine „richtige Entscheidung" vorgeben, werden Thema des Schlussteils sein.

---

17 Charakteristisch etwa die Position von *Roth* 1997, 326 ff.
18 *Merleau-Ponty* 1966/1974. Zentral sind hier die Annahmen, dass es zwar eine objektive Erkenntnis ohne jegliche Vorurteile nicht gibt, wohl aber eine ursprüngliche Intentionalität, die als leiblich-sensuelle Interaktion mit der Welt auftritt, 475, 166. Mit der These: Das „Subjekt, das einen bestimmten Standpunkt einnimmt, ist mein Leib als Feld der Wahrnehmung und des Handelns" (S. 33), hat *Merleau-Ponty* zugleich eine wirkmächtige Gegenthese zum *radikalen Konstruktivismus* formuliert und wurde damit zu einer wichtigen Referenz für eine Kognitionswissenschaft, die sich nicht auf eine neurokonstruktivistische Perspektive, auf die Perspektive „neuronales Netzwerk" beschränkt. Siehe hierzu *Fuchs* 2010, (zu *Merleau-Ponty*) 37 passim, (zum „Neurokonstruktivismus") 44 ff.
19 Näher zu den Stichworten: institutionelles Denken: ML, 102–111; Intersubjektivität: 187–199; Interpretationsgemeinschaft: 115, 345–348; Habitus: 71.
20 Näher *Fuchs* 2010, 203, 229. Zum Zusammenhang mit der eigenen Konzeption: *Strauch* 2005, 479–519, 494.
21 Zur Unterscheidung zwischen intuitiv-automatischen Entscheidungsstrategien und dem von mir zugrunde gelegten kohärenztheoretischen Ansatz ML, 594 ff.

IV. Wahrnehmung und Mustererkennung – Grundlagen des Fallverstehens

Eine zentrale Operation des Wahrnehmens ist die *Mustererkennung*.[22] Es sind unsere genetischen, kulturellen und individuellen Gedächtnisinhalte, aus denen wir sie – oft mit unscharfen Rändern und nur in Teilstücken – generieren. Von der herkömmlichen Methodenlehre wird diese Operation nicht thematisiert. Für das Verstehen richterlicher Erkenntnisprozesse ist die Mustererkennung jedoch nicht minder relevant als es die Prozesse der Subsumtion sind.[23] Was anders macht für den Juristen das Judiz[24] aus als die Fähigkeit, im konkreten Fall die entscheidenden Konfliktmuster zu sehen und in deren Strukturen die relevanten rechtlichen Einordnungs- und Lösungsmuster zu erkennen? Schon das Klausurenschreiben dient wesentlich dazu, diese Fähigkeit zu üben und nachzuweisen.

In der Regel wird die Arbeit am Fall, soweit die Sache nicht klar zu sein scheint, damit beginnen, dass dem Richter eine oder mehrere Sachverhaltshypothesen durch den Kopf gehen. Er wird sie mit entsprechenden Einschätzungsversuchen zur Rechtslage verbinden. Auf der Sachverhaltsebene wird es dabei um typische Geschehensabläufe und Konfliktlagen gehen (etwa des Sorgerechts, des Kündigungsschutzes, des Baunachbarrechts); der Richter muss Vorstellungen über das Geschehen und die Situation entwickeln, die zum Rechtsstreit geführt haben.[25] Auf der rechtlichen Ebene sind die passenden rechtlichen Einordnungs- und Lösungsmuster zu finden. Die *„Konstruktion des Sachverhalts"* erfolgt nicht primär über eine logisch-deduktive Verknüpfung der einzelnen Informationen, die dem Richter vorgetragen wurden oder die er ermittelt hat, sondern wesentlich über Mechanismen der Mustererkennung.[26] Und diese sind offenbar entscheidend dadurch bestimmt, dass unsere Vorstellungen[27] nicht wie bei der elektronischen Bilderkennung „errechnet" werden, sondern dass wir *Ganzheiten* erfassen.[28] In dem Kap. 8 (III.3.) über die „Gesamtwürdigung"

---

22 Entsprechend die Grundthese des Neurowissenschaftlers *Edelman* 2007, 145: „Meiner Ansicht nach gibt es zwei Hauptformen des Denkens: Logik und Selektionismus (oder Mustererkennung)"; dort 144 auch zur neurowissenschaftlichen Basis dieser Unterscheidung.
23 ML, 530 f. Zur Terminologie 550 ff.; zur Typologie 553 ff.; zu Mustererkennung und Subsumtion 529, 535 ff.
24 Näher zu diesem Begriff, der nicht nur als ein anderes Wort für „Rechtsgefühl" verstanden werden sollte, sondern für spezifische kognitive Prozesse steht: *Strauch* 2009, 401–411; ML, 562, 580 f., 609.
25 Und oft sind es diese Anfangshypothesen, an denen sich entscheidet, ob eine brauchbare Falllösung gelingt oder ob ein unbefangener Blick auf die Sach- und Rechtslage schon beim Einstieg verstellt wird – ein Fall etwa schlicht als Routinefall eingestuft wird und der Richter die entscheidenden Unterschiede zu diesem im konkreten Sachverhalt nicht mehr wahrnimmt.
26 Für die nähere Begründung siehe ausführlich ML, 574 ff.
27 Das besondere Problem, auf das in diesem Beitrag nicht eingegangen werden kann, liegt dann in folgendem Befund: Wir unterscheiden zwar wie selbstverständlich zwischen Wahrnehmung und Vorstellung. – Wenn wir etwas wahrnehmen oder uns etwas vorstellen, dann geschieht das aber weitgehend in denselben Hirnarealen. Vgl. *Singer* DZPh 53 (2005), 707, 716, *Edelman* 2007,107. Für den Zeugenbeweis ergibt sich hieraus das Problem der „falschen Erinnerung"; allgemein zu den Problemfeldern der „Verifizierung" bei der Sachverhaltsermittlung.
28 *Singer* 2002, 88 verweist hier auf die Gestaltpsychologie der dreißiger Jahre. Wichtig für deren Diskussionen nach 1945: *Metzger* 1986. Zu den Gestaltgesetzen der Wahrnehmungsorganisa-

wird auf diesen theoretisch komplexen Zusammenhang nochmals näher einzugehen sein. Zur Veranschaulichung sei hier nur an Spiele mit Bilderrätseln erinnert. Meist reichen ein oder nur wenige kleine Ausschnitte, um erkennen zu können, um welches Tier, welchen Gegenstand, welchen „Promi" es sich handelt. Und diese Vorstellungen werden ebenso über Gedächtnisinhalte generiert wie die rechtlichen Einordnungs-, Anwendungs- und Lösungsmuster. Es kommt zu dem schon angesprochenen Wechselspiel von Sachverhalts- und Rechtshypothesen. Sache der bestimmenden, subsumierenden Urteilskraft ist dann deren Verifikation oder Falsifikation.

Muster sind so für Juristen Mittel, das juristisch Wesentliche in den Blick zu bekommen – ohne sie wäre die richterliche Wahrnehmung blind. Der Richter kann sie nur assoziieren, wenn er sie wenigstens „irgendwie" kennt, d. h. er muss sie gelernt haben, entweder durch Lesen oder durch Erfahrung. Zugleich sind sie Teil des juristischen Sprachspiels und somit der Verständigung. Sie sind Produkte, Formen und Mittel sozialer Kognition.[29]

---

tion vgl. *Anderson* 2001, 41 ff. und zu der damit zusammenhängenden visuellen Mustererkennung 49 ff., jeweils mit weiteren Nachweisen 74. Dieser Sicht folgt auch die phänomenologischen Wahrnehmungstheorie *Merleau-Pontys* 1966/1974, die unmittelbar an die Gestalttheorie anknüpft, vgl. 2, 23 ff., 96 ff.

29 Zu dieser Vermittlungsfunktion ML, 568 ff.

Kapitel 4
Strukturen der Wahrnehmung im Spiegel der Sprache

Dass unsere hochkomplexen Wahrnehmungsvorgänge mit Algorithmen beschreibbar und damit als Ableitungsprozesse berechenbar werden, ist nicht zu erwarten. Entsprechend werden wir sie auch nicht mit eindeutigen, subsumierbaren Begriffen erfassen können. Das gilt für Sachzusammenhänge, die wir meist nur in Teilaspekten wahrnehmen, noch stärker als für Rechtslagen.

I. Vagheit als Befund

Wenn wir unsere Wahrnehmungen und ihre Ergebnisse zur Sprache bringen, sie zu fassen suchen, bewegen wir uns deshalb auch nicht von ungefähr in typischen Wortfeldern. Charakteristisch ist die Vagheit, das Graduelle, nicht das Eindeutige, nicht entweder „richtig" oder „falsch". *Im sprachlichen Befund spiegeln sich hier die kognitiven Mechanismen.* Das methodische Grundproblem ist also unausweichlich: Der Richter hat es einerseits zwangsläufig mit dem Begrifflich-nicht-wirklich-Greifbaren, mit dem Vagen zu tun – gleichwohl muss er andererseits zu einer Bewertung kommen, die nicht im Vagen bleiben darf, sondern eindeutig zu sein hat.[1] Das entsprechende Wortfeld ist bekannt: adäquat, in Ordnung, stimmig, angemessen, nicht zu beanstanden, passend, fügt sich ein, rund. Alle diese Bewertungen lassen sich durch Zusätze auch noch graduieren: ganz, völlig, kaum, überzeugend etc.

II. Vagheit und Methode

Methodisches Denken fordert hier ganz selbstverständlich eine *Präzisierung des Vagen* und die Methode hat dazu auch ihre „Instrumente": Denkformen, Beurteilungskriterien, Entscheidungsregeln, dogmatische Strukturen. Beispiele sind etwa die *Auslegungsregeln*, die sich zur Steuerung einer berechenbaren Gesetzesanwendung allerdings kaum als tauglich erwiesen haben;[2] viel wirksamer ist da das Gefüge aus dem „Hypertext Recht",[3] d.h: aus Normtexten, Rechtsprechung, dogmatischen Satzsystemen und Rechtsfiguren, durch das – jedenfalls in gängigen Rechtsgebieten – die

---
1 So kommt hier auch unmittelbar das Ästhetische ins Spiel. Richterliches Erkennen wird in dem Moment zu einer Ästhetik des Erkennens, in dem der Richter mit dem begrifflich-nicht-wirklich-Greifbaren, also mit dem Vagen, konfrontiert ist und gleichwohl zu einer eindeutigen Aussage kommen muss; siehe *Strauch* 2019a, 19 ff.
2 Zu diesem Themenkomplex im Nachtrag II.
3 Siehe Kap. 11 VI. u. 12 IV.

Auslegungsspielräume so eingegrenzt sind, dass von der Bindung des Richters an Gesetz und Recht mehr bleibt als nur ein kontrafaktisches Postulat. Weitere, im bisherigen Text noch nicht genannte Beispiele, wie die Regeln des Beweisrechts, wären hinzufügen. – Gleichwohl: Unabhängig von allen Instrumentarien zu den Präzisierungen des Vagen – richterliches Erkennen verlangt und bleibt unhintergehbar ein Umgang mit dem Vagen[4]. Auch für unsere Methodenreflexion gilt noch heute das, was *Aristoteles* zur „Staatskunst" und allgemein zur praktischen Philosophie als Leitsatz formulierte: „Was die Darlegung betrifft, so muss man zufrieden sein, wenn sie denjenigen Grad von Bestimmtheit erreicht, den der gegebene Stoff zulässt. Die Genauigkeit darf man nicht bei allen Untersuchungen in gleichem Maße anstreben. [...] Darin zeigt sich der Kenner, dass man in den einzelnen Gebieten je den Grad von Genauigkeit verlangt, den die Natur der Sache zulässt".[5]

---

[4] Zur sprachphilosophischen Perspektive, die hier nicht näher diskutiert werden kann, ML, 317–321, zu Wittgenstein 34–345.
[5] *Aristoteles*, Nikomachische Ethik, 1995, 2 f. (1094b).

Teil C: Sachverhalts- und Rechtsermittlung

Das gerichtliche Verfahren ist als „Erkenntnisprozesses" ein Verfahren, in dem sich der Richter in aller Regel auf zwei unterschiedlichen Erkenntnisebenen bewegen muss – der der Tatsachen (Sachverhalt) und der des Rechts. Beide Ebenen sind getrennt zu analysieren, die Sachverhaltsermittlung in den Kap. 5 bis 9, die Rechtsermittlung in den Kap. 10 bis 12. Beide Ebenen müssen jedoch zusammen gesehen werden. Sonst führt das schnell zu einer richtigen Rechtsfeststellung zum falschen Fall oder zu einem richtigen Fall mit falscher Rechtsfeststellung. Denn die Relevanz einer Tatsache ergibt sich sowohl aus ihrer Bedeutung für das Verstehen des Geschehens, das zu beurteilen ist, als auch aus der Relevanz als normatives Tatbestandsmerkmal oder Wertungsgesichtspunkt. Es ist also eine stetige Verzahnung zwischen den Ebenen der „Wahrheitsfindung" und der „Rechtsfindung" notwendig. Und dazu bedarf es Prozesse der Vermittlung. Dies sind vor allem die Prozesse der Mustererkennung, die im vorigen Kap. 3 bereits thematisiert worden sind. Es kommt darauf an, im konkreten Fall die entscheidenden Konfliktmuster zu sehen und in deren Strukturen die relevanten rechtlichen Einordnungs- und Lösungsmuster zu erkennen. Aus den jeweils vorliegenden Informationen muss der Richter Hypothesen über das Geschehen und die Situation, die zum Rechtsstreit geführt haben,[1] und Vorstellungen zu möglichen rechtlichen Einordnungen entwickeln. Informationen und Annahmen sind so einem ständigen Prozess der Verifikation oder Falsifikation ausgesetzt. Dies deutlich zu machen und hier für die Sachverhaltsermittlung Kriterien zu benennen, ist ein wesentliches Ziel der folgenden Ausführungen.[2]

Die *Ausgangsfrage* lautet: *Was ist der Sachverhalt?* Aus der Sicht eines naiven Realisten ist er die Schilderung des Sach- und Streitstandes, zu der ein objektiver Betrachter sagen könnte: „Ja, genau so war es und genau darum streiten sich die Parteien". Doch der Sachverhalt ist keine Feststellung, „wie es wirklich gewesen ist." Er ist das Ergebnis eines weitgehend rechtlich geregelten Verfahrens, das je nach Prozessordnung dem Richter ganz unterschiedliche Ermittlungsaufträge gibt. Die Amtsermittlung bedeutet etwa im Verwaltungsprozess etwas anderes als im Strafprozess oder in Sorgerechtsverfahren. Ob ein Zivil- oder Arbeitsrichter, der sich abends hinsetzt und intensiv im Internet recherchiert, um herauszufinden, was die Parteien in seinem Fall, obwohl wesentlich, übersehen haben oder gar verschweigen, der Wahrheit näher

---

1 Und oft sind es diese Anfangshypothesen, an denen sich entscheidet, ob eine brauchbare Falllösung gelingt oder ob ein unbefangener Blick auf die Sach- und Rechtslage schon beim Einstieg verstellt wird – ein Fall etwa schlicht als Routinefall eingestuft wird und der Richter die entscheidenden Unterschiede zu diesen im konkreten Sachverhalt nicht mehr wahrnimmt.
2 Sie übernehmen weitgehend die entsprechenden praxisbezogenen Passagen aus Teil C der Methodenlehre, verzichten ihr gegenüber aber auf ausführliche theoretische Fundierungen.

kommt, ist die *eine* Frage, die andere Frage ist die, inwieweit er diese Informationen überhaupt nutzen dürfte, ohne gegen zentrale Regeln der Verhandlungsmaxime zu verstoßen. Die richterliche Wahrheitsfindung ist m. a. W. auf ganz unterschiedliche „Wahrheiten" ausgerichtet. Sie ist immer abhängig von der konkreten prozessualen Situation, in der der Sachverhalt festgestellt wird. Und diese Feststellung ist nicht das Ergebnis einer Abbildung von Realität, sondern das Ergebnis dessen, was der Richter ermittelt hat. *Der Sachverhalt ist ein Konstrukt.* Zu fragen ist nicht, ob ein Sachverhalt der Wirklichkeit entspricht, sondern ob er richtig konstruiert wurde. Wenn etwas konstruiert wird, sind zwar nicht selten auch kreative, nicht immer ganz nachvollziehbare (und auch sachfremde) Momente im Spiel; gleichwohl kann keine Konstruktion gelingen, die die Vorgaben ihrer Konstruktions- und Verfahrensbedingungen und deren Gesetze und Regeln außer Acht lässt. Zu beurteilen ist, ob die Informationen ohne Rechtsfehler ermittelt und ohne Wahrnehmungs- oder Denkfehler, soweit relevant, vollständig berücksichtigt wurden. Die Problemfelder, die bei der Sachverhalts-Konstruktion eine Rolle spielen, spielen können, sind zahlreich: Sachverständigengutachten, alle Formen der Wahrnehmung, vom schnellen Blick bis zum richterlichen Augenschein, gelingende oder misslingende Kommunikationen. Besonders herausgreifen und näher diskutieren werde ich:

- die richterliche Kommunikation zwischen Zielgerichtetheit und Offenheit
- den Zeugenbeweis;
- die Verknüpfung von Indizien
- „Gesamtschau" bzw. „Gesamtwürdigung".

Kapitel 5

Sachverhaltsermittlung: Kommunikation zwischen Zielgerichtetheit und Offenheit

Zu Beginn des Teils über „Wahrnehmung und Fallverstehen" wurde das gerichtliche Verfahren als ein Prozess der *Informationsgewinnung* und *Informationsverarbeitung* charakterisiert. Selbstverständlich ist, dass das gerichtliche Erkenntnisverfahren rechtlich nicht zu beanstanden sein darf. Oft viel problematischer und schwieriger auszumachen sind freilich die Wahrnehmungs- und Kommunikationsfehler, mit denen Informationen im Prozess aufgenommen und verarbeitet werden. Den Fragen und Problemen, die sich hier stellen, kommt deshalb in einer Methodik der richterlichen Praxis eine besondere Bedeutung zu. Zu erörtern sind einmal Grundpositionen einer idealen richterlichen Kommunikationshaltung (I.) und zum anderen konkrete Situationen der Verhandlungsführung (II.).

Wie in Kap. 4 dargelegt, ergeben unsere Wahrnehmungen kein Abbild der Realität. Sie sind selektiv und das Wahrgenommene merken wir uns auch keineswegs umfassend. Das häufige Misslingen menschlicher Kommunikation kommt hinzu. Man darf also zunächst nicht davon ausgehen, dass der Richter all die Informationen, die „auf dem Bildschirm des Prozessgeschehens auftauchen", auch aufnehmen und verarbeiten kann. Für eine *Methode der Sachverhaltsermittlung* kommt deshalb der Frage, ob und wie der Richter seine Aufmerksamkeit steuern kann – und soll – eine entscheidende Bedeutung zu. Ich will es einleitend im Kontrast zweier Berufsrollen erläutern, für die das *Zuhören-Können* und somit auch das *Zuhören-Lernen* in sehr unterschiedlicher Weise Bedingung des professionellen Arbeitens ist.

Beobachten wir die Kommunikation, die ein Psychoanalytiker mit seinem Klienten führt, und die Kommunikation, die ein Richter mit den Prozessparteien führt, haben sie etwas Gemeinsames: Sie ist professionell einseitig und im Alltag würde sich niemand, der etwas erfahren will, in dieser Weise mit einem anderen unterhalten. Vor allem aber unterliegen Richter und Psychoanalytiker den *gleichen Mechanismen*, die auch die Problematik von *Zeugenaussagen* ausmachen: den Problemen *selektiver Wahrnehmung* und der Steuerung der Verarbeitung durch individuelle Muster; was man an Informationen speichert, wird vielfach emotional bestimmt und unterliegt den Prozessen sekundärer Rationalisierung. *Methode* und *Habitus* haben hier die zentrale Aufgabe, die emotional bestimmte Aufmerksamkeit und Wahrnehmung professionell zu steuern. Unter diesem Gesichtspunkt *professioneller Aufmerksamkeitssteuerung* könnten die Unterschiede psychoanalytischer und richterlicher Methode dagegen kaum gegensätzlicher sein. Bei näherem Hinsehen zeigt sich allerdings, dass auch die Sachaufklärung durch den Richter ohne Phasen, die sich an Freuds Idealregel *„gleichschwebender Aufmerksamkeit"* orientieren, nicht auskommen kann.

In seinen „Ratschläge[n] für den Arzt bei der psychoanalytischen Behandlung" von 1912 beschreibt Freud seine Technik als „eine sehr einfache", nämlich „sich nichts besonders merken zu wollen und allem, was man zu hören bekommt, die nämliche ‚gleichschwebende Aufmerksamkeit' [...] entgegenzubringen"[1]. Auf Seiten des Patienten soll auf diese Weise der für die Analyse entscheidende Vorgang der „freien Assoziation" befördert werden, ohne Einschränkung alles das zu sagen, was ihm gerade einfällt. Der Gegensatz zur richterlichen Ermittlungstechnik liegt damit auf der Hand. Der Richter muss seine Aufmerksamkeit auf die – rechtlich – relevanten Tatsachen richten und soweit er unmittelbar mit Parteien verhandelt, erfordert es oft sein besonderes Geschick, sie in ihrer „freien Assoziation" zu bremsen, um sich „auf das Wesentliche" konzentrieren zu können. Je konzentrierter die richterliche Aufmerksamkeit jedoch auf einen bestimmten Punkt gerichtet ist, desto leichter kann es zu einer „Wahrnehmungsblindheit" kommen, einem Phänomen, für das ein berühmter Video-Clip („Der Gorilla") ein anschauliches Beispiel gibt[2]: Zwei Mannschaften – drei weiß gekleidete und drei schwarz gekleidete Studenten – werfen sich jeweils einen Basketball zu. Den Zuschauern wird die Aufgabe gestellt, *genau* mitzuzählen, wie oft der Ball innerhalb der weißen Mannschaft aufgefangen wurde. Ist das Video zu Ende, wird die Zahl abgefragt und der Versuchsleiter fragt, ob denn sonst noch etwas aufgefallen sei. Es hätte etwas auffallen müssen. Denn während des Zuspiels ging eine große, als Gorilla verkleidete Person mitten durch die Gruppe, gestikulierte, grinste in die Kamera und verschwand wieder. Ich selbst habe das Video häufiger auf Tagungen der Deutschen Richterakademie gezeigt und das Ergebnis war immer wieder verblüffend. Soweit die Teilnehmer es nicht schon kannten, war der Gorilla oft von nahezu allen Kolleginnen und Kollegen nicht wahrgenommen worden. Nachdenklich hat das allerdings nicht alle Kolleginnen und Kollegen gestimmt.

I. Die ideale Kommunikationshaltung – geteilte Aufmerksamkeit

So unabdingbar die selektive/fokussierende Aufmerksamkeit für die Sachverhaltsermittlung ist, so notwendig ist auch ein möglichst weiter Blick, eine Offenheit für Informationen, die zwar beim aktuellen Sach- und Streitstand nicht relevant erscheinen, aber es werden können. Man denke auch an all die zunächst nebensächlich erscheinenden Beweisanzeichen und Reaktionen, ohne die eine Beweiswürdigung nicht sinnvoll durchzuführen ist. Es bedarf deshalb oft einer *„geteilten Aufmerksamkeit"*, die in ihrer Intention gleichzeitig offen und fokussiert ist. Sehr anschaulich und auch auf die Rechtspraxis übertragbar, hat Freud in seinen „Ratschlägen" die Gefahren der Verengung, die sonst auftreten, so beschrieben:

„Sowie man nämlich seine Aufmerksamkeit absichtlich bis zu einer gewissen Höhe anspannt, beginnt man auch unter dem dargebotenen Materiale auszuwählen; man fixiert das eine Stück besonders scharf, eliminiert dafür ein anderes und folgt bei dieser Auswahl seinen Erwartun-

---

1 *Freud* 1975, 171.
2 Siehe dazu näher *O'Shea* 2008, 93 f.

gen oder seinen Neigungen. Gerade dies darf man aber nicht; folgt man bei der Auswahl seinen Erwartungen, so ist man in Gefahr, niemals etwas anderes zu finden, als was man bereits weiß; folgt man seinen Neigungen, so wird man sicherlich die mögliche Wahrnehmung fälschen. Man darf nicht darauf vergessen, daß man ja zumeist Dinge zu hören bekommt, deren Bedeutung erst nachträglich erkannt wird."[3]

Ein Richter, der sich immer nur auf „das Wesentliche", auf die Beschaffung der für die rechtliche Beurteilung „relevanten" Informationen konzentriert, läuft also eine doppelte Gefahr: zum einen die, dass er die relevanten Informationen nicht bekommt und zum anderen die, dass er für relevant hält, was nicht relevant ist. Dies soll an typischen Schritten der Sachverhaltsermittlung verdeutlicht werden:

1. Hypothesenbildung

Die Konstitution eines Sachverhaltes verlangt, wie wir gesehen haben, zunächst Ausgangshypothesen. Handelt es sich um eine dem Richter bekannte Fallkonstellation, wird das sofort ein rechtliches Muster sein. Anderenfalls muss er erst eine Vorstellung über den Sachverhalt bilden. So sehr er sich bei seiner „Arbeit am Sachverhalt" an diesen Vorstellungen und Mustern orientieren muss, so sehr muss er darauf achten, dass seine nur selektive/fokussierende Aufmerksamkeit nicht zum „Tunnelblick" wird. Der in der Sozialpsychologie vielfach diskutierte *„Rahmungseffekt"* (framing)[4] markiert auch für die richterliche Urteilsfindung einen entscheidenden Problempunkt. Das einmal erkannte Muster, die gewählte Hypothese gibt den Weg vor, und man ist nicht mehr bereit, den Denk-Rahmen zu verlassen und neue Informationen unvoreingenommen aufzunehmen und zu berücksichtigen. Der Richter aber muss das Verfahren mit einer *zwischen* Zielgerichtetheit und Offenheit für überraschende Informationen *geteilten* Aufmerksamkeit führen. Um eine bildliche Formel zu wiederholen: Die „Wahrheit" eines Sachverhaltes hängt nicht zuletzt davon ab, dass der Richter auch zunächst nicht relevant erscheinende Informationen, die auf dem „Bildschirm des Prozessgeschehens" auftauchen, wahrnimmt und nicht gleich ausblendet. Anderenfalls kann er schnell in die Situation kommen, dass er, ohne es zu merken, den falschen Fall entscheidet.

Typische Fehlerquellen: Schriftsätze werden nur selektiv auf Informationen hin gelesen, die dem Richter noch für seine Subsumtion fehlen. In einer empirischen Untersuchung von J. Schmid et al. wurde der Befund so beschrieben: „Die Sachverhaltsschilderungen der Prozessparteien werden nur insoweit verwertet, als mit ihnen ein für den Richter im Rahmen dogmatischer Konstruktion verwertbarer typisierter Lebenszusammenhang erkennbar wird".[5] Dem Richter entgehen dann die Besonderheiten, die den konkreten Fall ausmachen. Der Arbeitsrichter übersieht etwa, dass es alleiniges Ziel einer Organisationsmaßnahme war, dem Inhaber dieses Arbeitsplatzes betriebsbedingt kündigen zu können.[6] Oder noch gravierender: Dem Gericht

---

3 *Freud* 1975, 172.
4 Zum ersten Überblick vgl. *Pfister* 2020, 132 f. m. N.; *Wehling* 2016.
5 *Drosdeck* 1997, S. 25.
6 Vgl. LArbG Berlin-Brandenburg, Urteil vom 25.11.2010 – 2 Sa 707/10 – juris. Das ArbG Berlin

kommt der entscheidende Handlungszusammenhang nicht in den Blick, so dass es eine Schenkung annimmt, aber eine Gesellschafterstellung (causa societatis) übersieht.[7]

2. Zeugenvernehmung

Die Notwendigkeit und Funktion von geteilter Aufmerksamkeit wird in kaum einem anderen Verfahrensabschnitt so deutlich wie bei der Zeugenvernehmung. Hier ordnet gleichsam schon der Gesetzgeber geteilte Aufmerksamkeit an. Der Zeuge soll zunächst eben nicht punktuell auf das relevante Tatbestandsmerkmal hin befragt werden, das der Richter für entscheidungserheblich hält, sondern der Grundsatz lautet: „Der Zeuge ist zu veranlassen, das, was ihm von dem Gegenstand seiner Vernehmung bekannt ist, *im Zusammenhang* anzugeben"[8]. Mit Freud lässt sich die Leitidee gerade hier dahin formulieren, dass man nur so „Dinge zu hören bekommt, deren Bedeutung erst nachträglich erkannt wird."[9] Bender/Nack/Treuer formulieren die Maxime einprägsam mit der Überschrift: „Reden lassen."[10] Denn es ist in der Tat nur „schwerlich möglich, die Glaubwürdigkeit einer Aussage zuverlässig zu beurteilen, wenn die Auskunftsperson nicht als erstes einen ungestörten Bericht abliefert."[11]

Was die Vernehmung selbst anlangt, die eine Kunst des konzentrierten Fragens *und* der geteilten Aufmerksamkeit ist – zuvor aber vom Richter verlangt, dass es ihm überhaupt gelingt, eine für das Verfahren fruchtbare Kommunikation herzustellen –, kann für die konkreten Verhaltensprobleme und Regeln hier nur auf die vorhandene Handbuch-[12] und Kommentarliteratur[13] verwiesen werden. Notwendig sind jedoch wenigstens Hinweise darauf, dass der Richter gerade in der besonderen Situation der Zeugenvernehmung die Kommunikation *nie nur als objektiver Beobachter* führt und bestimmt. Er mag sich noch so sehr als unbefangener Neutraler fühlen, muss aber reflektieren, dass er im Persönlichen gefangen bleibt. Wir müssen uns m. a. W. darüber im Klaren sein, dass richterliche Offenheit gegenüber Informationen – wie jede menschliche Wahrnehmung – durch Bedingungen begrenzt ist, die sich prinzipiell nicht ausschalten lassen. Man kann sie als die *neuro-kulturellen Strukturen* bezeichnen, die unsere Erkenntnis- und Wahrnehmungsprozesse unhintergehbar prägen.[14]

---

hatte sich, vereinfacht, mit dem Grundsatz zufriedengegeben, es sei an die unternehmerische Organisationsentscheidung gebunden; s. a. BAG, Urteil vom 24.5.2012 – 2 AZR 124/11 – juris.
7   „Sportgate ./. Boris Becker"-Fall: vgl. BGH, Urteil vom 8.5.2006 – II ZR 94/05 –, BB 2006, 1467 –1468 = WM 2006, 1202–1204. Näher zu diesem Fall ML, 532 f.
8   Vgl. § 69 Abs. 1 StPO und nahezu gleichlautend § 396 Abs. 1 ZPO.
9   *Freud* 1975, 172.
10 *Bender et al.* 2021, Rn. 917; Vorauflage: *Bender/Nack/Treuer* 2007, Rn. 811.
11 *Bender et al.* 2021, Rn. 914.
12 *Bender et al.* 2021, beziehen auch Grundfragen der kognitiven Psychologie mit ein, wie Wahrnehmungspsychologie und Gedächtnisstruktur. – Weiterhin seien genannt: *Gerst, Hans-Joachim* (Hrsg.), Zeugen in der Hauptverhandlung, 2. Aufl. 2020; *Deckers, Rüdiger/Köhnken, Günter* (Hrsg.), Die Erhebung und Bewertung von Zeugenaussagen im Strafprozess, Juristische, aussagepsychologische und psychiatrische Aspekte, Berlin, 2021; *Balzer, Christian/Walther, Bianca*, Beweisaufnahme und Beweiswürdigung im Zivilprozess, 4. Aufl. 2018.
13 Anschaulich hier insbesondere *Eisenberg* 2017, Rn. 1318 ff.
14 Vgl. dazu näher *Strauch* 2005, 483 ff.

Im Kap. 4 sind die für unsere Wahrnehmung und das Gedächtnis wichtigen Momente solcher Begrenzungen näher beschrieben worden.[15] Zu bedenken sind auch die kulturellen Muster unserer Wahrnehmung und unseres Verhaltens – also insbesondere unserer Kommunikation. Eine Erfahrung, die fast jeder macht, der längere Zeit in einer fremden kulturellen Umgebung lebte, lässt sich nicht selten so formulieren: „Das werde ich nie verstehen" oder „Das wird mir immer fremd bleiben". Der Richter muss mit solchen Situationen – etwa in Asylstreitverfahren – aber vielfach zurechtkommen, obwohl ihm aus eigener Erfahrung der Zugang zu der anderen Kultur und deren Lebenswelt fehlen muss. Etwa bei Vernehmung von Zeugen, für die Familieninteressen aus tiefer ethischer Überzeugung immer höher stehen als die Wahrheit einer Aussage. Oder bei Zeugen, die mit einer Kommunikationsform, der es darum zu tun ist, ein Problem möglichst schnell, klar und unmissverständlich auf den Punkt zu bringen, nichts anzufangen wissen, weil sie ihnen völlig fremd ist. Und in nicht seltenen Fällen ist die „Situation eines fremden Kulturkreises" schon gegeben, wenn der Zeuge oder die Prozessparteien aus Milieus kommen, die außerhalb der Erfahrungs- und Lebenswelt des Richters liegen.

Mechanismen, über die man nicht verfügen kann, kann eine Methodik auch nicht in Regeln fassen. Der Richter muss sie aber reflektieren können. Und es ist eine Frage der *professionellen Einstellung*, ob man mit einem offenen, wachen Blick aufmerksam ist. Zur Veranschaulichung dessen, was mit professioneller Wahrnehmung gemeint ist, mag das Beispiel eines Jugendstrafverfahrens dienen, bei dem eigentlich alles klar war. Der Zeuge, der geschädigte Taxifahrer, hatte die Täterschaft der beiden angeklagten Jugendlichen bestätigt. Aus dem Zeugenstand entlassen, blickt er nochmals zurück, und dem Jugendrichter fällt sein zweifelnder Gesichtsausdruck auf. Ergebnis: die wirklichen Täter waren zwei Freunde der Angeklagten, die bereits auf Bewährung einschlägig verurteilt waren und ihre „Kumpels" überredet hatten, ihnen durch einen Rollentausch den Knast zu ersparen.

II. Verhandlungsführung

Die Kommunikation im Gerichtsaal unterliegt nicht nur gesetzlichen Regelungen. Sie ist nicht frei. Sie hängt auch entscheidend von Mechanismen, Mustern und Vorurteilen ab, die der Richter in allenfalls sehr engen Grenzen steuern oder auch nur in ihren Wirkungen erkennen kann. Diese Kommunikationsproblematik auch nur in Grundzügen darzustellen, würde unseren Rahmen sprengen. Aus dem weiten Themenbereich, den eine Standardtagung der Deutschen Richterakademie unter dem Titel „Menschen vor Gericht – Kommunikationskompetenzen als richterliches Qualitätsmerkmal" behandelt, kann ich nur zwei Aspekte herausgreifen, um bislang noch nicht angesprochene Probleme der Sachverhaltsermittlung deutlich zu machen; nicht um sie in konkrete Regeln aufzulösen, sondern um sie zu beschreiben.

---

15 Zu Vernehmung und Persönlichkeit des Vernehmenden vgl. die konkreten Hinweise bei *Eisenberg* 2017, Rn. 1321 ff.

Der eine betrifft das, was man „*Asymmetrie der Kommunikation*" nennen kann. Juristen haben ihre Fachsprache. Diese sprechen sie nicht nur dann, wenn sie juristische Fragen erörtern. Auch der Sachverhalt wird auf weiten Strecken meist juristisch verhandelt und entsprechend juristisch formuliert. Das bedeutet: Soweit die Laien das „Juristische" nicht verstehen – und das geschieht vielfach in einem Umfang, den sich Juristen gar nicht klar machen – sind sie aus der Kommunikation ausgeschlossen. Obwohl sie in aller Regel die Betroffenen sind, werden sie zum Objekt eines Diskurses und können nicht verstehen, um was es geht. Hier hat der Richter die Pflicht, „zweisprachig" zu verhandeln. Es ist – auch im Interesse eines „richtigen Sachverhaltes" – ein Gebot der „fairen Verhandlungsführung", dass der Laie der Verhandlung in den für ihn entscheidenden Punkten folgen kann. Eine nachträgliche „Übersetzung" durch den Anwalt ist oft nicht mehr wert als eine ärztliche Aufklärung nach der Operation.[16]

Als zweiter Aspekt ist die Frage nach der Intensität richterlicher Aufklärung zu erörtern, auf einen prozessrechtlichen Nenner gebracht: das Problem der *Sachverhaltsermittlung zwischen formeller und materieller Wahrheit*.

Der Begriff der „formellen Wahrheit" wird üblicherweise dem Beibringungsgrundsatz, der „materiellen Wahrheit" der Amtsermittlung zugeordnet. Damit ist dann zwar auch die Grundstruktur vorgegeben, in der wir die in den Prozessordnungen unterschiedlich geregelten Aufklärungspflichten zu sehen haben. Für die methodische Anwendung dieser Regeln – und damit auch für die Frage nach den Kriterien für den „richtigen" Sachverhalt – lassen sich jedoch kaum klare Regeln entwickeln. Wesentliche Grenzen sind rechtlich nicht klar bestimmbar und so bleiben zwangsläufig offene Spielräume.

1. Zur Amtsermittlung

Verletzt ein Gericht seine Aufklärungspflicht – etwa ein Verwaltungsgericht die nach § 86 Abs. 1 VwGO – ist dies ein Verfahrensmangel (§ 132 Abs. 2 Nr. 3 VwGO). Dieser liegt aber nicht schon vor, wenn das Gericht von einem unrichtigen oder unvollständigen Sachverhalt ausgeht. Entscheidend ist die Prozesssituation, nicht die von dieser losgelöste „objektive" Sachlage. Mit den Worten eines Beschlusses des BVerwG v. 29.3.2012: „Eine erfolgreiche Aufklärungsrüge (§ 86 Abs. 1 VwGO) setzt u. a. die Darlegung voraus, dass bereits im Verfahren vor dem Tatsachengericht, insbesondere in der mündlichen Verhandlung, auf die Vornahme der Sachverhaltsaufklärung, deren Unterbleiben gerügt wird, hingewirkt worden ist, oder dass sich dem Gericht die bezeichneten Ermittlungen auch ohne ein solches Hinwirken von sich aus hätten aufdrängen müssen (stRspr, [...]). Die Aufklärungsrüge stellt kein Mittel dar, um Versäumnisse in der Tatsacheninstanz zu kompensieren."[17]

Wir stoßen also auch hier auf die schon bekannte Differenz, die zentrales Thema dieses Teils ist: Auch wenn die Sachverhaltsfeststellung revisionsrechtlich „richtig"

---

16 Näheres zur Problematik Alltags- und Fachsprache ML, 334–348.
17 Az. 9 B 88/11 – juris, Rn. 4; vgl. auch BVerwGE 126, 149–166.

ist, schließt das durchaus die Möglichkeit ein, dass das Gericht von einem unvollständigen, nur oberflächlich und unzureichend ermittelten Sachverhalt ausgegangen ist. Das Kriterium, dass sich die Feststellung weiterer entscheidungserheblicher Tatsachen „hätte aufdrängen müssen", hat die Funktion eines revisionsrechtlichen Filters. Sie ist kein Kriterium dafür, dass der *Tatrichter* von einem richtigen und vollständigen Sachverhalt ausgegangen ist. Ausreichend ermittelt hat der Tatrichter hier erst, wenn er all die Daten ermittelt hat, die ermittelbar sind und nach Lage des Falles für die Beurteilung der Sachlage eine Rolle spielen können. (Im Rahmen der kohärenztheoretischen Überlegung wird diese Frage als Problem des Kriteriums der Umfassendheit zu erörtern sein). Die Einschätzung dessen, was an der Sachlage relevant ist, hängt dabei unlösbar von der Einschätzung der Rechtslage ab. Um auf Seiten des Richters den entscheidenden Punkt zu fixieren, müsste er sagen können: *Auch wenn ich jetzt noch weiter ermittle, gewinnt die Tatsachengrundlage, die ich für die rechtliche Beurteilung brauche, nicht an Richtigkeit.*

Rechtlich sichere Vorgaben für die Intensität richterlicher Aufklärung gibt es aber auch nicht für ein *Übermaß an Aufklärung*. Die Grenzen, die hier, etwa unter dem Gesichtspunkt der „ungefragten Nachprüfung", kontrovers diskutiert werden[18], betreffen aber eher materiellrechtliche Fragen des zu wählenden rechtlichen Gesichtspunktes. Es ist keine ungefragte Nachprüfung, wenn der Richter seine Ermittlung deshalb so ausdehnt, weil er ganz sicher sein will, von einem richtigen und vollständigen Sachverhalt ausgehen zu können. Als methodische Gegenregel muss er sich dann jedoch fragen lassen: Reichen die vorhandenen Daten wirklich nicht aus, um die gestellte Rechtsfrage beantworten zu können? Nicht selten ist es ja nur die mangelnde rechtliche Durchdringung des vorhandenen Materials, die zu der (meist trügerischen) Hoffnung verleitet, dass sich bei intensiverer Sachverhaltsermittlung auch eine richtige rechtliche Lösung einstellen wird. Und, wie gesagt, auch der Untersuchungsgrundsatz macht eine Klage nicht zu einem Forschungsauftrag.

2. Zum Beibringungsgrundsatz

Der Zivilprozess kann mit dem früher gern zitierten Grundsatz „da mihi facta, dabo tibi jus" – Gib mir die Tatsachen, ich werde dir das Recht geben – nicht mehr charakterisiert werden. Insbesondere § 139 ZPO stellt mit seinen Aufklärungs- und Erörterungspflichten auch die Sachverhaltsermittlung in die Verantwortung des Gerichts. Das gebotene Maß richterlicher Aufklärung ist jedoch unbestimmt. Die *rechtlichen* Grenzen für das, was das Gericht einerseits tun muss, um seinen Pflichten nachzukommen, und was es andererseits nicht tun darf, ist Gegenstand umfangreicher Kasuistik.[19]

Der Prozessrechtler kann hier zu Recht auf den jeweiligen Einzelfall verweisen. Uns muss aber genau der Grenzbereich interessieren: „Was das Gericht nicht zu tun

---

18 Zum Grundsatz der sog. „ungefragte Fehlersuche" vgl. BVerwGE 116, 188–197, sowie *Sendler*, DVBl 2002, 1412–1414. Allgemein: *Gärditz* 2020, 425–453.
19 *Baumbach/Lauterbach/Albers/Hartmann*, 72. Aufl., § 139 ZPO, Rn. 43 ff.

braucht"[20], aber tun kann, um seiner „prozessualen Fürsorgepflicht"[21] gerecht zu werden, ohne den Verhandlungsgrundsatz als Amtsermittlung zu handhaben und ohne gegen seine Rolle als unparteiischer Mittler und Richter zu verstoßen. Die Konfliktlage ist an Beispielen schnell klar zu machen: Auf eine ausführliche und sorgfältige Klageschrift folgt eine nichtssagende, unsubstantiierte Klageerwiderung. Der Richter bemüht sich nun, diesen Vortrag erheblich zu machen. Oder der Richter kommt seiner Aufklärungspflicht so nach, dass zwar ein Fachanwalt noch ohne größere Verständnisprobleme folgen kann, nicht aber der klagende Herr Müller. Oder folgender Beweisbeschluss: „Beweisthema: Erwerb von drei darlehensfinanzierten Eigentumswohnungen durch den Kläger und die Zeugin im Jahr 1993". – In dieser Allgemeinheit kann das nur zur Aufforderung an die Zeugin führen: „Nun erzählen Sie mal, wie das alles so war". Mit Frage und Nachfrage steht der Richter dann mitten in einer Amtsermittlung.

3. Verhandlungsführung und „Richtertypen"

Ein Versuch, für die Anwendung des § 139 ZPO methodische Regeln der Verhandlungsführung zu formulieren, müsste sich zunächst auf die unterschiedlichsten Kommunikationssituationen einstellen und festhalten, was in ihnen situationsangemessen ist. Entsprechendes gilt für die schriftliche Kommunikation (Aufklärungsverfügung). Will man hier methodische Regeln aufstellen, zeigt sich auch unabweisbar, dass man (vor allem) diese nicht losgelöst von Person und Rollenverständnis des Richters diskutieren kann. In Anlehnung an die empirische Untersuchung von J. Schmid et al. und die dort sehr anschaulich beschriebene Art, wie Richter Fälle bearbeiten[22], lässt sich die methodische Problematik aber typisierend an Hand von 4 Arten der Verhandlungsführung und entsprechenden „Richtertypen" deutlich machen. Da ist a) der Stil des „Routiniers", b) der Stil des „Relationstechnikers", c) der Stil extensiver Aufklärung und d) der Stil souveräner Verhandlungsführung.

Dem „*Routinier*" reicht als Richtschnur das, was er als „Rechtsgefühl" versteht. Methodik sind für Routiniers die Techniken, die sie „im Laufe ihrer langjährigen Erfahrung [...] entwickelt haben, um sich die Arbeit zu erleichtern".[23] Die Frage, „was das Gericht nicht zu tun braucht, aber tun kann, um seiner prozessualen Fürsorgepflicht gerecht zu werden", ist für sie eine rein theoretische Frage, die für *ihre* Praxis genau so irrelevant ist, wie alle in diesem Buch erörterten methodischen Probleme. Für den

---

20 *Zöller/Greger*, ZPO, 20. Aufl., § 139 Rn. 12.
21 Vgl. BGH, BauR 2010, 246–247: „Das Gericht muss – in Erfüllung seiner prozessualen Fürsorgepflicht – gemäß § 139 Abs. 4 ZPO Hinweise auf seiner Ansicht nach entscheidungserhebliche Umstände, die die betroffene Partei erkennbar für unerheblich gehalten hat, grundsätzlich so frühzeitig vor der mündlichen Verhandlung erteilen, dass die Partei die Gelegenheit hat, ihre Prozessführung darauf einzurichten und schon für die anstehende mündliche Verhandlung ihren Vortrag zu ergänzen und die danach erforderlichen Beweise anzutreten. Erteilt es den Hinweis entgegen § 139 Abs. 4 ZPO erst in der mündlichen Verhandlung, muss es der betroffenen Partei genügend Gelegenheit zur Reaktion hierauf geben." Siehe auch BGH, BauR 2011, 1200–1202; BGH, NJW 1991, 493–495; *Baumbach/Lauterbach/Albers/Hartmann*, 72. Aufl., § 139 Rn. 7 ff.
22 *Schmid* 1997, 159 ff.; vgl. auch Kap. 5 I.2.
23 *Schmid* 1997, 167.

„*Relationstechniker*"[24], der seine Verhandlung entscheidend danach schematisiert, ob der Vortrag den Darlegungslasten und, wenn ja, auch den Beweisführungslasten genügt, stehen dagegen die rechtsmethodischen Vorgaben der Verhandlungsmaxime so stark im Vordergrund, dass die Prozessbeteiligten auch dort nicht mit seiner prozessualen Fürsorgepflicht rechnen können.[25] Den Gegenpol bilden die Richter, die „*extensive Aufklärung*" betreiben und „in diverse Einzelheiten des Falles einsteigen"[26]. Als Typus kann man hier den „*Kümmerer*" und den „*Chaoten*" ausmachen. Ersterer dehnt – besonders oft in Familienrechtsstreitigkeiten – auch im Anwaltsprozess sein Aufklärungs- und Erörterungsbemühen so aus, dass er nicht nur Amtsermittlung betreibt, sondern auch noch in die Rolle eines Rechtsberaters schlüpft[27]. Extensive Aufklärung muss aber nicht nur gut gemeinter Fürsorge entspringen; oft ist sie nur Ausdruck unzureichender gedanklicher und rechtlichen Strukturierung. Man hofft dann wohl, in einem der möglichst vielen Details auch die Spur für die richtige Lösung zu finden. Es fehlt der Durchblick und für die Verhandlungsführung war zu konstatieren: Es „gerieten die Fragen durcheinander und verloren den Themenbezug, so daß im Extrem ein Zustand erreicht wurde, der nicht mehr erkennen ließ, wie weit das Verfahren gediehen war."[28] Viertens bleibt schließlich das Ideal der „*souveränen Verhandlung*". Sie zeigt sich „außer in der Rechtskenntnis vor allem in der gründlichen Vorbereitung der Verhandlung, in der vorab ausgearbeitete, klare konkrete Fragen gestellt wurden. Die Verhandlung verlief nicht nervös oder hektisch, und der Umgang mit den Prozessbeteiligten war freundlich."[29] Man wird hinzufügen: In der Erörterung der Sach- und Rechtslage, in Frage und Antwort kann sich der Richter auf die Parteien einstellen. Seine Aufmerksamkeit ist konzentriert – zugleich aber auch hinreichend offen, um Indizien für eine möglicherweise ganz andere Sicht der Sachlage wahrnehmen zu können.

Die Beschreibung unterschiedlicher Verhaltensmuster auf Seiten der Richterbank bliebe jedoch selbst als vereinfachende Skizze unvollständig, wenn nicht wenigstens ein Hinweis darauf erfolgte, dass die Analyse einer situationsadäquaten Kommunikation nicht nur die unterschiedlichen Rollenverständnisse der Richter, sondern auch die der Anwälte einzubeziehen hat. Stellt man sich einerseits den gut vorbereiteten Fachanwalt, den Staranwalt, den Kleinstadt-Allrounder (der durchaus darauf vertrauen darf, dass ihm die Richter „seines" Gerichts notfalls schon helfen werden) oder den Anwalt als Typus des Routiniers oder des Chaoten vor, ergeben sich aus den Kombinationen eine Vielzahl von Interaktionsmustern. Diese könnten selbst nach umfangreichen Analysen nicht hinreichend auf den Nenner von Regeln gebracht werden. Aber es bleibt ein entscheidender Punkt festzuhalten: Die richterliche Für-

---

24 Den es in „reiner Form" heute allerdings nur noch selten geben dürfte.
25 *Schmid* 1997, 164 f.
26 *Schmid* 1997, 169.
27 Vgl. zu den rechtlichen Grenzen *Baumbach/Lauterbach/Albers/Hartmann*, 72. Aufl., § 139 ZPO, Rn. 71.
28 *Schmid* 1997, 172.
29 *Schmid* 1997, 160.

sorge darf nicht dazu führen, dass die verfahrensrechtliche Gleichbehandlung unbeachtet auf der Strecke bleibt.

4. Sachverhaltsermittlung mittels Recherche im Netz, insbesondere über Wikipedia

a) Zum Befund

Es ist zunehmende Praxis, dass Gerichte Suchmaschinen, insbesondere den Zugriff auf Wikipedia nutzen, um die für die Beurteilung des Sachverhaltes notwendigen Tatsachengrundlagen zu gewinnen.[30] Die Intensität ist zwar je nach Sachgebiet unterschiedlich; es lassen sich jedoch typische Verwendungen ausmachen: Ausgerichtet an der Entscheidungsrelevanz, die den recherchierten Informationen zukommt, kann man wesentlich vier Funktionen der Nutzung unterscheiden: 1. als Fachbegriffflexikon, 2. zur Absicherung von Feststellungen, 3. als Quelle richterlicher Sachkunde (Sachverständigen-Ersatz) und 4. für die semantische Recherche.

1. Das Gericht nimmt – allein oder neben anderen Lexika – auf Wikipedia Bezug, um die Bedeutung eines Fachausdruckes und sein Verständnis dieses Wortes zu belegen (Funktion als Fachbegrifflexikon).
2. Das Gericht stützt seine Argumentation auf einen bestimmten Sachzusammenhang und sichert die eigene Sachkunde durch einen Hinweis – meist mit einem vorgeschalteten „vgl." – auf Wikipedia ab. Ob daneben noch andere Quellen benannt werden, erscheint demgegenüber eher zufällig (Absicherungsfunktion).
3. Das Gericht entnimmt Wikipedia entscheidungserhebliche Tatsachen oder Kausalzusammenhänge und stützt seine Entscheidung dann auch auf dieses Wissen (Sachverständigen-Ersatz).
4. Das Gerichte nutzt Wikipedia, soweit es für die Wertung auf Verständlichkeit, Vergleichbarkeit, Verwechselbarkeit, Üblichkeit ankommt (Semantische Recherche). Die wichtigsten Fallgruppen sind hier:

   Klauseln in *allgemeinen Geschäftsbedingungen*. Sie müssen dem *Transparenzgebot* genügen. Insoweit kommt es darauf an, wie dieser Begriff aus der Sicht eines durchschnittlichen Versicherungsnehmers, ausgehend vom allgemeinen Sprachgebrauch des täglichen Lebens, zu verstehen ist.[31] Für diesen allgemeinen Sprachgebrauch bezieht sich der BGH dann u. a. auf Wikipedia.[32]

   Das *Markenzeichenrecht*: Als Marke können alle „Zeichen" geschützt werden, die geeignet sind, Waren oder Dienstleistungen eines Unternehmens von denjenigen anderer Unternehmen zu *unterscheiden* (§ 3 MarkenG). Dafür kommt es auf die Sicht des normal informierten und angemessen aufmerksamen und verständigen. Durchschnittsverbrauchers

---

30 Im Febr. 2017 ergab die Eingabe „Wikipedia" in die Suchmaske von „juris" für die Rechtsprechungsdatenbank 3.041 Treffer; im Mai 2021 wurden 4.728 Treffer ausgewiesen. Dahinter steht aber ein sehr differenzierteres Bild. So entfielen 2017 z. B. von den insgesamt 3.041 Treffern „Wikipedia" allein 889 Treffer auf die Stichwortkombination „Wikipedia und BPatG". – Näher dazu *Strauch* 2018, 81–99. Siehe auch *Hahn* 2018, 66–80.
31 BGH, Urteil vom 8.5.2013 – IV ZR 174/12 – juris, Rn. 14.
32 BGH, Urteil vom 8.5.2013 – IV ZR 174/12 – juris, Rn. 16.

im Bereich der einschlägigen Waren und Dienstleistungen an.[33] Zur semantischen Klärung diese Wertung nutzt das BpatG in aller Regel auch und vornehmlich Wikipedia.[34]

Im *Wettbewerbsrecht* sind es die Fälle, in denen es bei „geschäftlichen Handlungen" um die Frage geht, ob die Verwendung eines Begriffes, einer Bezeichnung oder einer Ortsangabe irreführend ist. Die Gerichte ziehen dann auch hier allein oder neben anderen Lexika Wikipedia zu Rate, um die Grenze zwischen einer noch vertretbaren und einer irreführenden Verwendung zu ermitteln.

b) Prozessrechtliche Vorgaben

Wenn Greger in seinem Aufsatz „Der surfende Richter" das Fazit zieht: „Das Internet eröffnet der Sachverhaltsfeststellung im Prozess völlig neue Dimensionen"[35], dann mag das für einige der oben genannten Sachgebiete zutreffen, gleichwohl ergibt sich kein grundlegender Wandel in der Sachverhaltsermittlung.[36] Denn ob und inwieweit der Richter Informations- und Wissenslücken durch Internetrecherchen schließen, Parteibehauptungen auf diesem Weg verifizieren oder falsifizieren darf, ist von der Prozessmaxime abhängig, die für sein Verfahren gilt. Der *Amtsermittlungsgrundsatz* lässt dem Richter hier nicht nur freie Hand, sondern fordert es geradezu, soweit geeignet, die Recherchemöglichkeiten des Netzes zur Sachaufklärung zu nutzen. Gilt dagegen der *Verhandlungsgrundsatz*, ist dem Richter eine freie Recherche ohne Bezug auf das Parteivorbringen verwehrt. Möglich bleibt in diesem Rahmen nur ein Zugriff auf „offenkundige Tatsachen" i. S. d. § 291 ZPO.[37] Im Übrigen verlagert sich dann das Problem des „surfenden Richters" auf den Streit um den Konflikt Wahrheitspflicht vs. Verhandlungsgrundsatz.[38]

---

33 Vgl. etwa BPatG München, Beschluss vom 23.5.2013 – 25 W(pat) 594/1 – juris, Rn. 28 m. w. N.
34 Juris weist allein für die Stichworte „Wikipedia" – „BPatG" – „MarkenG" 598 Treffer auf; Abruf am 27.1.2017.
35 *Greger* 2013, 290 ff., 299.
36 ML, 89.
37 Vgl. m. w. N. *Greger* 2013, 292 ff.; *Dötsch*, MDR 2011, 1017 f. Zur Problematik der für § 291 ZPO verlangten „Zuverlässigkeit" siehe *Hahn* 2018, 66 ff.; *Marie Herberger*, GVRZ 2021, 6 ff.
38 Siehe dazu näher *Greger* 2013, 296 ff. m. N. Bekannt geworden ist dazu die Recherche eines Richters in einem Streit über die Wirksamkeit einer außerordentlichen Kündigung: In einem Verfahren vor dem ArbG Siegen hatte die Recherche des Richters im Internetlexikon Wikipedia ergeben, dass eine polnische Telefonnummer, die nach Angaben des Klägers von einem Handy stammte, eine Festnetz-Vorwahl beinhaltete, der Arbeitnehmer also von Polen aus angerufen hatte. Das Ablehnungsgesuch des Klägers gegen den Richter wurde mit der Begründung zurückgewiesen, dass die Recherche des Richters einer allgemein zugänglichen und zuverlässigen Quelle zur Unterrichtung über offenkundige Tatsachen keinen Grund für die Ablehnung wegen Besorgnis der Befangenheit darstelle (ArbG Siegen, Urteil vom 3.3.2006 – 3 Ca 1722/05 – juris).

Kapitel 6

Der Zeugenbeweis

Der Zeugenbeweis ist als Mittel der „Wahrheitsfindung" in der gerichtlichen Praxis so unverzichtbar wie er gerichtsnotorisch ein „ungewisser, schlechter Beweis"[1] ist. Konsequent nennt denn auch Hartmann die Zeugenvernehmung „eine nur begrenzt erlernbare Kunst"[2]. Gerade deshalb gilt aber die Grundregel – jedenfalls aller traditionellen Kunst –, dass Kunstfertigkeit Wissen und Beherrschung handwerklicher Regeln voraussetzt. Aber das Wissen, das diese „Kunst" voraussetzt, kann sich nicht nur auf praktische Kenntnisse beschränken. Das Themenfeld, das unter dem Stichwort „Zeugenbeweis" in einer Methodenlehre der gerichtlichen Praxis darzustellen wäre, ist weit gespannt;[3] zu nennen sind insbesondere: Funktionsweise des Gedächtnisses, Vernehmungslehre und Vernehmungstaktik, Glaubwürdigkeits- und Aussageinhaltsanalyse. Im vorigen Abschnitt ist das Problemfeld Kommunikation Richter – Zeuge bereits erörtert worden. Im Zentrum dieses Abschnittes sollen die Fragen der *Glaubwürdigkeit* (die sich auf die Person des Zeugen bezieht) und der *Glaubhaftigkeit* (die sich auf die Aussage bezieht) stehen. Deutlich zu machen sind die Gründe für die prinzipiellen Ungewissheiten jeder Zeugenaussage, die Gründe, warum die Zeugenaussage ein „ungewisser, schlechter Beweis" ist – aber gleichwohl als „Mittel der Wahrheitsfindung" dienen kann. Zunächst sollen zwei Beispiele die Problematik illustrieren:

1. Fall: Der Knallzeuge: 3 Männer stehen an einer Straßenkreuzung, ins Gespräch vertieft, als es neben ihnen auf der Straße kracht. Zwei zerbeulte Pkw, einer davon Schrottwert. Was haben die drei gesehen?

Oder ein 2. konkreter Fall: Eine Krankenschwester stürzt aus dem 3. Stock vom Balkon eines Schwesternheimes. Sie ist sofort tot. Der Streit geht um die Lebensversicherung. Im Prozess sagt der Pförtner aus, er habe gesehen, wie die Krankenschwester vom Balkon gesprungen sei. Er beschrieb, wie sie in der Luft eine Spirale gedreht habe – wie beim Turmspringen. Dann sei sie aufgeschlagen. Abgespielt hatte sich dies an einem 30. September gegen 20.00 Uhr. Der Richter ist im späten

---

1 *Baumbach/Lauterbach/Albers/Hartmann*, 72. Aufl., Übers § 373 Rn. 5.
2 *Hartmann* aaO.
3 Insofern muss auf die einschlägige Literatur verwiesen werden. Die wohl beste Übersicht geben *Bender et al.* 2021. – Zur Aussageinhaltsanalyse siehe insbesondere: *Luise Greuel et al.*: Glaubhaftigkeit der Zeugenaussage: Theorie und Praxis der forensisch-psychologischen Begutachtung: Die Praxis der forensisch-psychologischen Begutachtung, 1998. Zu nennen sind ferner: *Axel Wendler, Helmut Hoffmann*: Technik und Taktik der Befragung im Gerichtsverfahren: Urteile begründen. Urteile prüfen. Lüge und Irrtum aufdecken. Stuttgart 2009; *Max Hermanutz, Sven Max Litzcke*: Vernehmung in Theorie und Praxis: Wahrheit-Irrtum-Lüge. 4. Aufl., Stuttgart 2018.

Winter am Haus vorbeigefahren und da fiel ihm eine Reihe von Pappeln auf. Er wurde stutzig und hat genau ein Jahr später einen Ortstermin durchgeführt. Es stellte sich heraus, dass der Pförtner schon wegen der Belaubung von seiner Pförtnerloge nichts hatte sehen können. Der Zeuge selbst war völlig verstört – nicht weil er beim Lügen ertappt wurde, sondern weil er sich fest eingebildet hatte, die Sache, so wie geschildert, gesehen zu haben.

In beiden Fällen haben wir es mit „falschen Erinnerungen"[4] zu tun. Zeugen erbringen also nicht allein deshalb keine tragfähigen Aussagen, weil sie lügen oder sich nicht mehr (genauer) erinnern können (oder wollen). Sie erinnern sich auch an „Wahrheiten", die sie gar nicht wahrgenommen haben (können) oder deuten Wahrnehmungen um, ohne dies selbst zu bemerken. Neu ist dieses Phänomen zwar keineswegs[5], erst die *Neurowissenschaften* haben uns in den letzten Jahrzehnten jedoch die notwendigen Einblicke in Struktur und Funktionsweisen des Gehirns gebracht, um auch zu verstehen und einzuordnen zu können, warum ein Zeuge i. d. Regel nur ein begrenzt taugliches Beweismittel sein kann.

Wie haben wir uns Struktur und Funktionsweisen unseres Gedächtnisses vorzustellen? *Vorab negativ* – und wie zu Wahrnehmungsprozessen schon festgestellt: Wir nehmen zum einen das, was wir sehen, nicht auf wie ein Videorecorder oder eine Digitalkamera. Zum anderen dürfen wir uns den Abruf von Erinnerungen nicht vorstellen wie den Aufruf einer Datei, auf die wir beliebig oft zurückgreifen können, ohne dass sie ihren Inhalt veränderte. Übertragbar ist an diesem Bild nur, dass die Organisation unserer Wahrnehmung und unserer Erkenntnis unmittelbar mit der Organisation dessen verbunden ist, was wir Gedächtnis nennen. Die Funktionsweise des Gedächtnisses lässt sich also nicht isoliert darstellen, sondern nur im Zusammenhang mit der Funktionsweise des Gehirns insgesamt – was hier nur im Herausgreifen einiger Grundstrukturen möglich ist.

I. Wahrnehmung und Sich-Erinnern – neurowissenschaftliche Grundlagen

Wahrnehmen, Denken, Erleben und Sich-Erinnern vollziehen sich in einem Prozess des „Feuerns" unzähliger Neuronen in unterschiedlichen Hirnarealen. Bildgebende Verfahren ermöglichen es heute, solches Zusammenspiel auch sichtbar zu machen[6]. Eine der zentralen Fragen der Hirnforschung wird damit deutlich: Wie werden diese diversifizierten neuralen Aktivitäten so organisiert, dass wir uns das Erkennen bestimmter Gegenstände oder die Erinnerung an bestimmte Ereignisse vorstellen können;[7] wie werden aus einem „Fließgeschehen"[8] Geschichten? Nach dem heute wohl überwiegend anerkannten Modell ist der wesentliche Mechanismus darin zu sehen,

---

4   Einen allgemeinen Überblick über den Forschungsstand geben *Kühnel/Markowitsch* 2009.
5   Vgl. *Kühnel/Markowitsch* 2009, 74.
6   *Münte/Heinze* 2001, 298 ff.
7   Vgl. etwa *Deneke* 2001, 73 ff.
8   *Deneke* 2001, IX f.

dass die Neuronen im Ensemble nicht nur gleichzeitig feuern, sondern in dieser Aktivität auch eine *temporal kohärente Struktur*[9] bilden.

Stellen wir uns zunächst einen Tisch vor, auf dem eine Tasse Kaffee steht. Das ist *ein* Bild. Aber unser Gehirn verarbeitet die Sinneseindrücke, die dieses Bild ausmachen, in den jeweils „zuständigen", ganz unterschiedlichen Gehirnarealen. Es verarbeitet diese Informationen parallel[10]. So ist eine Kaffeetasse eben nicht einfach eine Kaffeetasse, sondern unsere Vorstellung entsteht, wenn etwa im Areal für das Dekodieren von Farben die Neuronen der Farben braun und weiß feuern und in einer *„temporal kohärenten Struktur"* zugleich die Neuronen für die Form und das Wort Tasse, aber auch diejenigen Neuronen aktiv sind, die im Geruchszentrum das Kaffeearoma vertreten und auch solche, die für die emotionalen Kaffeewünsche aus dem limbischen System zuständig sind[11]. Alle diese *Wahrnehmungen setzen ein Vorwissen voraus*: was eine Tasse ist, was Kaffee, wie er riecht usw. All das muss ja gespeichert sein. Das Gehirn dekodiert also unsere Sinneseindrücke durch Abgleich mit Gedächtnisinhalten. Wie bereits zitiert hat G. Roth diese elementare Funktion unseres Gedächtnisses auf den Nenner gebracht: „Das Gedächtnis ist unser wichtigstes Sinnesorgan"[12].

Stellen wir uns weiterhin diesen Kaffeetisch vor, aber der Akteur ist auf das Geschäft konzentriert, das er abschließen will, vielleicht interessiert ihn auch etwas anderes – das Bild an der Wand, weil er Kunstsammler ist, oder etwa die Gastgeberin. So mag er denn die Kaffeetasse irgendwie gesehen haben, sie hat jedoch über das (früher so genannte) Kurzzeitgedächtnis nicht so Eingang ins *Langzeitgedächtnis* gefunden[13], dass er sich die Tasse leicht wieder in Erinnerung rufen könnte. Der Kunstsammler würde das Bild sofort wieder beschreiben können. Von dem Akteur, der ein Auge auf die Gastgeberin geworfen hat, ganz zu schweigen. So mag der Mensch zwar vieles sehen, das in seinem Gesichtsfeld liegt, aber nur ein Bruchteil, was er davon wahrnimmt, findet Eingang in sein Gedächtnis[14].

II. Erste allgemeine Folgerungen für die Einschätzung von Zeugenaussagen

1. Festzuhalten ist also zunächst, dass wir von einem *selektiven Charakter der Erinnerungen* ausgehen müssen. Wie genau ein Zeuge wahrgenommen hat, wird also wesentlich davon abhängen, wie stark sein Interesse ihn auf bestimmte Tatsachen fokussiert hat. Und die Richtigkeit seiner Beobachtung wird auch von dem *Wissen* abhängen, mit der er sie gemacht hat. Wesentliche Faktoren für die Einspeicherung

---

9 Im Anschluss an *Metzinger* 1996, S. 609 Fn. 26 u. 609 ff., dieser unter Hinweis auf W. Singer (*Singer* 2002). – Ein Gedanke, den ich dann kohärenztheoretisch aufgenommen habe, *Strauch* 2005, 489, 499. Siehe auch *Edelman* 2007, 50 ff., 55.
10 *Kühnel/Markowitsch* 2009, 62.
11 *Roth* 1997, 255 gibt am Beispiel eines Stuhles eine detaillierte Aufgliederung solcher Aspekte und ihrer Zuordnung zu unterschiedlichen corticalen Arealen. Allgemein auch *Edelman* 2007, 54.
12 *Roth* 1997, 261 ff.
13 Vgl. *Anderson* 2001, 174 ff.
14 Vgl. dazu näher *Kühnel/Markowitsch* 2009, 40 f., 117 f., 128 ff.

("Enkodierung"[15]) in das Langzeitgedächtnis sind deshalb die Fähigkeit, das Wahrgenommene in vorhandenes Wissen einzuordnen und dort zu verankern[16] sowie die Intensität der *emotionalen Auflading* an dem beobachteten Geschehen[17]. Nicht zuletzt „fördert Stress eine Festigung emotional relevanter Informationen", allerdings „ohne dabei zu unterscheiden, ob diese Information tatsächlich der Wahrheit entspricht oder unserer eigenen Vorstellung entsprungen ist".[18]

2. *Erinnerung und Fragestellung:* Bleiben wir auch für den damit angesprochen dritten wesentlichen Zusammenhang beim Kaffeetisch. Den Akteur hat der Kaffee, wie gesagt, nicht sonderlich interessiert. Gleichwohl soll er später als Zeuge eine Aussage machen. Hier kann schon die *Fragestellung* den Inhalt der Aussage bestimmen. Eine möglichst neutrale, offene Frage: Stand etwas auf dem Tisch? Der Zeuge zuckt die Achseln; er kann nichts „abrufen". Zu einer ganz anderen Reaktion kann es kommen, wenn etwa gefragt wird „Haben Sie denn die Kaffeetasse nicht gesehen?" oder gar: „Ist Ihnen der Kaffeegeruch wirklich nicht aufgefallen?" – Allerdings kann es dann so sein, dass nicht einmal der Zeuge selbst genau weiß, ob er sich nun wirklich – wenigstens bruchstückhaft – an eine konkret abgespeicherte Tatsache erinnert oder nur *Suggestivfragen* eine „Erinnerung" haben entstehen lassen.

3. *Wahrnehmung und Vorstellung:* So unbefriedigend diese typische Situation, in der eine Grenze zwischen „richtiger" und „falscher" Erinnerung nicht oder kaum auszumachen ist, für die richterliche „Wahrheitsfindung" auch sein mag – der Richter muss sie als gegeben hinnehmen. Das wird noch klarer, wenn wir den neurowissenschaftlichen Hintergrund noch weiter ausleuchten: Wie wir gesehen haben, ist das, was wir Gedächtnis nennen, keinem festen Speicher, etwa einem Neuron oder einem stabilen Verbund von Neuronen, klar und separat zugeordnet, sondern kann als „Gedächtnisspur" über sehr viele Verbindungen in einem ausgedehnten Neuronenverbund verteilt sein. Dieselben Neuronen, die Träger eines so gespeicherten Gedächtnisinhaltes sind, sind aber auch an dem Prozess der Wahrnehmung beteiligt.[19] Unsere Wahrnehmung ist geradezu daraufhin angelegt, dass wir sie durch Vorwissen ergänzen und wir für den größten Teil unseres Wahrnehmens und Denkens auf automatisierte Schemata zugreifen.[20] Es sind Gedächtnisinhalte, die unsere Wahrnehmungsfragmente zu kompletten Wahrnehmungen nach solchen Schemata und Kohärenzprinzipien ergänzen. Hier liegen auch die entscheidenden Mechanismen, die in den beiden *Ausgangsfällen* – dem des Knallzeugens und dem des Pförtners – wirksam

---

15 Vgl. *Anderson* 2001, 173 ff.
16 *Anderson* 2001, 193: „Wenn Inhalte elaborativer verarbeitet werden, dann werden sie besser behalten".
17 *Anderson* 2001, 198 ff.
18 *Kühnel/Markowitsch* 2009, 190.
19 *Bear et al.* 2018, 831; dort 829 ff. auch zum „Modell für ein verteiltes Gedächtnis" und zur Frage, wie man sich die physische Repräsentation eines „Engramms" oder einer „Gedächtnisspur" als „cell assembly" vorzustellen hat.
20 *Kröber*, Gehirn und Geist 2/2003, 13.

waren. Man weiß, wie ein Unfall typischerweise abläuft und stellt ihn sich vor, wenn man den Knall hört und das Ergebnis sieht. Wir unterscheiden zwar wie selbstverständlich zwischen Wahrnehmung und Vorstellung – wenn wir etwas wahrnehmen oder uns etwas vorstellen, dann beruht das aber weitgehend auf denselben Hirnfunktionen. Dem entspricht es, „daß sich die Aktivitätsmuster, die auftreten, wenn sich Menschen etwas vorstellen oder das Vorgestellte tatsächlich vor Augen haben, kaum unterscheiden" (W. Singer)[21]. So hat sich auch der Pförtner – wie es wohl jeder getan hätte – zunächst einfach nur vorgestellt, wie die Krankenschwester vom Balkon gestürzt ist, weil er einfach nur eine Erklärung für diesen schrecklichen Unfall suchte; vielleicht fand er sie in Bildern vom Turmspringen, die dann seine Vorstellung und seine Erinnerung geprägt haben.

4. *Erinnerungen – Vermeiden von Dissonanzen:* Die Art, in der Gedächtnisinhalte gespeichert werden, macht auch verständlich, warum wir das Gespeicherte nicht, wie bei einer Festplatte, beliebig mit immer gleichem Inhalt abrufen können. Wir haben es mit einem prinzipiell dynamischen Prozess zu tun[22]. Denn bei jedem Abruf wird die Information in einer veränderten (Lebens-)Situation und somit in einem neuen Zusammenhang erinnert[23]. Im Kontext neuer aktueller Informationen verändert sich so auch das alte „Aktivitätsmuster" (W. Singer). Dabei wird auch wiederum ein Mechanismus wirksam, der schon bei der Einspeicherung eine entscheidende Rolle spielt und der sich auf den Nenner bringen lässt: „Erinnerungen müssen stimmen"[24] – nicht etwa „objektiv", sondern sie müssen *für mich* stimmig sein. Auch hier geht es um eine *„temporal kohärente Struktur"* und sie wird hergestellt, indem wir Informationen und Erleben so ordnen, dass sie sich in unser Welt- und Selbstbild ohne Dissonanzen einfügen.[25] Erinnert sei an Nietzsches berühmte Satzfolge: „Das habe ich getan", sagt mein Gedächtnis. „Das kann ich nicht getan haben", sagt mein Stolz und bleibt unerbittlich. Endlich – gibt das Gedächtnis nach".[26]

5. *Rekonsolidierung:* Für die Vernehmungspraxis sind diese Phasen der sog. Rekonsolidierung[27] von vielfach unterschätzter Bedeutung.[28] Worum geht es? Mit jedem Neuaufruf werden die alten Erinnerungen wieder ins Gedächtnis gerufen. Sie haben so die Chance, sich zu verfestigen. Zugleich hinterlässt auch die neue, veränderte Situation ihre Gedächtnisspuren. Das alte „Aktivitätsmuster" (W. Singer) verändert sich so im Kontext neuer aktueller Information zu einem neuen Muster, einem ver-

---

21 *Singer*, DZPh 53 (2005), 707, 716; siehe auch *Edelman* 2007, 107; grundlegend zu „falschen Erinnerungen" – auch zu Erinnerungstäuschungen aufgrund fragwürdiger Therapiemethoden – die Arbeiten von E. Loftus, siehe *Loftus* 1998.
22 Vgl. näher *Kühnel/Markowitsch* 2009, 57 ff.
23 *Kühnel/Markowitsch* 2009, 47.
24 *Kühnel/Markowitsch* 2009, 219 ff.
25 *Kühnel/Markowitsch* 2009, 221 f.; zu Mechanismen solcher „Rationalisierung" dort insbesondere der Hinweis auf die kognitive Dissonanztheorie von Festinger.
26 *Nietzsche*, Werke III – Jenseits von Gut und Böse.
27 *Bear et al.* 2018, 928 ff.; *Kühnel/Markowitsch* 2009, 47.
28 Vgl. *Kühnel/Markowitsch* 2009, 144 ff.; *Bender et al.* 2021, Rn. 296 ff.

änderten Gedächtnisinhalt. Dafür gibt es gute Gründe. Unser Wissen passt sich so immer wieder den Gegebenheiten an[29]. Aber als Zeuge ist der Mensch entsprechend schlecht geeignet. Man glaubt eher dem Zeugen, der seine (erfundene?) Aussage gut auswendig gelernt hat, als dem Zeugen, dessen Aussagen z. T. unterschiedlich ausfallen, weil er sich immer wieder „neu" erinnert. Vor allem ist es möglich, wie zahlreiche Untersuchungen gezeigt haben, durch Techniken der Suggestion – bewusste oder unbewusste – falsche Erinnerungen zu produzieren.[30] Das gilt vor allem bei kindlichen Zeugen, die per se zwar keineswegs schlechtere Zeugen, aber für Beeinflussungen besonders anfällig sind.[31]

III. Die „Nullhypothese"

Kühnel/Markowitsch ziehen in ihrem Buch über „falsche Erinnerungen" u. a. folgendes Fazit. „Wenn wir aufhören, unsere eigenen Erinnerungen auf ein Podest zu stellen, können wir beginnen, sie als das zu sehen, was sie sind: Erinnerungen sind eine Mischung aus Wahrnehmung, Erfahrung, Überzeugung, Emotion, Vorstellung, Wünschen und Gesprächen und auch geprägt durch den sozialen Hintergrund eines jeden Einzelnen"[32]. Da das menschliche Gehirn also nicht dafür ausgelegt ist, „konsequent zwischen richtigen und falschen Erinnerungen zu unterscheiden",[33] der im Justizalltag unersetzbare Zeugenbeweis aber nur ein Beweismittel sein kann, wenn und insoweit eine Bewertung der Aussage als „richtig" oder „falsch" möglich ist, brauchen wir Methoden der „Verifizierung". – „Verifizierung" ist hier nicht im philosophisch erkenntnistheoretischen Sinn gemeint, sondern im Sinn der im prozessualen Rahmen möglichen „Wahrheitsfindung".

1. Den konsequentesten Ansatz formuliert die sog. „Nullhypothese".[34] Sie bedeutet, dass jede Aussage so lange als *unwahr* zu gelten hat, bis sich diese Vermutung angesichts der Umstände nicht mehr aufrechterhalten lässt. Ihr „methodisches Grundprinzip besteht darin", so der BGH, „einen zu überprüfenden Sachverhalt (hier: Glaubhaftigkeit der spezifischen Aussage) so lange zu negieren, bis diese Negation mit den gesammelten Fakten nicht mehr vereinbar ist. Der Sachverständige nimmt daher bei der Begutachtung zunächst an, die Aussage sei unwahr (sog. Nullhypothese). Zur Prüfung dieser Annahme hat er weitere Hypothesen zu bilden. Ergibt seine Prüfstrategie, daß die Unwahrhypothese mit den erhobenen Fakten nicht mehr in Übereinstimmung stehen kann, so wird sie verworfen, und es gilt dann die Alternativhypothese, daß es sich um eine wahre Aussage handelt."[35] Richter und Sachverständige dürfen sich mithin nicht darauf verlassen, sich in diesem Problemfeld der Beurtei-

---

29 *Kühnel/Markowitsch* 2009, 47.
30 Vgl. *Loftus* 1998 und etwa *Anderson* 2001, 221 f.
31 *Kühnel/Markowitsch* 2009, 150 ff.
32 *Kühnel/Markowitsch* 2009, 224.
33 *Kühnel/Markowitsch* 2009, 229.
34 Grundlegend BGHSt 45, 164–182; für die ZPO: BGH, NJW 2003, 2527–2529.
35 BGHSt 45, 164, 167 – juris, Rn. 12.

lung von Zeugenaussagen mit Alltagstheorien und Alltagsweisheiten[36] zurechtfinden zu können. Verfügt der Richter hier nicht über hinreichendes Wissen, bedarf es eines Sachverständigen.[37] Entscheidend ist, wie der BGH in seiner Grundlagenentscheidung ausgeführt hat: „Bei der Begutachtung hat sich ein Sachverständiger ausschließlich methodischer Mittel zu bedienen, die dem jeweils aktuellen wissenschaftlichen Kenntnisstand gerecht werden"[38]; es fällt bei der Einholung eines Glaubhaftigkeitsgutachtens auch grundsätzlich in die Zuständigkeit des Tatrichters, „die Einhaltung der dargelegten wissenschaftlichen Mindestanforderungen sicherzustellen"[39].

2. Entwickelt wurde die Nullhypothese im Strafrecht. Sie formuliert grundsätzliche Vorgaben für den Umgang mit Zeugenaussagen. Eine unstreitige, generelle Übertragung auf andere Prozessverfahren lässt sich gleichwohl nicht feststellen.[40] Nicht zweifelhaft kann dagegen sein, dass das Gericht die Glaubhaftigkeit und Glaubwürdigkeit einer Aussage nicht unterstellen darf, sondern *positiv begründen* muss. Dafür bedarf es *Kriterien* und *Methoden der Verifizierung*.

IV. Wege der „Verifizierung"

1. Angesichts der im Hinblick auf *(unbewusst) falsche Erinnerungen* beschriebenen Gründe für die Unzuverlässigkeit des Zeugenbeweises *und* der Unzuverlässigkeit, die sich daraus ergibt, dass der Richter immer damit rechnen muss, dass der Zeuge schlicht bewusst lügt (ohne dass er ihm das, wie viel zitiert, an der Nasenspitze ansehen kann), liegt es auf der Hand, dass der Richter bei der Bewertung von Aussagen nicht von einer Anfangswahrscheinlichkeit *für* deren Zuverlässigkeit ausgehen darf. Da der Zeuge andererseits ein unverzichtbares Beweismittel ist, bedarf es Kriterien für die Beurteilung, ob auf ein bestimmtes Geschehen bezogene Angaben zutreffen. Für diese Beurteilung muss ein *Abgleich der Aussage* zu dem bezeugten Geschehen mit – jetzt sehr allgemein formuliert – allen anderen dem Gericht zur Verfügung stehenden Daten vorgenommen werden. Dieser Abgleich kann auf zwei Ebenen stattfinden:

---

36 Vgl. dazu in diesem Zusammenhang näher *Bender et al.* 2021, Rn. 499 ff., 647 ff.; zum „Bauchgefühl" Rn. 269.
37 Zur Kasuistik siehe die Aufstellung bei: *Burhoff* 2019, Rn. 2293 ff.
38 BGHSt 45, 164–182 – juris, Rn. 46.
39 BGHSt 45, 164–182 – juris, Rn. 58.
40 Literatur und Praxis zeigen hier ein eher diffuses Bild: Vgl. etwa *Baudewin*, in: *Kern/Diehm*, ZPO, 2. Aufl. 2020, § 286 ZPO Rn. 6; *Kirchhoff*, MDR 2010, 791, 793 sowie einerseits OLG Frankfurt, Urteil vom 1.6.2018 – 2 U 30/17 – juris, Rn. 176–178: „Grundsätzlich gilt im Bereich des § 286 ZPO ein strenges Beweismaß, wonach grundsätzlich von der Nullhypothese auszugehen ist" und andererseits OLG Frankfurt, Beschluss vom 8.4.2019 – 2 U 11/19 – juris, Rn. 9–10: „Die für das Strafrecht entwickelte sogenannte ‚Nullhypothese' (vgl. BGH, NJW 1999, 2746 ff.) ist nicht geeignet, die dem Richter in § 286 Abs. 1 S. 1 ZPO übertragene Freiheit der Beweiswürdigung im Sinne von festen Beweisregeln einzuschränken"; BGH, Beschluss vom 26.5.2020 – 5 StR 27/20 – juris: „die nur für belastende (Zeugen-)Aussagen geltende ‚Null-Hypothese'"; *Künzl*, in: Ostrowicz/Künzl/Scholz (Hrsg.), Kapitel 2: Urteilsverfahren, Rn. 295.

a) als Abgleich mit anderen für zuverlässig zu haltenden Aussagen oder zu fraglos feststehenden oder bewiesenen Tatsachen;
b) als Abgleich der Aussage des Zeugen mit Daten, die darüber Aufschluss geben können, ob die auf ein bestimmtes Geschehen bezogene Angaben auch einem tatsächlichen Erleben des Zeugen entsprechen oder nicht.

Je eindeutiger der Abgleich auf der 1. Ebene ausfällt, desto geringer wird die Bedeutung eines Abgleichs auf der 2. Ebene. Kann das Gericht dagegen auf fraglos feststehende oder bewiesene Tatsachen nicht zurückgreifen und/oder steht Aussage gegen Aussage, kann die Beweiswürdigung nur auf der 2. Ebene erfolgen. Die Aussage dieses Zeugen muss dann – jedenfalls wenn die Entscheidung im Strafverfahren davon abhängt, ob dem einzigen Belastungszeugen zu folgen ist – einer *besonderen Glaubwürdigkeitsprüfung* – unterzogen werden.[41] Die wesentlichen Prüfungsgesichtspunkte und gedanklichen Arbeitsschritte einer methodischen Beurteilung der Zuverlässigkeit einer Aussage sind mit folgenden Stichworten wenigstens skizziert:

2. Gearbeitet wird bei der *aussagepsychologischen Begutachtung* mit Analysen nicht nur allgemein der Persönlichkeit, sondern spezifischer Aspekte der Person und der Aussage; genannt seien:

– die *kriterienorientierte Aussagenanalyse*: Es geht um die Frage, ob ein Bericht aus dem Gedächtnis rekonstruiert wurde oder eine (bewusst) lügende Person ihre Aussage aus ihrem gespeicherten Allgemeinwissen konstruiert. Kriterien sind hier aussageimmanente Qualitätsmerkmale wie logische Konsistenz, quantitativer Detailreichtum, raum-zeitliche Verknüpfungen, Schilderung ausgefallener Einzelheiten und psychischer Vorgänge, Entlastung des Beschuldigten, deliktsspezifische Aussageelemente[42];
– die *Motivanalyse*: Sie zielt vor allem auf die Feststellung möglicher Motive für eine unzutreffende Belastung des Beschuldigten durch einen Zeugen. Potentielle Belastungsmotive können sich etwa bei der Untersuchung der Beziehung zwischen dem Zeugen und dem von ihm Beschuldigten oder einer Partei ergeben. Besondere Bedeutung kann der Frage zukommen, welche Konsequenzen der erhobene Vorwurf für die Beteiligten oder für Dritte nach sich ziehen kann. Bei Anhaltspunkten ist hier auch stets die Rachehypothese zu überprüfen[43] oder das Motiv, dass sich ein Zeuge selbst entlasten will;[44]
– die *Kompetenzanalyse*: Die Beurteilung der persönlichen Kompetenz der aussagenden Person, insbesondere seiner allgemeinen und sprachlichen intellektuellen Leistungsfähigkeit sowie seiner Kenntnisse in Bezug auf den Bereich, dem die Beweisfrage zuzuordnen bzw. die dem erhobene Tatvorwurf zuzurechnen ist[45].

---

41 Vgl. BGHSt 44, 153–160 – juris, Rn. 14; grundsätzlich: BVerfG, NJW 2003, 2444–2447.
42 BGHSt 45, 164, 182 – juris, Rn. 20 ff.
43 BGHSt 45, 164–182; BGH, NStZ-RR 2003, 206–209; *Bender et al.* 2021, Rn. 292 ff., 770.
44 BGH, NStZ-RR 2003, 245–246.
45 BGHSt 45, 164–182, Rn. 35; allgemein zur Aussagefähigkeit *Eisenberg* 2017, Rn. 1362 ff.

Diese Stichworte vermitteln allenfalls grobe Vorstellungen über die Ansätze, um die es bei den „Methoden der Aussageanalyse"[46] geht. Für diese Methoden ist, wie bereits gesagt, auf die spezielle Literatur zu verweisen.[47] Jede verkürzte Darstellung würde diese Methoden zu dem machen, was sie nicht sein dürfen: schematische Anwendung von undifferenzierten Alltagstheorien[48] und von Kriterien, die untereinander weder trennscharf noch eindeutig sind, sondern oft gegenteilig interpretiert werden können.[49] Erst ein Zusammenspiel differenzierter Beobachtungskriterien und genauer situationsbezogener Beobachtungen kann hier zu tragfähigen Analysen führen. Noch schwieriger als im Falle der *Lüge* diese von der Wahrheit zu unterscheiden, wird die Analyse für den Richter bei den *falschen Erinnerungen*.

V. Das Problem der „falschen Erinnerung"

Da sich, um nochmals W. Singer zu zitieren, „die Aktivitätsmuster, die auftreten, wenn sich Menschen etwas vorstellen oder das Vorgestellte tatsächlich vor Augen haben, kaum unterscheiden,"[50] muss jedenfalls versucht werden, die Mechanismen in den Blick zu bekommen, mit denen sich die *Entstehung „falscher Erinnerungen"* erklären lässt. Die Praxis der Gerichte und Gutachter arbeitet hier mit folgenden Hypothesen:

- *Konfabulationshypothese*: bei den Aussagen handelt es sich um ein reines Fantasieprodukt;
- *Wahrnehmungsübertragungshypothese*: bei den Aussagen handelt es sich um Inhalte, die nicht durch eigene Wahrnehmung, sondern auf andere Weise – durch Filme, Fernsehen, Bücher, Zeitschriften – erworben wurden und die der Zeuge dann auf den Aussagegegenstand überträgt;
- *Übertragungshypothese*: die aussagende Person hat die von ihr geschilderten sexuellen Übergriffe so erlebt, allerdings mit einer anderen Person als der angegebenen;
- *Instruktionshypothese*: der Zeuge wurde von einer anderen Person gezielt instruiert, eine Falschaussage zu tätigen;
- *Suggestionshypothese*: die Aussage ist das Ergebnis häufiger und subjektiver Beeinflussungen im Vorfeld oder auch während der Begutachtung beziehungsweise Anzeigenerstattung bei der Polizei.

Eine Überprüfung nach diesen Kriterien[51] ist ein wesentlicher Teil einer aussagepsychologischen Begutachtung. Ergibt diese Überprüfung, dass keine der genannten

---

46 BGHSt 45, 164–182 – juris, Rn. 27.
47 Etwa *Bender et al.* 2021, Rn. 325 ff.; *Eisenberg* 2017, Rn. 1426 ff.
48 *Bender et al.* 2021, Rn. 480 am Beispiel der Konstanzanalyse; grundsätzlich auch *Eisenberg* 2017, Rn. 1429 ff.
49 *Bender/Nack/Treuer* 2007, Rn. 306.
50 *Singer*, DZPh 53 (2005), 707, 716.
51 Die Aufstellung der Kriterien ist dem Urteil des OLG Saarbrücken vom 13.7.2011 – 1 U 32/08 – 9, 1 U 32/08 – juris, Rn. 53 entnommen. Eine Übersicht über den Forschungsstand geben *Kühnel/*

Hypothesen zutrifft, ist die Ausgangsannahme, die Aussage sei unwahr (sog. Nullhypothese – oben III) *insoweit* nicht mehr aufrecht zu erhalten, als man befürchten muss, dass es sich um „falsche Erinnerungen" handelt. Bestätigen weiterhin die Aussageanalysen und der Abgleich mit den im übrigen erhobenen Fakten die Unwahrheitshypothese nicht, kann die Aussage als „richtig" einem Urteil zugrunde gelegt werden.

Mit einer Überprüfung nach diesen Kriterien hat man eine wissenschaftlich fundierte und inzwischen auch elaborierte Methode für eine Glaubhaftigkeitsbegutachtung gefunden, die den Zufälligkeiten hausbackener Vorurteilsstrukturen und Alltagstheorien herkömmlicher Beweiswürdigungen eindeutig überlegen ist. Aber auch diese Methode macht die Beweiswürdigung nicht zu einem Verfahren, dass auf Grund sicherer Datensätze und eindeutiger Korrelationen zu unbezweifelbaren Ergebnissen kommt. Gerade die Abwägungen, die die zitierte Entscheidung BGHSt 45, 164 und andere Urteile hinsichtlich unterschiedlicher Gutachtereinschätzungen immer wieder vornehmen müssen, machen das deutlich. Und selbst mit bildgebenden Verfahren ist es auch auf der neuroanatomischen Ebene bis heute nicht gelungen, belastbare Unterschiede zwischen echten (selbsterlebten) und falschen („eingebildeten") Erinnerungen auszumachen[52]. Insoweit überrascht es auch nicht, dass der BGH in neueren Entscheidungen klargestellt hat, dass die in BGHSt 45, 164 genannten methodischen Grundprinzipien „lediglich den derzeitigen wissenschaftlichen Standard beschreiben, dass aber aussagepsychologische Gutachten nicht einheitlich dieser Prüfstrategie folgen müssen, vielmehr weiterhin der Grundsatz gelte, dass es dem Sachverständigen überlassen bleiben müsse, in welcher Art und Weise er dem Gericht sein Gutachten unterbreite."[53]

Zusammenfassend ist festzuhalten: Zeugenaussagen sind eine wesentliche, oft die entscheidende Erkenntnisquelle – aber sie müssen mit anderen Informationen, Beweisanzeichen *verknüpft* werden (Kap. 9) und erst am Schluss wird dann eine *Gesamtwürdigung* stehen, deren Gelingen darüber entscheidet, ob die Beweiswürdigung „kohärent" ist, von welchen Tatsachen das Gericht als „wahr" ausgehen kann (Kap. 10). Als *Zwischenergebnis* ist aber festzuhalten: Soweit die Stimmigkeit der Beweiswürdigung von der Richtigkeit einer Zeugenaussage abhängt, kommt es für deren Verifizierung (oder umgekehrt: Falsifizierung) darauf an, ob es gelingt, auf folgenden 2 Ebenen *Kohärenz* herzustellen:

Zuerst ist die Frage zu beantworten: Fügt sich das, was der Zeuge ausgesagt hat, in das Wissen ein, das dem Gericht bislang zum Sachverhalt bekannt ist? Fügt es sich nicht ein, kommt es darauf an, ob die Aussage im eindeutigen Widerspruch zu bereits feststehenden Fakten steht – dann kann das Gericht der Aussage nicht folgen – oder ob die Aussage dem Gericht hinreichende Veranlassung gibt, seine bisherige Sachverhaltshypothese zu überprüfen – dann ist seine Hypothese ggf. der Aussage anzupassen.

Markowitsch 2009, 93 ff.; über die Irrtums-Phänomene in der gerichtlichen Praxis ausführlich Bender et al. 2021, Rn. 11–250.
52 Kühnel/Markowitsch 2009, 142 f., 223.
53 NStZ 2008, 116–117 mit Hinweis auf BGH, NStZ 2001, 45–46.

In einem *zweiten Vorgang* ist zu überprüfen, inwieweit sich Aussage und Umstände der Aussage und des Aussagenden so in das Wissen über die Glaubhaftigkeit einer Zeugenaussage einordnen lassen, dass sich das Gericht darüber Klarheit verschaffen kann, ob es diese Überprüfung mit eigener Sachkunde vornehmen kann oder sich eines Sachverständigen bedienen muss.

Kapitel 7

Die Verknüpfung von Indizien

Die Sachverhaltsermittlung ist, wie immer wieder betont, ein Informationsverarbeitungsprozess. Der Richter muss für das normative Schema Tatbestand – Rechtsfolge Feststellungen darüber treffen, ob die mit der Klage/Anklage/Einrede behaupteten Zustände/Ereignisse auf einem behaupteten Tun, Dulden oder Unterlassen einer Person oder dem Zustand einer Sache beruhen oder nicht. Und in der Regel trifft der Richter diese Feststellungen *nicht* durch *unmittelbare Wahrnehmung* der für den Tatbestand wesentlichen Tatsachen, sondern im Wege von *Schlussfolgerungen* aus ihm vorgetragenen oder von ihm ermittelten Informationen.

Das, was sich im Gerichtssaal als Tatsache darstellt, ist mithin nicht „die" Wirklichkeit, kein Abbild, das man in „Protokollsätzen" sicher und zweifelsfrei fixieren könnte. Bender et al. haben zum *Indizienbeweis* als Regelbeweis diese Sicht so formuliert: „In der Alltagssprache bezeichnet man als ‚Indizienprozess' Beweisführungen mit Sachbeweisen und Zeugen, die die Tat nicht unmittelbar wahrgenommen haben. Derartige Prozesse werden als besonders schwierig und problematisch angesehen. Damit werden sie von Beweisführungen mittels Augenzeugen abgegrenzt, obwohl auch mit diesen nur ein mittelbarer Beweis geführt werden kann. – Richtig ist indessen, dass nahezu jeder Beweis vor Gericht *nur ein mittelbarer Beweis ist*."[1] – Doch, mit den Worten des Bundesverwaltungsgerichts: „Auch der indizielle Beweis ist Vollbeweis. Er besitzt insoweit einen logischen Aufbau, als Folgerungen auf das zu beweisende Tatbestandsmerkmal mit Hilfe von Erfahrungstatsachen gezogen werden. Der Indizienbeweis erfordert damit zum einen Indizien (sog. Hilfstatsachen), zum anderen allgemeine Erfahrungssätze und schließlich Denkgesetze und logische Operationen, um auf das Vorhandensein der Haupttatsache folgern zu können."[2]

Der Grundmechanismus, der hier nicht nur der Beweiswürdigung und der Feststellung einzelner Tatsachen, sondern auch allgemein der Konstruktion des Sachverhaltes zugrunde liegt, lässt sich verallgemeinernd so beschreiben: Man verknüpft Informationen, indem man von einem oder mehreren bekannten Umständen (Indizien, Beweiszeichen, „Hilfstatsachen"[3]) auf Tatsachen schließt, die unbezeugt sind, die jedenfalls bislang noch nicht fraglos feststehen. Es sind dann allerdings ganz unterschiedlich komplexe gedankliche Prozesse, in denen diese Verknüpfungen hergestellt werden. Für die weiteren Untersuchungen bietet sich deshalb eine Unterscheidung in zwei Fallgruppen an:

---

1 *Bender et al.* 2021, Rn. 621 f. auch im Org. fett hervorgehoben.
2 BVerwGE 84, 271–274 – juris, Rn. 27, 20.
3 Vgl. *Bender et al.* 2021, Rn. 630 ff.

1. Fälle, in denen eine *übersichtliche Anzahl eindeutiger Indizien* ohne Komplikationen daraufhin zu überprüfen ist, ob sie einen hinreichend sicheren Schluss auf die zu beweisende Tatsache zulassen. Die Feststellungen müssen hier jeweils als „*logische Operation*"[4] nachvollziehbar sein.

2. Fälle, in denen es darum geht, eine große, möglicherweise unübersichtliche Anzahl von Indizien, die in einem *komplexen Zusammenhang* stehen, kohärent zu Schlussfolgerungen zu verknüpfen. Notwendig ist dann eine „Gesamtwürdigung" oder „Gesamtschau" (dazu Kap. 10).

Während Informationsverarbeitungsprozesse, die für eine „Gesamtschau" charakteristisch sind, oft auch intuitiv ablaufende kognitive Prozesse sind, stehen bei der Verknüpfung von Indizien, die in diesem Abschnitt erörtert werden sollen, die eher bewussten Prozesse im Vordergrund. Ziel ist eine *Typologie der Verknüpfungen* und das Aufzeigen ihrer *typischen Fehlerquellen*, auf die bei diesen Operationen zu achten ist.

I. Zur Typologie der Verknüpfungen

Wesentlich ist zunächst eine inhaltliche Unterscheidung, die auf die *unterschiedlichen Wissensgrundlagen* abstellt; hier lassen sich drei unterschiedliche Grundlagen unterscheiden, auf denen die Verknüpfungen beruhen und die die Konstruktion eines Sachverhaltes kohärent halten (müssen):

- naturwissenschaftliche Gesetze;
- wissenschaftlich begründete Zusammenhänge;
- Erfahrungssätze, Alltagstheorien.

Kann der Richter seine Schlussfolgerungen auf wissenschaftlich abgesicherte Wenn-dann-Beziehungen stützen, ist damit für das alltägliche Wirklichkeitsverständnis auch hinreichend sichergestellt, dass seine Sachverhaltsfeststellung „richtig" ist. In den meisten Fällen muss er seine Verknüpfungen jedoch auf Grundlagen vornehmen, für die er nur teilweise auf wissenschaftlich begründete Zusammenhänge zurückgreifen kann oder allein auf Alltagswissen angewiesen ist. Die *methodischen Probleme*, die mithin bei der Anwendung von Erfahrungssätzen zwangsläufig auftreten, müssen demgegenüber im Folgenden in ihren unterschiedlichen Spielarten näher analysiert werden. Dies auch mit einem Versuch der Systematisierung.

II. Erfahrungssätze

Betrachten wir zunächst nur die *formale Struktur* der Verknüpfung, haben Erfahrungssätze folgende *Grundformen*, die wir unterscheiden können: Die Schlussfolgerungen erfolgen nach dem Schema: immer dann, wenn – oder nach dem Schema: fast immer dann, wenn – oder nach dem Schema: wahrscheinlich dann, wenn …

---

4 BVerwGE 84, 271–274 – juris, Rn. 27, 20.

1. „Allgemeine" und sonstige Erfahrungssätze

Die – insbesondere auch für das Revisionsrecht wichtige – Unterscheidung zwischen einerseits „allgemeinen Erfahrungssätzen", die einer revisionsgerichtlichen Überprüfung zugänglich sind, und andererseits (sonstigen) Erfahrungssätzen bzw. Erfahrungstatsachen differenziert nach diesen Grundformen.

a) Die *„allgemeinen Erfahrungssätze"* sind durch das Schema: „immer dann, wenn" definiert. Darunter sind, so der BGH, „nur solche empirisch aus der Beobachtung und Verallgemeinerung von Einzelfällen gewonnenen Einsichten zu verstehen, die, auf ihren Anwendungsbereich bezogen, schlechthin zwingende Folgerungen enthalten, denen auch der Richter folgen muß"[5]. Es handelt sich um „jedermann zugängliche Sätze, die nach der allgemeinen Erfahrung unzweifelhaft gelten und durch keine Ausnahme durchbrochen sind".[6]

b) Davon zu unterscheiden sind die *übrigen Erfahrungssätze* und *Erfahrungstatsachen*, die zwar ebenfalls auf Erfahrung beruhen, aber keine strikten Wenn-dann-Beziehungen ermöglichen, sondern nur *Wahrscheinlichkeitsaussagen* enthalten. In diesen Fällen hat der Richter den Tatsachenstoff erst anhand *weiterer Beweisanzeichen* darauf zu prüfen, ob sie im konkreten Fall zur Gewissheit werden. Erfahrungstatsachen, können m. a. W. nicht unabhängig von den Umständen des Einzelfalles allgemein Gültigkeit beanspruchen.[7]

2. Ausreichende oder notwendige Bedingung

Die nächste Differenzierung liegt darin zu unterscheiden, ob die Tatsache, aus der auf die zu treffende Feststellung geschlossen werden soll, eine *notwendige und auch ausreichende* oder *nur eine notwendige Bedingung* ist. Den oben genannten Formeln ist dann hinzuzufügen: „... *und wenn auch* ...". Zur Illustration diene die unterschiedliche Verwendung des BAK-Wertes als Indiz:

– zunächst der Autofahrer, bei dem eine Blutalkoholkonzentration von 0,9 ‰ gemessen wurde. Für die Annahme einer Fahruntüchtigkeit (§§ 315c, 316 StGB) ist das nicht ausreichend. Kommen aber weitere Momente hinzu („... *und* wenn auch..."), etwa waghalsiges Überholen, Fahren in Schlangenlinien, Bewegungsanormalitäten, ist eine solche Feststellung gerechtfertigt.[8]

---

5 BGHSt 31, 86–91; s. auch. BFHE 157, 165.
6 BVerwGE 67, 83, 84.
7 Vgl. BGHSt 31, 86–91; BFHE 157, 165. – Zu den „historischen Tatsachen": BVerwG Urteil vom 25.6.2008 – 8 C 12/07 – juris, Rn. 18: „Der typische Charakter des Geschehensablaufs kann sich aus der allgemeinen Lebenserfahrung, aus sonst offenkundigen Tatsachen einschließlich der historischen Tatsachen oder aus speziellem Erfahrungswissen ergeben. Ob im jeweiligen Falle ein solcher typischer Geschehensablauf als Grundlage einer tatsächlichen Vermutung vorliegt, hat das Tatsachengericht im Rahmen seiner Aufklärungspflicht festzustellen" – Buchholz 428 § 1 Abs. 2 VermG Nr. 36.
8 Vgl. dieses Beispiel eines „Beweisringes" bei *Bender et al.* 2021, Rn. 667 ff.; s. auch BGH NStZ 2012, 324–325.

– bei der Beurteilung der Schuldfähigkeit war dagegen „in älterer Rechtsprechung die Auffassung vertreten worden, bei Überschreiten bestimmter Grenzwerte sei die Steuerungsfähigkeit mit einem kaum widerlegbaren Grad an Wahrscheinlichkeit ‚in aller Regel' erheblich vermindert."[9] Diese Auffassung hat der BGH inzwischen aufgegeben.

Der BGH hat sich damit der Kritik aus der forensisch-psychiatrischen Wissenschaft angeschlossen, dass es prinzipiell unmöglich sei, „einer bestimmten Blutalkoholkonzentration für jeden Einzelfall gültige psychopathologische, neurologisch-körperliche Symptome oder Verhaltensauffälligkeiten zuzuordnen".[10] Parallel dazu liegt die Argumentation zur Fahruntüchtigkeit: „Gesicherte Erfahrungswerte, die es erlauben würden, bei Blutwirkstoffkonzentrationen oberhalb eines bestimmten Grenzwertes ohne Weiteres auf eine rauschmittelbedingte Fahrunsicherheit zu schließen, bestehen nach wie vor nicht".[11]

3. Zum Umgang mit Wahrscheinlichkeiten

Soweit der Erfahrungssatz keine eindeutige Wenn-dann-Beziehungen beinhaltet, sondern Aussagen nur nach dem Schema: „wahrscheinlich dann, wenn" zulässt, steht der Richter vor dem Problem, die *Wahrscheinlichkeit* richtig einzuschätzen.

a) Wesentlich ist zunächst der *Grad der Wahrscheinlichkeit.* Er ist nur abschätzbar, wenn die Häufigkeitsverteilung bekannt ist, man also sagen kann wie *signifikant* ein Indiz/Beweisanzeichen z. B. für einen Kausalverlauf oder eine Täteridentifizierung ist. Die Problematik wird evident, wenn die Häufigkeitsverteilung nur aufgrund eigener Erfahrung geschätzt wird.

Beispiel: A fährt die Strecke nahezu täglich mit der Bahn. B nur ganz selten, und dann hatte der Zug „jedes Mal" Verspätung. Wie brauchbar werden die aus diesen Erfahrungen gebildeten Erfahrungssätze sein? – Erfahrungssätze, die etwa von Bedeutung sind, inwieweit es einer Partei zuzurechnen ist, dass sie einen Termin versäumt hat, weil sie einen Anschlusszug nicht erreicht hat.

Wie oben (Kap. 3 III.1) schon hervorgehoben: Unsere Annahmen über Wahrscheinlichkeiten unterliegen oft typischen Fehleinschätzungen. Eine typische Fehlerquelle liegt darin, dass bei der Einschätzung von Wahrscheinlichkeiten oft die Grundraten, also die Ausgangshypothese, übersehen und so eine Wahrscheinlichkeit viel zu hoch eingeschätzt wird.[12]

---

9 BGH, NJW 2012, 2672–2675, mit Hinweis u. a. auf BGHSt 37, 233 ff.
10 BGH, NJW 2012, 2672–2675, juris, Rn. 21.
11 BGH, Beschluss vom 21.12.2011 – 4 StR 477/11 – NStZ 2012, 324–325; bestätigt etwa durch BGH, Beschluss vom 31.1.2017 – 4 StR 597/16 – juris, Rn. 10.
12 Vgl. das Beispiel bei *Anderson* 2001, 327.

- Konkretisiert sei das Problem der *Signifikanz der Anfangswahrscheinlichkeit* am Beispiel der DNA-Analyse. Die Seltenheit der Merkmalskombinationen liegt heute im Milliardenbereich, die Signifikanz ist insoweit eindeutig. Als man noch mit Dreierkombinationen gearbeitet hat, konnte man davon ausgehen, dass von 1000 Personen nur 1 Person die gleiche DNA-Kombination aufwies. Wann war unter diesen Voraussetzungen der X als Sexualstraftäter überführt? Wenn 800 Personen getestet wurden, scheint das Ergebnis sicher. Wenn der mögliche Täterkreis aber (in einer größeren Stadt) 100.000 Personen umfasste, kommen neben X noch 99 andere Personen als Täter in Betracht.[13]

b) Weitere, für die *rechtliche* Betrachtung wichtige Unterscheidungen sind hinsichtlich der *Arten der Wahrscheinlichkeit* zu machen:

aa) Zunächst ist zwischen zwei grundsätzlich unterschiedlichen Wahrscheinlichkeitseinschätzungen zu differenzieren[14]:

- der *objektiven,* auch statistischen oder aleatorischen *Wahrscheinlichkeit* und
- der *subjektiven,* auch induktiven oder epistemischen *Wahrscheinlichkeit*

Letztere stellt auf den konkreten Fall ab. Sie meint „den Grad von Gewissheit, den Überzeugungsgrad, das Fürwahrhalten"[15] und ist auf die richterliche Gewissheit bezogen, ein Problemfeld, das wir im Abschnitt über das Beweismaß (Kap. 11 III.) näher beleuchten müssen. Aus der *objektiven, statistischen Wahrscheinlichkeit* kann der Richter konkrete Schlussfolgerungen für den *konkreten Fall* nur ziehen, wenn die Wahrscheinlichkeit

- entweder so hoch liegt, dass für vernünftige Zweifel an der Sicherheit der Schlussfolgerung kein Raum bleibt, weil der Wert, der an 100 % fehlt, statistisch kein Gewicht hat[16], oder
- aus Rechtsgründen, d. h. wenn aus Gründen des Beweismaßes ein geringerer Grad von Wahrscheinlichkeit genügt.

bb) Ein typisierter Anwendungsfall, in dem der Richter aus einem nicht sicheren, aber wahrscheinlichen Kausalverlauf Schlüsse ziehen darf, ist der *Anscheinsbeweis.* Der Anscheinsbeweis erlaubt es, bei typischen Geschehensabläufen aufgrund allgemeiner Erfahrungssätze auf einen ursächlichen Zusammenhang oder ein schuldhaftes Verhalten zu schließen, ohne dass im konkreten Fall die Ursache bzw. das

---

13 Das Beispiel ist *Bender et al.* 2021, Rn. 689 ff. entnommen, die an die Entscheidung BGHSt 38, 320 anknüpfen.
14 *Bender et al.* 2021, Rn. 609 f.; vgl. auch *Eisenberg* 2017, Rn. 918.
15 *Bender et al.* 2021, Rn. 612; vgl. auch *Eisenberg* 2017, Rn. 920.
16 Als anschauliches Beispiel vgl. BGHZ 133, 110–117: „Im Streitfall hat das serologische Gutachten eine Wahrscheinlichkeit für die Vaterschaft des Klägers von 99,9993 % und damit einen weit höheren Grad an Gewißheit erbracht, als er in den meisten Prozessen möglich ist, in denen zur Feststellung der Wahrheit keine naturwissenschaftlichen Untersuchungsmethoden zur Verfügung stehen."

Verschulden festgestellt ist.[17] Oder in der Formulierung des BVerwG: „Die Anscheinsbeweisführung setzt einen Sachverhalt voraus, der nach der Lebenserfahrung regelmäßig auf einen bestimmten Verlauf hinweist und es rechtfertigt, die besonderen Umstände des einzelnen Falls in ihrer Bedeutung zurücktreten zu lassen".[18] – An diesen Voraussetzungen fehlt es, wenn mehrere Handlungsalternativen in Betracht zu ziehen sind oder *besondere Umstände* hinzukommen, die wegen der Abweichungen des Sachverhalts von den typischen Sachverhalten einen anderen Geschehensablauf als ernsthafte, ebenfalls in Betracht kommende Möglichkeit nahelegen.[19] Entsprechend führt der Anscheinsbeweis nach ständiger Rechtsprechung nicht zu einer Umkehr der Beweislast, sondern macht den Gegenbeweis nötig, wenn der Gegner eine atypische Folge behauptet.[20]

Prinzipiell unvereinbar ist der Anscheinbeweis mit strafrechtlichen Grundsätzen: „Es gibt im Strafprozess keinen Beweis des ersten Anscheins, der nicht auf der Gewissheit des Tatrichters, sondern auf der Wahrscheinlichkeit eines Geschehensablaufs beruht (BGH, Urteil vom 15. Juli 2008 – 1 StR 231/08)"[21]. Die Tat muss konkret nachgewiesen werden. Eine nach dem Muster der der Anscheinsregel zugrunde liegende Erfolgstypik reicht hier nicht.

4. Fehleinschätzungen der Kausalität

Der Mensch neigt aber nicht nur dazu, Wahrscheinlichkeiten falsch einzuschätzen. Damit zusammenhängend kann er insbesondere auch mit *Kausalitäten* nur sehr „subjektiv" umgehen, was nicht nur heißt: individuell unterschiedlich. In einer der Alltagserkenntnis oft eigentümlichen Weise werden vielmehr auch dort Kausalitäten als sicher angenommen, wo mit wissenschaftlicher Sicherheit keine auszumachen sind. Ohmen, Rauchzeichen, Vogelflug, Sternkonstellationen, manche Therapieformen sind traditionelle und aktuelle Beispiele. Bei der Sachverhaltswürdigung liegt der neuralgische Punkt insbesondere in dem uns eingewurzelten Bestreben, für ein Ereignis – eine Wirkung – auch eine Ursache zu suchen. Hier liegt die Gefahr einer voreiligen, unrichtigen Verknüpfung schnell nahe. Was bei einer ex ante Betrachtung vielleicht gar nicht oder allenfalls als mögliche Entwicklung in Betracht gezogen worden wäre, wird bei einer ex post Beurteilung – wenn das Kind in den Brunnen gefallen ist – zu der Feststellung: „Das musste ja so kommen". In der psychologischen Forschung lautet das Stichwort hierzu „*Rückschaufehler*"[22]. Im Nachhinein, so der Fehler, unterstellt der Richter einen Grad Voraussehbarkeit eines Kausalverlaufs, den der Betroffene in der für ihn noch völlig offenen Situation so gerade nicht einschätzen konnte. Henri Bergson hat dieses Phänomen anschaulich als „Illusion des retrospektiven Determinismus" beschrieben.

---

17 BGHZ 192, 84–90 m. w. N.; zur Übersicht vgl. *Zöller/Greger*, ZPO, 30. Aufl., vor § 284 Rn. 29.
18 BVerwG, Buchholz 310 § 86 Abs. 1 VwGO Nr. 305 m. H. auf BVerwGE 100, 310 (314).
19 BGH, NJW 2012, 2263–2265 – juris – Rn. 13.
20 BGHZ 100, 31–35 m. w. N.
21 Vgl. BGH, NStZ-RR 2011, 50 – juris, Rn. 9.
22 Vgl. *Kirchler/Stark* 2014; Art. „Rückschaufehler".

Eine nicht seltene Fehlerquelle ergibt sich auch aus Fehleinschätzungen von Ursachen. Man leitet aus Erfahrungen eine Wenn-dann-Beziehung ab, obwohl dem Indiz für die festzustellende Tatsache *keine signifikante Bedeutung* zukommt. M. a. W. das Indiz lässt auch Rückschlüsse auf viele andere Ursachen/Tatsachen zu (zur weiteren Erläuterung vgl. oben. 3.a). Zulässig wäre nur der Schluss: „wenn, dann möglicherweise".

III. Wissen, Erfahrung oder Annahmen?

Inhaltlich ist zwischen den unterschiedlichen Wissensgrundlagen zu unterscheiden, aus denen die Erfahrungssätze abgeleitet sind:

- Das können *wissenschaftliche* Untersuchungen sein (Unfallforschung, medizinische, metallurgische, kriminalistische, forensische, aussagepsychologische Untersuchungen etc.). Das Gericht hat hier darauf zu achten, ob sie als *fachwissenschaftliche Erfahrungssätze* hinreichend verifiziert und akzeptiert sind und – insbesondere hinsichtlich der Wahrscheinlichkeitsannahmen – auch richtig angewandt sind (s. oben II 1).
- Handelt es sich um Erfahrungssätze, die auf allgemeine *Lebenserfahrung* oder bereichsspezifisches *Alltagswissen* gestützt werden, so ist auch deren grundsätzliche Problematik bereits angesprochen. Unsere alltägliche „Wirklichkeitserfassung" kann auf Alltagstheorien nicht verzichten. Auch der Richter wird bei seiner Einschätzung, was denn „Sache war", nicht ohne sie auskommen. Man kann über Alltagstheorien im Gerichtsalltag trefflich spotten. Aber sie gehören zu den Grundmechanismen menschlicher Kognition. Das Feld möglicher Fehleinschätzungen ist allerdings ein weites. Einige der typischen Anwendungsfälle und Fehlerquellen sollen in den folgenden Untergliederungspunkten wenigstens benannt werden:

1. Scheinbare Erfahrungssätze

Wenn Erfahrungssätze auf Erfahrungswerten beruhen, dann sind diese oft nur begrenzt, weil die Erfahrungsbasis/Perspektive nur begrenzt ist. Es wird so leicht eine scheinbar sichere Verbindung zwischen Indiz und festzustellender Tatsache hergestellt, ohne zu sehen, dass dieses Indiz nicht nur kein notwendiges, sondern nicht einmal ein typisches „Beweisanzeichen" für die angenommene Haupttatsache ist. Ein Trugschluss, dem nicht nur Richter unterliegen, die ihre individuellen Erfahrungen (insbesondere, wenn sie emotional nachhaltig waren) für mehr oder minder allgemeine halten. Auch wissenschaftliche Begutachtungen können mit solchen Wenn-dann-Beziehungen arbeiten, ohne zu sehen, dass *spezielle* Erfahrungen unzulässig verallgemeinert werden.

- Bei Kindern, die sexuell missbraucht wurden, kommt es oft zu Verhaltensauffälligkeiten. Hat ein Sachverständiger – so das Beispiel von Bender et al. zu dieser Form des Trugschlusses – seine Erfahrung nahezu ausschließlich aus seinen Erfahrungen mit missbrauchten Kindern gewonnen, erfährt er ihre Auffälligkeiten als deliktstypisch und sie werden im Prozess zu Belastungsindizien. Dass solche Verhaltensauffälligkeiten vielfältig andere Gründe haben können, kommt nicht in den Blick.[23]

2. Scheinbare Alternativlosigkeit

Insbesondere der Strafrichter steht nicht selten vor der Situation, dass er über Indizien verfügt, von denen zwar keines einen sicheren Schluss auf das Geschehen zulässt, die aber eine bestimmte Sachverhaltsannahme plausibel erscheinen lassen. Der entscheidende Schritt zur Überzeugung wird dann mit dem Argument vollzogen: wie oder wer soll es denn sonst gewesen sein.

Zur Illustration sei hier der *Pistazieneis-Fall*[24] zitiert, über den in der Presse unter dem Titel: *Das falsche Bild von der teuflischen Tante*[25] berichtet wurde. Die Tante kam abends als Babysitterin und brachte eine Portion Pistazieneis mit. Von diesem gab sie ihrer Nichte 2 Portionen mit Schokoladensoße, die im Haus war. Das Kind starb am nächsten Tag um 11.32 Uhr; diagnostiziert wurde eine Arsenvergiftung. Das Landgericht, das sich offenbar ein sicheres Bild von der Tante – in der Presse als „mondän" beschrieben – gemacht hatte, verurteilte sie, trotz einer ersten Zurückverweisung, auch im 2. Anlauf wegen Mordes. Der BGH hob das Urteil auf und begründete den Freispruch u. a. wie folgt: „Das Tatgericht legt [...] in einseitiger Weise verschiedene Maßstäbe an die Prüfung der Täterschaft der Eltern des Tatopfers einerseits und der Angeklagten andererseits an. Da Motive und tatnahe Indizien fehlen, zieht das Landgericht aus zahlreichen Verhaltensweisen und allgemeinen, aber nicht unmittelbar tatbezogenen Äußerungen der Angeklagten Folgerungen zu ihren Lasten. Demgegenüber wird Gleichartiges auf Seiten der Eltern als plausibel, nachvollziehbar u. ä. qualifiziert. Dabei handelt es sich jedoch nur um zahlreiche Spekulationen über innere Vorgänge oder Vermutungen zu allenfalls möglichen (oder auch näher liegenden) Sachverhalten, ohne dass dies durch (wesentlich) mehr als die ‚Überzeugung' des Landgerichts gestützt wird".

3. Richterlich gesetztes Erfahrungswissen

So kann man die meist nicht weiter reflektierte Anwendung von Alltagstheorien und Erfahrungswissen nennen, von denen das Gericht einfach als gegeben ausgeht.[26] Es ist die übliche Art, mit der Jedermann im Alltag mit seinem Wissen umgeht. Man hält es für selbstverständlich, dass man mit seinem Erfahrungswissen die Realität seiner Alltagswelt auch richtig erfasst. Falsch muss das nicht sein. Aber es muss auch nicht immer richtig sein. – Fragt man nach einem möglichen Korrektiv, so ist es das Kol-

---
23 Bender et al. 2021, Rn. 640 f.
24 BGH, Urteil vom 19.1.1999, Az. 1 StR 171/98, NJW 1999, 1562–1564 – juris, Rn. 8.
25 So der Bericht der SZ vom 22.1.1999.
26 Siehe als Beispiel oben – Kap. 3 III.1. – das Zitat aus dem Kachelmann-Verfahren.

legialitätsprinzip und zum anderen der Grundsatz des rechtlichen Gehörs, der das Gericht verpflichtet, auch Erfahrungstatsachen, die es zur Begründung seines Urteils verwenden will, zum Gegenstand der Verhandlung zu machen[27].

4. Der nächste Schritt: „Gesamtschau" – „Gesamtwürdigung"

Mit den dargestellten Formen der Verknüpfung wurde ein wesentlicher Teil des für die Methodik der Sachverhaltsfeststellung wichtigen Problemfeldes der *Verknüpfung von Indizien im Vorgang der Beweiswürdigung* besprochen. Zu klären bleibt aber die Frage, welche gedanklichen und kognitiven Prozesse denn eigentlich gemeint sind, wenn wir von „Beweiswürdigung im Rahmen einer Gesamtschau aller Beweisanzeichen"[28] sprechen. Hier betreten wir im nächsten Abschnitt Neuland.

---

[27] BVerfGE 10, 177; BVerfG, Beschluss vom 8.3.1988 – 2 BvR 19/87 – juris; BVerwGE 67, 83–84.
[28] So etwa BGH, Urteil vom 7.4.2005 – 5 StR 544/04 – juris, Rn. 10; BGH, Urteil vom 8.5.2012 – XI ZR 262/10 – juris, Rn. 45, NJW 2012, 2427–2434; oder „Gesamtwürdigung aller Beweisanzeichen" BGH, Beschluss vom 10.2.2009 – 5 StR 12/09 – juris, Rn. 9. Beweisanzeichen stehen hier für Indizien oder den Terminus „Hilfstatsachen, vgl. *Bender et al.* 2021, Rn. 624.

Kapitel 8

Komplexe Verknüpfungen – „Gesamtschau", „Gesamtwürdigung"

Der klassische Krimi lässt den Leser meist bis zum Ende warten; dann tritt die entscheidende Tatsache zu Tage und es ist klar, der Mörder war der Gärtner. Wenn der Richter am Schluss der mündlichen Verhandlung „unter Berücksichtigung des gesamten Inhaltes der Verhandlungen und des Ergebnisses einer etwaigen Beweisaufnahme […] zu entscheiden hat, ob eine tatsächliche Behauptung für wahr oder für nicht wahr zu erachten sei" (§ 286 ZPO), ist er dagegen mit einer Fülle von Indizien, Beweiszeichen, Hilfstatsachen konfrontiert, aus denen er die Schlussfolgerung(en) wahr oder nicht wahr ziehen muss. Diese Form der Verknüpfung erschöpft sich nicht in einfachen Feststellungen von Kausalitäten, sondern wir haben es mit *komplexen* Prozessen zu tun, wenn es um das Analysieren einer Gesamtwürdigung oder der *Gesamtschau aller Beweisanzeichen* geht. Was unter diesen Begriffen zu verstehen ist, soll zunächst aus revisionsrechtlicher Sicht beschrieben werden:

I. „Gesamtschau" und „Gesamtwürdigung" aus revisionsrechtlicher Sicht

Die Rechtsprechung gebraucht diese Begriffe in unterschiedlichen Formeln. Die zitierten Entscheidungen machen aber bereits die Grundstruktur und Kriterien einer rechtlichen Überprüfung deutlich. Es gibt die Pflicht einer „Beweiswürdigung im Rahmen einer Gesamtschau aller Beweisanzeichen".[1] Und das Gericht muss seine Überzeugungsbildung im Rahmen einer Gesamtschau nachvollziehbar darlegen.[2] Das heißt:

- „Liegen mehrere Beweisanzeichen vor, so genügt es nicht, sie jeweils einzeln abzuhandeln, erforderlich ist vielmehr eine Gesamtwürdigung";[3] oder ausführlicher:
- „Werden mehrere Hilfstatsachen vorgetragen, die jeweils für sich allein betrachtet keine sicheren Rückschlüsse auf die Haupttatsache zulassen, ist vom Tatrichter aber auch zu prüfen, ob die Hilfstatsachen in einer Gesamtschau, gegebenenfalls im Zusammenhang mit dem übrigen Prozessstoff, geeignet sind, ihn von der beweisbedürftigen Behauptung zu überzeugen;"[4] oder mit umgekehrtem Ergebnis:

---

[1] BGH Urteil vom 7.4.2005 – 5 StR 544/04 – juris, Rn. 10.
[2] BGH, NJW-RR 2013, 743 (745); BGH, NJW-RR 2007, 312; vgl. *Baudewin*, in: *Kern/Diehm*, ZPO, 2. Aufl. 2020, § 286 ZPO Freie Beweiswürdigung.
[3] BGH NStZ 2002, 48–49 m. Hinweis auf BGH NStZ 1983, 133.
[4] BGH, Urteil vom 8.5.2012 – XI ZR 262/10 – NJW 2012, 2427–2434, juris, Rn. 45.

I. „Gesamtschau" und „Gesamtwürdigung" aus revisionsrechtlicher Sicht 65

- „Selbst wenn nämlich jedes einzelne, die Glaubwürdigkeit der Nebenklägerin möglicherweise in Frage stellende Indiz noch keine Bedenken gegen die den Angeklagten belastende Aussage aufkommen ließe, so kann doch die Häufung der – jeweils für sich noch erklärbaren – Fragwürdigkeiten bei einer Gesamtschau zu durchgreifenden Zweifeln an der Richtigkeit der erhobenen Vorwürfe Anlass geben."[5]

Oft ist dann die revisionsrechtliche Wertung zugleich auch eine Auseinandersetzung mit der Anwendung von *Erfahrungswissen*:

- „Die Gesamtwürdigung des Berufungsgerichts lässt wesentliche Fallumstände außer Acht und erscheint insgesamt lückenhaft. Sie begründet im Übrigen die Besorgnis, dass das Berufungsgericht ohne sachverständige Hilfe und auch ausreichende eigene Sachkunde einzelnen wenigen psychodiagnostischen Beweisanzeichen eine zu große Aussagekraft beigemessen hat";[6]
- aus der Lebenserfahrung: „den Urteilsgründen fehlt es als Grundlage für eine Anwendung des Zweifelssatzes an einer umfassenden Gesamtwürdigung aller Beweisanzeichen, insbesondere an einer erschöpfenden Auseinandersetzung mit der – zudem nicht durchgängig einheitlichen – Einlassung des Angeklagten sowie mit dem objektiven Tatgeschehen, das nach der Lebenserfahrung in hohem Maße dafür sprach, dass der Angeklagte mit Gewalt auch den Geschlechtsverkehr mit den Geschädigten erzwingen wollte".[7]
- „Der Senat verkennt dabei nicht, dass es die Aufgabe des Tatrichters ist, die Bedeutung und das Gewicht der einzelnen be- und entlastenden Indizien in einer Gesamtwürdigung des Beweisergebnisses zu bewerten (BGH NStZ 2008, 146, 147). Allein, dass ein bestimmtes Ergebnis dabei nicht fern liegt, schließt nicht aus, dass der Tatrichter im Einzelfall auch rechtsfehlerfrei zu einem anderen Ergebnis kommen kann (BGH, Urt. vom 3. Juni 2008 – 1 StR 59/08 m. w. N.). Verwirft er jedoch die nahe liegenden Deutungsmöglichkeiten und führt zur Begründung seiner Zweifel an der Täterschaft eines Angeklagten nur Schlussfolgerungen an, für die es nach der Beweisaufnahme entweder keine tatsächlichen Anhaltspunkte gibt oder die als eher fern liegend zu betrachten sind, so muss er im Rahmen der Gesamtwürdigung erkennbar erwägen, dass er sich dieser besonderen Konstellation bewusst war. Anderenfalls kann nämlich nicht ausgeschlossen werden, dass der Tatrichter überspannte Anforderungen an seine Überzeugungsbildung gestellt hat."[8]

Mit der Grundforderung nach einer „Gesamtschau" bzw. „Gesamtwürdigung" formuliert die Rechtsprechung die Anforderungen, die der Tatrichter bei seiner „Wahrheitsfindung" zu beachten hat. Es ergeben sich drei Grundsätze: *Erstens* müssen alle Beweisanzeichen berücksichtigt werden. *Zweitens* muss eine Gewichtung und ggfs.

---
5   BGH, Beschluss vom 10.2.2009 – 5 StR 12/09 – juris, Rn. 9.
6   BGH, Beschluss vom 29.10.2008 – IV ZR 272/06 – juris, Rn. 8.
7   BGH, Urteil vom 12.10.2011 – 2 StR 202/11 – juris, Rn. 11.
8   BGH, Urteil vom 18.3.2009 – 1 StR 549/08 – juris, Rn. 28.

eine Abwägung stattfinden. *Drittens* muss die Gesamtwürdigung als Zusammenschau aller Beweisanzeichen ein schlüssiges, in sich stimmiges Bild ergeben.

Aus dieser, an der Struktur ausgerichteten Sicht ergibt sich dann auch die Einordnung der Gesamtschau in einen kohärenztheoretischen Rahmen. Auch eine Beweiswürdigung ist nur gelungen, wenn die Herstellung von Kohärenz gelingt (Kap. 14). Sie setzt allgemein „Umfassendheit", konkret eine umfassende Berücksichtigung aller relevanten Informationen voraus und verlangt, dass der Richter diese Informationen auch so zusammenfügen kann, dass nicht die besseren Gründe für eine andere „Wahrheit" sprechen. – Inwieweit hier schon die Grenzen einer revisionsgerichtlichen Nachprüfung überschritten wären, braucht in diesem Zusammenhang nicht erörtert werden. Der Tatrichter muss sich immer an den „besseren Gründen" ausrichten.

Dazu bedarf es aber nicht nur allgemeiner kohärenztheoretischer Kriterien, sondern zunächst überhaupt eines Ansatzes, wie wir uns die *gedanklichen Prozesse,* die eine solche „Gesamtschau" oder „Gesamtwürdigung" ausmachen, vorzustellen haben. Nur über eine solche Vorstellung kann der Tatrichter solche Prozesse auch reflektieren. Das ironische Bild, das sich bei der Formel von der „Gesamtschau aller Beweisanzeichen" einstellt, ist demgegenüber das einer „Black-Box": alle Beweisanzeichen kommen hinein, ein Sachverhalt kommt heraus. Aber wie?

In der Diskussion steht hier vor allem das *Bayes-Theorem* als der normative „Standard", an dem „die Kohärenz der Beweiswürdigung gemessen werden muss"[9]. Es baut auf den Möglichkeiten der Wahrscheinlichkeitsrechnung auf (II.). Der zweite Weg, die „Black-Box" transparent zu machen, führt über kognitionswissenschaftliche Ansätze (III.).

II. Die Wahrscheinlichkeitstheorie – eine allgemeine Lehre vom Indizienbeweis?

Wie sich bei der Typologie der *Erfahrungssätze* gezeigt hat, folgen diese meistens nicht einem eindeutigen Wenn-dann-Schema, sondern dem Schema: „fast immer dann, wenn" oder dem Schema „wahrscheinlich dann, wenn". Das logische Grundmuster des Indizienbeweises ist mithin die *Induktion.* Induktive Schlüsse müssen nicht richtig sein. Sie müssen aber überzeugen. Sie sind deshalb dann nicht „richtig", wenn sie durch bessere Gründe falsifiziert werden. Sind die Erfahrungssätze nicht deterministischer, sondern statistischer Natur, ist ihre Beweis- und Überzeugungskraft, eine Frage der Wahrscheinlichkeiten, die ihnen zugrunde liegen. Und diese lassen sich berechnen.

Wenn der Richter über den Zusammenhang von einem Indiz I und der Tatsache T nachzudenken hat, muss er einschätzen, mit welcher Wahrscheinlichkeit T gegeben ist, wenn nur der Umstand I bekannt ist. Eine entsprechend sichere Feststellungsgrundlage ergibt sich, wie wir an dem Beispiel der DNA-Analyse gesehen

---

9   *Schweizer* 2005, 151.

haben, wenn Anfangs- und Belastungswahrscheinlichkeiten bekannt sind. Haben wir es mit einer Beweiskonstellation in der Form eines „*Beweisringes*" zu tun[10], also dem Problem, dass zwar nicht das einzelne Indiz, wohl aber eine Mehrzahl von Indizien, die in einem statistischen Zusammenhang stehen, einen Beweis erbringen können, sind die Möglichkeiten von Indizienwertungen mit den mathematischen Mitteln der Wahrscheinlichkeitsberechnung natürlich von besonderem Interesse. Hier eröffnet sich eine Möglichkeit, für eine Analyse komplexer Beweiswürdigungen und damit Licht in die „Black-Box-Gesamtschau" zu bringen.

Der Umgang mit Indizien ist ein Umgang mit *bedingten Wahrscheinlichkeiten*. Definiert ist die bedingte Wahrscheinlichkeit als die Wahrscheinlichkeit eines Ereignisses A (= gesuchte Tatsache) unter der Bedingung, dass ein Ereignis B (= I) bereits eingetreten ist. Die mathematischen Grundlagen für das Rechnen mit bedingten Wahrscheinlichkeiten liefert das *Bayes-Theorem* (benannt nach Reverend Thomas Bayes [1702–1761]). Ein weiterer wesentlicher Baustein ist der sogenannte „Likelihood-Quotient" der den abstrakten Beweiswert eines Indizes angibt.[11] Wie ohne weiteres einsichtig, hängt die Beweiskraft des Indizes davon ab, „wie häufig es bei der Haupttatsache vorkommt, verglichen zu seinem Vorkommen bei der Nicht-Haupttatsache."[12] – Soweit eine sprachliche Formulierung der Ansätze. Für Leser, die die mathematische Formulierung der Theorie (mit ihren umfangreichen Formeln bei einer Vielzahl von Indizien, zugehörigen Ableitungen und notwendigen Erläuterungen) nicht scheuen, sei auf die Darstellungen insbesondere von Bender/Nack/Treuer[13], Rüßmann[14], Anderson[15] und Schweizer[16] verwiesen; natürlich auch auf die Links zum *Bayes-Theorem*.

Zur Bewertung: Wir haben ein als theoretische Grundlage geeignetes Modell (1.), das aber seine Grenzen in den Anwendbarkeitsbedingungen erfährt (2.).

1. Das Modell

Der Ausgangspunkt ist von Rüßmann grundsätzlich zutreffend beschrieben worden, wenn er zur Problematik einer komplexen Indiziensituation feststellt: „Mit der Aufgabe, die Stärke eines solchen Beweisrings aufgrund der statistischen Verknüpfungen der verschiedenen Indizien im Beweisring zum gesuchten Merkmal einzuschätzen, ist *unser Gefühl* regelmäßig überfordert. Hier verspricht nun das Bayes-Theorem Hilfe, weil es uns bei Unabhängigkeit der Indizien untereinander erlaubt, unsere Einzelkenntnisse über die Zusammenhänge der Indizien mit dem gesuchten Merkmal *Schritt für Schritt* auf die Gesamtstärke des Beweisrings hin auszuwerten."[17] Es ermöglicht auch, „eine bestehende Überzeugung und neue Erkenntnisse widerspruchs-

---

10 So das Bild von *Bender/Nack/Treuer* 2007, 622 ff.
11 Dargestellt etwa von *Rüßmann* 2003, 375 ff.
12 *Bender et al.* 2021, Rn. 726.
13 *Bender et al.* 2021, Rn. 709 ff.
14 *Rüßmann* 2003, 373 ff.
15 *Anderson* 2001, 333 ff.
16 *Schweizer* 2005, 151.
17 *Rüßmann* 2003, 377, Hervorh. d. Verf.

frei zu integrieren." Es ist der „normative Standard [...], an dem die *Kohärenz der Beweiswürdigung* gemessen werden muss."[18] Es bietet, so die Position von H. Rüßmann, in Verbindung mit dem „Likelihood-Quotienten" eine „tragfähige Grundlage für die allgemeine Lehre vom Indizienbeweis".[19]

2. Die Grenzen des Modells

Fragen wir, wie sich die Wahrscheinlichkeit für das gesuchte Merkmal (die Haupttatsache) ändert, wenn wir die Information über ein *zusätzliches* Indiz (I) erhalten, kann das *Bayes-Theorem* nur eine Antwort geben, wenn wir die *abstrakte Beweiskraft* dieses Indizes kennen. Die Häufigkeiten, mit der ein Indiz bei T auftritt und anderseits nicht auftritt, sind aber oft unbekannt. Sie können also nicht sicher quantifiziert und mit Zahlenwerten in die Berechnung eingestellt werden. Die Problematik potenziert sich, wenn eine Mehrzahl von Indizien mit nicht bekannter oder auch nur ungenauer Beweiskraft eingerechnet werden muss.

Für die Voraussetzung zahlenmäßiger Quantifizierbarkeit weisen deshalb Bender et al. 2021 zu Recht darauf hin, dass das (nur) „bei einigen Sachverständigengutachten der Fall" sein wird. Und fügen hinzu: „meist bleibt nur die Abschätzung auf Plausibilitätsniveau".[20] Das Niveau einer solchen Plausibilitätseinschätzung kann sehr unterschiedlich sein. Es ist zunächst abhängig von der Datenbasis: umfangreiches statistisches Material – sachverständige Erfahrung – lange richterliche Praxis in einem bestimmten Gebiet – oder die Plausibilität des Alltagswissens. Doch, wie schon im vorigen Kapitel festgestellt, erscheinen uns unsere Wahrscheinlichkeitsannahmen zwar häufig plausibel, verfehlen aber gerade deshalb eine zutreffende Einschätzung, und es führt zudem schnell zu einer falschen Sicherheit, wenn falsch geschätzte Annahmen in eine an sich korrekte Berechnung eingesetzt werden.

Die entscheidenden Gesichtspunkte zur richterlichen Überzeugungsbildung nach dem *Bayes-Theorem* hat der BGH in einer Entscheidung vom 28.3.1989 zusammengefasst: „Im Rahmen der Würdigung von Indizien wird der Tatrichter allerdings die unangefochtenen logischen und mathematischen Regeln der Wahrscheinlichkeitsrechnung nicht verletzen dürfen. Er wird dazu aber im allgemeinen, insbesondere wenn wie im Streitfall keine einigermaßen gesicherten empirischen statistischen Daten zur Verfügung stehen, im Rahmen der von ihm vorzunehmenden Beweiswürdigung nicht sog. Anfangswahrscheinlichkeiten in Prozentsätzen ausweisen und mit diesen dann Berechnungen anstellen müssen. Sicherlich kann es häufig nützlich sein, sich über die Tragfähigkeit und das Gewicht der einzelnen Indizien genauere Rechenschaft abzulegen und vielleicht auch einmal anhand von Berechnungsformeln das Ergebnis zu überprüfen. Andererseits besteht die Gefahr, daß bei wie häufig ungesicherter empirischer Grundlage für die Annahme sog. Anfangswahrscheinlichkei-

---

18 *Schweizer* 2005, 151 mit der Formulierung: „Ausschliesslich das Bayes-Theorem erlaubt es [...]"; Hervorh. d. Verf.
19 *Rüßmann* 2003, 377.
20 *Bender et al.* 2021, Rn. 731.

ten ein solches Verfahren zu überdies manipulierbaren Scheingewissheiten führen kann".[21]

3. Fazit

Aus diesen Überlegungen ergibt sich als Fazit: Die Anwendbarkeit mathematischer Modelle der Wahrscheinlichkeitsberechnung auf die Verifizierung von indiziellen Beweisen steht und fällt mit der Datenbasis, die zur Verfügung steht. Können Richter und Sachverständige nicht auf hinreichend sichere Werte über die Korrelationen zwischen Indiz und Haupttatsache und die Korrelationen der Indizien untereinander zurückgreifen, haben wir also immer noch ein weites Problemfeld, für das das *Bayes-Theorem* keine Hilfe versprechen kann.

Wenn wir mithin die Operationen, die den Folgerungen von Indizien auf den Sachverhalt zugrunde liegen, in der Regel auch nicht mathematisch abbilden können, so sind es doch kognitive Vorgänge. Der nächste Schritt muss es also sein, in den für die „Gesamtschau" wichtigen kognitiven Vorgängen diejenigen Mechanismen zu beleuchten und auch zu verstehen, die die Operationen ausmachen, die die Rechtsprechung „Gesamtwürdigung" nennt. So zeigt etwa das zuletzt genannte Problem der Plausibilitätseinschätzung, dass der Mensch – auch ohne direkte Anwendung mathematischer Gesetze – durchaus zu richtigen Abschätzungen von Wahrscheinlichkeiten in der Lage ist. Das ist dann aber keine Frage eines überforderten oder nicht überforderten *Gefühles*, sondern von Denkvorgängen, die auf sachkompetenter Erfahrung beruhen.[22]

Ein Modell, das die kognitiven Prozesse, die eine Gesamtwürdigung ausmachen, annähernd adäquat erfassen soll, kann diese weder allein als eine Reihe jeweils bewusst durchgeführter logischer Operationen begreifen noch auf einen Prozess autonom ablaufender Informationsverarbeitung reduzieren. Wir haben es in der Grundstruktur vielmehr mit einem Wechselspiel zwischen intuitiv ablaufenden Wertungen und Einschätzung einerseits und bewusst und methodisch gesteuerten Reflexionen andererseits zu tun.[23] Bevor wir diese Struktur analysieren, und es unternehmen können, die Vorgänge, die die Gesamtwürdigung bestimmen, zu konkretisieren und näher zu beschreiben, gilt es jedoch, sich den prinzipiellen Problemen zu stellen, die hier einer methodisch-rationalen Reflexion dieses Vorganges im Wege stehen.

III. „Gesamtschau" – kognitive Mechanismen

Die Skepsis, die Rüßmann mit der Feststellung formulierte, bei „Beweisringen", also angesichts komplexer Abschätzungen, „sei unser Gefühl regelmäßig überfordert", ist durchaus berechtigt. Es gibt, gerade aus kognitionswissenschaftlicher Sicht, un-

---

21 BGH, NJW 1989, 3161–3162 – juris, Rn. 19.
22 Vgl. dazu etwa *Anderson* 2001, 282 ff.
23 Zu den theoretischen und empirischen Grundlagen dieses Modells, aufbauend auf *Glöckner* 2006; siehe ML, 585 ff., insbes. 592 ff.

abweisbare Gründe für eine solche Skepsis (1.). Andererseits kommt der Mensch augenscheinlich oft auch mit komplexen Situationen zurecht. Unser Denken muss also über Mechanismen, Techniken und Strukturen verfügen, die für die Einschätzung solcher Situationen, wenn auch nicht immer adäquat, so doch auch nicht prinzipiell unangemessen sind (dazu 2. und 3.).

1. Die prinzipiellen Schwierigkeiten

a) Die prinzipiellen Schwierigkeiten unseres Denkens, mit Beweiswürdigungen bei komplexer Indizienlage rational und „richtig" umzugehen, liegen zum Ersten darin, dass unsere kognitiven Prozesse nahezu immer in *emotionale Zusammenhänge* – konkret: das limbische System – *eingebettet* sind:[24] „Die Kategorisierung von Wahrnehmungen, die Analyse von Situationen unter logisch-rationalen Gesichtspunkten, die rationale Zuschreibung von Bedeutungen, das vernunftorientierte Planen von Handlungen – die meisten dieser kognitiven Prozesse werden durch begleitende emotionale Erfahrungsqualitäten inhaltlich und in ihrer Verlaufsrichtung ständig überformt, wie umgekehrt kognitive Prozesse die emotionalen Qualitäten des Erlebens ständig verändern."[25]

Wenn wir mit dem 1 × 1 rechnen, können wir die logischen Vorgänge isolieren; so auch bei der Anwendung fachwissenschaftlicher Regeln. Arbeiten wir mit unserem Alltagswissen und unseren Alltagserfahrungen, sind an dieser Verarbeitung aber meist auch emotionale Kontexte beteiligt. Ein Richter, der hintereinander drei Zeugen hört, reagiert schon auf deren unterschiedliches Aussehen, ihre unterschiedlichen Stimmen nicht in gleicher Weise. Und das kann schon anders sein, wenn die Reihenfolge eine andere gewesen wäre. Wahrnehmungen und Erinnerungen sind, wie wir gesehen haben, immer (vereinfacht gesagt) emotional kontaminiert. Nur wenn diese Emotionalität einen bestimmten Grad überschreitet und man sich dies auch bewusst macht, gibt es rechtliche Regeln, dem entgegenzusteuern. Solange aber der Grad der *Befangenheit* nicht erreicht ist, bleibt nur ein Verweis auf den professionellen Habitus und den Ausgleich und die Abmilderung durch kollegiale Korrekturen im Spruchkörper.

„Mit der Aufgabe, die Stärke eine solchen Beweisrings aufgrund der statistischen Verknüpfungen der verschiedenen Indizien im Beweisring zum gesuchten Merkmal [zutreffend] einzuschätzen", wie es Rüßmann formulierte, ist unser kognitives System aber nicht nur deshalb schnell überfordert, weil ungesteuert immer wieder unsere Emotionen mit im Spiel sind. Schnell fehlt diesem System – bildlich gesprochen – auch der ausreichend große Arbeitsspeicher und eine hinreichende Rechenkapazität.

b) Es ergibt sich das Problem des „*Arbeitsgedächtnisses*": Versetzen wir uns in die Situation einer Zeugenvernehmung: Es geht um einen Geschehensablauf, den die

---

[24] Eine zentrale, heute in den Neurowissenschaften nicht mehr bestrittene These; grundlegend A. R. Damasio, vgl. insbesondere *Damasio* 1997 und darauf aufbauend *ders.* 2000. Anschaulich zum Limbischen System *Solms/Turnbull* 2007.
[25] *Deneke* 2001, 101.

Beteiligten völlig unterschiedlich darstellen. Indizien sind zahlreich, lassen aber direkte und sichere Schlüsse auf die zu beweisenden Umstände nicht zu. Der (einzige) Zeuge erzählt zunächst weitschweifig seine Sicht des Geschehens. Er wird dann von den Richtern und den Vertretern der Beteiligten befragt und zeigt dabei recht unterschiedliche Reaktionen. Die Vernehmung dauert weit über eine Stunde; ausführliche Stellungnahmen der Prozessparteien schließen sich an. Manche Details der Aussage passen mit den vorhandenen Indizien nicht zusammen. Der Zeuge hat aber nicht den Eindruck gemacht, dass er fabulierte oder bewusst gelogen hat.

In der Situation der Beweiswürdigung wird jetzt von dem Richter verlangt, dass er vor dem Horizont des gesamten Prozessstoffes und aller Informationen, die die Beweisaufnahme ergeben hat, eine Gesamtwürdigung vornimmt. Und dazu gehören auch das Wissen und die Informationen, die es braucht, um eine qualifizierte Glaubwürdigkeitsprüfung vornehmen zu können. Alle diese Informationen muss der Richter gewichten, gegeneinander abwägen, auf ihre sinnvollen Verknüpfungen und ihre wahrscheinlichen oder sicheren Kausalbezüge überprüfen. Und soweit sie voneinander abhängig sind, muss er sie für die Gesamtschau *gleichzeitig* im Blick haben. – Genau mit einer solchen Aufgabe ist jedoch unser analytisches Denken strukturell überfordert. Der Grund liegt in einem kognitiven Mechanismus, für den sich der Ausdruck „Arbeitsgedächtnis" eingebürgert hat.[26] Zu verstehen und zu bezeichnen ist die spezifische Funktion des Gedächtnissystems, nämlich für das „Bereithalten von (bzw. die aktuelle verfügbare Menge von) Informationen und Such-, Entscheidungsbzw. Lösungsstrategien während der Beschäftigung mit einer Aufgabe."[27] Es sind also die Informationen, die man – nebst prozeduralem Wissen – präsent hat, wenn man eine Schlussfolgerung zieht. Die Anzahl der Informationen (oder auch Informationseinheiten), die das Arbeitsgedächtnis parat hält, halten kann, ist aber – und das ist der entscheidende Punkt – prinzipiell begrenzt. Terminologisch spricht man von „Chunks" und definiert: „chunk [engl. = Klumpen], eine bedeutungstragende Informationseinheit im Arbeits- oder Kurzzeitgedächtnis (im Rahmen der Mehrspeichermodelle des menschlichen Gedächtnisses)." Um sogleich hinzuzufügen; „Man nimmt an, daß etwa sieben solcher chunks gleichzeitig behalten bzw. verarbeitet werden können."[28]

In der neueren Literatur wird sogar davon ausgegangen, dass „nur vier Chunks zugleich im Kurzzeitgedächtnis bereitgehalten werden können."[29] Andererseits verfügt das kognitive System durchaus über Techniken, die Verarbeitungskapazität zu erhöhen. Wir erhöhen den Informationsgehalt der einzelnen Chunks: Wir merken uns z. B. nicht die Buchstabenfolge, sondern das Wort, nicht die Wörter, sondern den Satz, nicht den Satz, sondern seine Bedeutung, nicht die Bedeutung, sondern die

---

26 Vgl. *Kühnel/Markowitsch* 2009, 28 ff.; *Thompson* 2001, 359 ff.; *Anderson* 2001, 173 ff.; zur Lokalisierung insb. *Bear et al.* 2018, 899–906. Zu den unterschiedlichen Hypothesen und Modelle und zum Stand der Diskussion vgl. *Stobach* 2020, 87–97.
27 So das Stichwort „Arbeitsgedächtnis, E working memory", in: Lexikon der Neurowissenschaft, Bd. 1, S. 101.
28 Lexikon der Neurowissenschaft, Art. „chunk", Bd. 1, S. 289.
29 *Kühnel/Markowitsch* 2009, 28.

Relation, in der sie mit anderen steht. Das setzt Abstraktionsfähigkeit voraus und muss darauf bauen, dass im Gang der Operation keine Information übersehen oder falsch verstanden wurde. Dann wäre der Chunk falsch. In der kognitiven Psychologie ist dieses Problem u. a. am Beispiel des *Expertentums*[30] von Meistern des Schachspiels untersucht worden, thesenartig mit folgendem Ergebnis: „Experten können bei Problemen zusammenhängende Chunks erkennen; dies sind Muster aus Elementen, die über verschiedene Probleme hinweg immer wieder vorkommen,"[31] und sich auf diese Weise z. B. auch komplizierte Aufstellungen von Schachfiguren viel besser und selbstverständlicher merken als Anfänger. Meister des Schachspiels haben eine Vielzahl typischer Konfigurationen von Schachfiguren gespeichert und können, wenn die Figuren vom Brett genommen werden, die Position von mehr als 20 Figuren rekonstruieren, während Gelegenheitsspielern dies nur mit 4–5 Figuren gelingt (was der begrenzten Kapazität des Arbeitsgedächtnisses entsprechen würde).

In der Grundstruktur vergleichbar wird so auch der Richter seine Informationen zu *Informationseinheiten* zusammenfügen und mit ihnen bei der *„Gesamtwürdigung"* arbeiten. Das aber setzt das zweite wesentliche Element des Expertentums voraus, nämlich *Erfahrung*[32]. Und dieses hat seine Grenze in den Fällen, in denen die Informationslage so komplex und vielfältig ist, dass sie nicht in einer überschaubaren Zahl von Informationseinheiten komprimiert werden können. Möglichkeiten, auch diese Grenzen zu umgehen, liegen in der Abschichtung (2.) und im Mechanismus der Mustererkennung (3.).

2. Strategie der Strukturierung

Hat der Richter es mit Hilfstatsachen zu tun, die zunächst voneinander unabhängig sind, kann er *Schritt für Schritt* vorgehen und so den Prozess der „Gesamtwürdigung" in Teilbewertungen abschichten. In der Struktur ist das eine Methode der Problemlösung, die auch bei der Wahrscheinlichkeitsberechnung nach dem *Bayes-Theorem* vorgenommen wird, nur dass der Vorgang dann mathematisch formulierbar ist. Hier beruhen die Schlussfolgerungen auf induktiven Einschätzungen. Im Vorgehen ist jedoch auch hier zunächst jedes Indiz einzeln in seiner Beweisbedeutung zu untersuchen und der BGH rügt zu Recht, „daß die Strafkammer den Zweifelsgrundsatz rechtsfehlerhaft schon auf einzelne Indiztatsachen angewandt und sich so den Blick dafür verstellt hat, daß mehrdeutige Indizien mit der ihnen zukommenden Ungewißheit in die erforderliche Gesamtwürdigung einzustellen sind".[33] Eine weitere typische Konstellation, in der für solche Einschätzungen auch ein Schritt-für-Schritt-Vorgehen möglich und auch angezeigt ist, beschreibt der BGH, wie schon zitiert, für die Glaubwürdigkeitsprüfung: „Die Nullhypothese sowie die in der Aussagebegutachtung im wesentlichen verwendeten Elemente der Aussageanalyse (Qualität, Konstanz, Aussageverhalten), der Persönlichkeitsanalyse und der Fehlerquellen – bzw.

---

30 Vgl. dazu *Anderson* 2001, 281 ff., zum Schachspiel insbes. 300 ff.
31 *Anderson* 2001, 302.
32 Vgl. *Anderson* 2001, 300 ff.
33 BGH, NStZ-RR 2002, 243–244.

der Motivationsanalyse sind gedankliche Arbeitsschritte zur Beurteilung der Zuverlässigkeit einer Aussage."[34]

Das Entscheidende an dem Ansatz der Nullhypothese ist in der Tat nicht, dass er einen „schematischen Gutachtenaufbau" verlangt[35], sondern die „Gesamtwürdigung" zunächst in einzelne „gedankliche Arbeitsschritte zur Beurteilung" aufspaltet und sie so auch einer rationalen Nachprüfbarkeit zugänglich macht. In der Aufspaltung liegt dann auch die Möglichkeit, die Beurteilung „auszulagern", d. h. dort, wo das eigene richterliche Wissen nicht hinreichend ist, einen Gutachter zu beauftragen. Das aussagepsychologische Gutachten ist hier nur ein Beispiel. Es gilt immer dann, wenn ein Erfahrungssatz sachkundig zu „verifizieren" ist und/oder seine Anwendung fachliches Wissen und Erfahrung voraussetzt.

Ob das eigene richterliche Wissen hinreichend ist, unterliegt zunächst der eigenen tatrichterlichen Einschätzung. „Die Würdigung von Aussagen nicht nur erwachsener, sondern auch kindlicher oder jugendlicher Zeugen gehört zum Wesen richterlicher Rechtsfindung und ist daher grundsätzlich dem Tatrichter anvertraut."[36] Die Grenze liegt aber dort, wo „der Sachverhalt oder die Person des Zeugen solche Besonderheiten aufweist, dass Zweifel daran aufkommen können, ob die Sachkunde des Gerichts auch zur Beurteilung der Glaubwürdigkeit unter den gegebenen besonderen Umständen ausreicht."[37] – Aber es liegt auf der Hand, dass hier eine „Grauzone" vorliegt, in der zur tatrichterlichen Würdigung auch eine großzügige Einschätzung der eigenen Sachkunde gehört. Doch es lässt sich nicht übersehen, dass es hierfür auch gute Gründe der Verhältnismäßigkeit mit Blick auf das Kosten-Nutzenverhältnis geben mag. Ist ein umfangreiches aussagepsychologisches Gutachten angemessen, wenn 87,51 € eingeklagt sind? Die „Gesamtwürdigung" kann so auch auf eigene Weise einer „Reduktion von Komplexität" dienen.

3. „Gesamtschau" – Mustererkennung

Die Problematik der „Gesamtwürdigung" bleibt also – jedenfalls für die Fälle, in denen die „Gesamtschau" eine Vielzahl von Informationen/Informationseinheiten erfassen muss, die im „Arbeitsgedächtnis" nicht mehr überschaubar sind, und die wegen ihrer Vernetzungen auch einer Analyse Schritt für Schritt nicht zugänglich sind. Das Postulat einer „Gesamtschau" gibt hierzu, wie gesagt, nur die Vorgabe, dass die Würdigung alle vorhandenen Informationen umfassen muss. Was unter Gesamt-Schau zu verstehen ist, zeigt als erster Zugang die Wortbedeutung für „Schau", als „(gehoben) intuitives, schauendes Erfassen (geistiger Zusammenhänge)", so der Duden. Aber das besagt wenig darüber, wie der Vorgang einer „Gesamtwürdigung" selbst zu verstehen ist. Und hinreichend gesicherte Erklärungsmodelle, auf die wir zurückgreifen könnten, stehen, soweit ersichtlich, nicht zur Verfügung.

---

34 BGH, Beschluss vom 30.5.2000 – 1 StR 582/99 – NStZ 2001, 45–46, juris, Rn. 14.
35 BGH aaO.
36 BGH, NStZ-RR 2006, 242–243 mit Hinweis auf BGHSt 8, 130; vgl. auch BGHSt 45, 164, 182; BSG, Beschluss vom 24.5.2012 – B 9 V 4/12 B – juris, Rn. 21.
37 BGH, NStZ-RR 2006, 242–243; siehe auch das OLG Saarbrücken, Urteil vom 13.7.2011 – 1 U 32/08–9 – juris, Rn. 48.

Ein Ansatz lässt sich jedoch in dem Phänomen der „*Mustererkennung*" finden. Insbesondere im Hinblick auf die Frage, wie der Richter in Sachverhalten *rechtliche* Strukturen erkennt, sind die Mechanismen, die für die Mustererkennung wesentlich sind, bereits erörtert worden (Kap. 4 IV.). Über das oben Gesagte hinaus sind diese Überlegungen zu vertiefen:

a) Als Ausgangspunkt bietet sich folgende Beobachtung an: Von einem Indiz schließen wir nicht nur auf eine bestimmte Tatsache; vielfach nehmen wir es, sehr viel weitergehend, als Indiz für eine *Sachlage*, also einen Tatsachenzusammenhang, einen (ganzen) Sachverhalt. Wenn wir etwa eine Sirene hören, bleiben unsere Gedanken meist nicht bei der Vorstellung eines Einsatzfahrzeuges der Polizei oder eines Krankenwagens stehen, sondern „getriggert" werden Vorstellungen wie Unfall, Überfall, Notarzteinsatz. Ein vergleichbares Phänomen haben wir oben am Beispiel des Knallzeugen bereits angesprochen. In der Sache geht es darum, dass partielle Informationen bzw. Beweisanzeichen oft zugleich Muster typischer Geschehenabläufe evozieren, manchmal auch ganze Geschichten.

b) Versuchen wir diese Beobachtungen in eine Theorie der Wahrnehmung einzuordnen, so zeigt sich, dass Wahrnehmung nicht einfach als Abbildung funktioniert. Die Informationen, die wir aufnehmen, werden nicht zu Bildern zusammengesetzt, wie bei Digitalaufnahmen Pixel zu Pixel zu einem Bild zusammengefügt werden. Vielmehr treffen Informationen auf Kontexte im kognitiven System und daraus erwächst, was wir Wahrnehmung, „Erkenntnis" nennen.

Entscheidend ist die Fähigkeit, zum Zweck der Erkennung von Objekten und Situationen trotz individuell unterschiedlicher Erscheinungen (Verdeckungen, perspektivische Verzerrung u. a.) Nebensächliches zu abstrahieren und allgemeine Eigenschaften herauszuheben. Zugleich ist die Wahrnehmung darauf angelegt, auch komplexe Sachlagen in einer „Gesamtschau" überblicken zu können. Die Entstehungsgründe können unterschiedlich sein – evolutionär entstandene oder gelernte Mechanismen. Entscheidend ist, sie könnten nicht funktionieren, indem das Gehirn alle Informationen, die von außen kommen, Schritt für Schritt verarbeitet, sondern nur mit radikal reduzierten Datenmengen, und dies geschieht in der Weise, dass sensorische Inputs über vorhandene Kontexte verarbeitet werden.

Wie in Kap. 4 bereits dargestellt, basiert die Wahrnehmung einerseits auf einer radikalen Reduktion der auf die Sinnesorgane treffenden Sinnesreize (Informationen) und andererseits auf den Informationen, die unser Gedächtnissystem – gleichsam „komplettierend" – bereithält. Es ist mithin unser *erworbenes Vor-Wissen*, das unsere Wahrnehmung beeinflusst. („Ich sehe nur, was ich weiß"). Und wir entwickeln aus unseren *Erfahrungen* Vorstellungen, wie bestimmte Situationen abzulaufen haben[38], wie eine Bar oder ein Wohnzimmer aussieht[39] oder auf welche Kausalverläufe be-

---

38 Zur Schematheorie aus diesem Blickwinkel vgl. *Kühnel/Markowitsch* 2009, 224.
39 Vgl. ein anschauliches Beispiel bei *Welzer* 2006, 112 ff.

III. „Gesamtschau" – kognitive Mechanismen   75

stimmte Ereignisse typischerweise zurückzuführen sind (Voraussetzung des Anscheinsbeweises).

c) Bevor wir uns konkret wieder dem Problem „Gesamtschau" zuwenden, gilt es in einem weiteren Schritt, den theoretischen Rahmen, in dem wir Schemata bzw. Muster als Mittel der Erkenntnis und als Denkformen begreifen müssen, nochmals zu erweitern. Weiterführend sind hier Untersuchungen von H. Lenk über „*Schemaspiele*"[40]. Unter der Überschrift „Grundlegendes zum Begriff der Schemainterpretation" gibt er folgende Zusammenfassung, die ich auch im Zusammenhang zitieren möchte:
„Geradezu in genialer Weise hatte Kant [...] neben den transzendentalen Voraussetzungen auch den Prozeß der erfahrungsmäßigen Bildung und Anwendung kognitiver Konstrukte zur vorstellungsmäßigen Vergegenwärtigung, zur ‚Verbildlichung' mentaler Konfigurationen und Modelle, also der Kognitionen, vorweggenommen. Die kognitive Psychologie hat erst vor wenigen Jahrzehnten in der Nachfolge der Begrifflichkeit der Gestaltpsychologie diesen Begriff der Schemata als der ‚verbildlichenden' kognitiven Konstrukte wieder aufgegriffen (vgl. z. B. Rumelhart 1978, Anderson 1988). ‚Schemata' werden von der kognitiven Psychologie als ‚Bausteine der Kognition' bezeichnet: man erkannte, daß nicht nur die visuelle Wahrnehmung oder die Sinneserkenntnis allgemein, sondern daß auch die begriffliche und alltagstheoretische Erkenntnis in Prozessen der Schemabildung und -anwendung vonstatten geht, gestaltet oder ‚realisiert' wird. Alle Kognitionen, Erkenntnisse, Deutungen sind an die Auslösung, Auswahl oder Anwendung sowie Überprüfung von Schemata gebunden. Der ‚Prozeß der Interpretation' bestehe geradezu darin, daß ‚mögliche Konfigurationen von Schemata ausgewählt und daraufhin verifiziert werden, daß sie mit gespeicherten Daten – Gedächtnisfragmenten – zusammenstimmen' (Rumelhart 1978). Darüber hinaus ist dieser Vorgang ein *aktiver* Informationssuch- und -strukturierungsprozeß, der mit unseren jeweiligen (ebenfalls schematisiert repräsentierten) ‚gegenwärtigen Bedürfnissen und Zielen' in relevanter Weise verknüpft ist. Ein solches Interpretieren ist also wesentlich auf das Auslösen oder Auswählen von Schemata (kognitiven Interpretationskonstrukten) und deren versuchsweiser Zuordnung zu Sinnesdaten, zu Wahrnehmungserlebnissen und zu abstrakteren inhaltlichen (etwa konditionalen) Datengegebenheiten sowie auf die sukzessiv rückkoppelnde Überprüfung der Stimmigkeit bei der Anwendung des jeweiligen Konstrukts bezogen. Es handelt sich um mentale Repräsentationen von Mustern oder datenmäßig gestalteten Merkmalen oder Gehalten, die typisiert, gattungsartig auf relevante Züge konzentriert und als solche aus dem Gedächtnis abrufbar sind."[41]

d) Ordnen wir die Frage, wie wir uns die Mechanismen, die einer „Gesamtschau" zugrunde liegen, vorzustellen haben, in den unter 1 bis 3 skizzierten Denk- und Argumentationsrahmen ein, erhellt sich zunächst das *Grundprinzip*: Die *Rekonstrukti-*

---
40 Nicht im Sinne der Spieltheorie zu verstehen, sondern als Parallele zu den „Sprachspielen" Wittgensteins.
41 *Lenk* 1980, 59 f.

on eines Geschehens, das der Richter bei der Sachverhaltsfeststellung vornimmt, geschieht nicht durch ein Zusammenfügen von je selbstständigen und gleichwertigen Einzelinformationen (Inputs), sondern es sind bestimmte Informationen/Indizien, die als Auslöser für Muster, Schemata und Verknüpfungen von Tatsachen (über Erfahrungssätze) wirken.

Diese Fähigkeit zum blitzschnellen Erfassen entspricht einer primären evolutionären Funktion von Mustererkennung. Das kognitive System soll sich augenblicklich ein Bild von einer – möglicherweise gefährlichen – Situation verschaffen können. Wie sich an dem Eingangsbeispiel – Sirene lässt an Unfall, Notarzt, Überfall denken – zeigte, sind die evozierten Vorstellungen andererseits zunächst häufig unbestimmt, gleiten in andere Muster über. Hier muss nicht sofort gehandelt werden (Angriff oder Flucht[42]); die Information, das Indiz will jedoch verstanden sein und muss deshalb interpretiert werden. Es bedarf dann weiterer Schritte der Konkretisierung und des Verifizierens. Der Schwebezustand (was denn genau die Sirene bedeutet) muss „in dem Sinne optimiert werden, dass eine Art Vorstellung in Richtung der momentan jeweils „wahrscheinlichsten Interpretation" erfolgt. Lenk hat in der obigen Textstelle diese Schritte einer „sukzessiv rückkoppelnde[n] Überprüfung der Stimmigkeit", als *aktiven* „Informationssuch- und -strukturierungsprozeß", als Prozess, in dem „mögliche Konfigurationen von Schemata ausgewählt und daraufhin verifiziert werden, daß sie mit gespeicherten Daten – Gedächtnisfragmenten – zusammenstimmen", beschrieben.

So wird im Prozessverlauf beispielsweise aus einer Bemerkung plötzlich ein Motiv deutlich, aus dem heraus erst ein bisher unklares Verhalts oder ein Geschehensablauf verständlich wird. Oder bei einem zunächst klaren Unfallverlauf fällt nebenbei ein Umstand auf, der es nahe legt, dass der Unfall gestellt war[43]. Oder ein Zeuge sagt aus: Für den Richter war bislang alles glaubhaft – bis er, nur für den Bruchteil einer Sekunde, einen Blickkontakt mit einer Partei wahrnahm, der zu einer völlig veränderten Gesamtbeurteilung, auch bereits anders eingeordneter Indizien, führte.

aa) Im vorigen Abschnitt haben wir den Prozess der Sachverhaltsfeststellung als einen Vorgang analysiert und dargestellt, bei dem es genau auf solche Verfahren der Konkretisierung, der rückkoppelnden Überprüfung der Stimmigkeit und der „Verifizierung" ankommt. Natürlich ist der Prozessstoff durch die Prozessbeteiligten und/oder Aktenlage meist so vorgegeben, dass der Richter eine Sachverhaltshypothese, ein Muster in den Informationen nicht erst mühsam suchen muss. Aber seine Grundfrage, von der auch sein „Fallverstehen" abhängt – nämlich „was ist denn eigentlich Sache?" –, wird immer auch fordern, dass er den Prozessstoff mit eigenen Mustern, Sachverhaltshypothesen und eigenem Erfahrungswissen abstimmen muss. Insofern verdeutlichen die allgemeinen Überlegungen zur Mustererkennung nur den theoretischen Rahmen, in dem die Analysen zur Hypothesenbildung, zu den Problemfeldern der „Verifizierung", zur „Verknüpfung" sowie zur Aufmerksamkeit und Kommunikation standen.

---

42 *Solms/Turnbull* 2007, 140 ff.
43 Als Beispiel vgl. etwa OLG Köln, Beschluss vom 23.10.2014 – 19 U 79/14 – juris m. w. N.

III. „Gesamtschau" – kognitive Mechanismen

bb) Kein Zweifel: Ein Indiz, das ein Muster evoziert, garantiert keineswegs, dass auch die Sachlage richtig getroffen wird. Die beschriebenen Methoden der „Verifizierung" sind aber nur der *eine* Weg, Fehleinschätzungen zu minimieren. Der andere wird deutlich, wenn wir uns den *Zusammenhang* klar machen, der zwischen unseren Erfahrungen, die wir in den Erkennungsprozess einbringen können, und der Chance besteht, die *„jeweils wahrscheinlichste Interpretation"*[44] zu treffen. *„Erfahrungen"* sind hier zu verstehen als *Expertenwissen*, das sowohl durch besonderes Fachwissen als auch durch besondere Erfahrungen in den Tätigkeitsfeldern des Faches gekennzeichnet ist.[45]

(1) Aus diesen wissenschaftlichen Untersuchungen sind für das Verstehen der Gesamtwürdigung folgende Gesichtspunkte und Ergebnisse entscheidend und festzuhalten:

– *Wahrscheinlichkeit und Erfahrung*: Die bewussten Wahrscheinlichkeitsurteile der Versuchsteilnehmer stimmen oft nicht mit dem *Bayes-Theorem* überein, ihr *tatsächliches* Verhalten dagegen schon. Experten kommen jedoch – mit zunehmender Erfahrung – zu immer genaueren Einschätzungen, insbesondere auch der Ausgangswahrscheinlichkeiten.[46]
– *Muster und Erfahrung*: „Eine wichtige Dimension zunehmender Expertenschaft besteht in der Berücksichtigung reichhaltiger perzeptueller Merkmale bei der Enkodierung von Problemen"[47]. M. a. W. mit zunehmender Praxiserfahrung werden sowohl mehr als auch umfangreichere und differenziertere Wahrnehmungsmuster ins Gedächtnis eingespeichert[48].
– *Erfahrung und Chunks*: „Experten können bei Problemen zusammenhängende Chunks erkennen; dies sind Muster aus Elementen, die über verschiedene Probleme hinweg immer wieder vorkommen."[49] Konkrete Beispiele der richterlichen Erfahrung sind die fallübergreifenden Konfliktmuster etwa des Arbeits- oder des Sorgerechtes ebenso wie die verschiedenen Verhaltensmuster von Zeugen aus jeweils unterschiedlichen Milieus

Wir können also von folgenden Annahmen ausgehen: Je mehr Muster und Erfahrungswissen zur Verfügung stehen, desto differenzierter *kann* ein *Abgleich* vorgenommen werden. Je kleinteiliger die Muster im Übrigen sind, weil man in einem bestimmten Bereich über vielfältige Erfahrungen verfügt, desto größer wird die Mustererkennung auch in ihrer Tiefenschärfe und desto größer wird auch die Wahrscheinlichkeit, dass die „jeweils wahrscheinlichste Interpretation" getroffen wird. Ein erfahrener Verkehrsrichter, der in zig Fallvarianten Unfallgeschehen zu beurteilen

---

44 Kohärenztheoretisch entspricht die *„jeweils wahrscheinlichste Interpretation"* dem *„Schluß auf die beste Erklärung"*; in diesem Sinn vor allem *Bartelborth* 1996, 9 ff.; siehe dazu auch unten Kap. 12 III. und ausführlicher ML, 142 f.
45 Vgl. zusammenfassend *Anderson* 2001, 300 ff.
46 *Anderson* 2001, 341 f.
47 *Anderson* 2001, 300, am Beispiel der Röntgendiagnostik.
48 *Anderson* 2001, 303.
49 *Anderson* 2001, 302, am Beispiel von Schachspielern; siehe auch S. 124 zu optischen Chunks.

hatte, wird in dem Erfassen einer Sachverhaltshypothese und deren Verifizierung sicherer sein als ein Proberichter, der keinen Führerschein besitzt. Dieser Zusammenhang von Erfahrung und Einschätzungskapazität gilt auch, wenn es um die Gesamtwürdigung komplexer Situationen geht, etwa um die Würdigung einer Zeugenaussage zu einem unübersichtlichen Tatsachenkomplex bei Zweifeln, ob das, was der Zeuge aussagt, auch wirklich seinem subjektiven Erleben entspricht. Einige Aspekte dazu: Ein Richter mit breiter Vernehmungserfahrung wird zunächst in seiner Konzentration nicht durch das Achten darauf abgelenkt, keine Verfahrensfehler zu machen. Kriterien der Aussageanalyse werden mehr oder minder automatisch mitlaufen und er wird auf Muster für Lügenindizien, Interessenorientierung, Inkompetenz in der Sache, gute und schlechte Gründe für Konstanz und Inkonstanz etc. zurückgreifen können. Das wird ihn auch befähigen, Zwischenergebnisse festzuhalten, also im zuvor erörterten Sinne Informationseinheiten, übergreifende Chunks zu bilden.

(2) Ist man den bisherigen Überlegungen und damit dem Versuch gefolgt, die Mechanismen, die im Vorgang der „Gesamtwürdigung" wirksam sind, kognitionswissenschaftlich zu rekonstruieren, eröffnet sich auch – geradezu spiegelbildlich – der Blick auf die *Fehlerquellen*, die in diesen Mechanismen liegen. Sie markieren zugleich auch Zusammenhänge „verfehlter Würdigung"[50]: Es werden Muster übertragen, die nicht passen oder dazu führen, dass wesentliche Besonderheiten nicht gesehen oder ausgeblendet werden. Es wird nach Mustern gesucht, die es (noch) nicht gibt, statt sich unbefangen der Situation zu stellen; man denke an das Märchen von des Kaisers neuen Kleidern.[51] Auch können das, was man gerne als berufliche Erfahrung ausgibt, nur sich stetig verfestigende Vorurteile sein.

Gerade das Beispiel der Erfahrung zeigt aber auch die Unterscheidung, auf die es ankommt. Gemeint ist nicht die Routine (zum Typ des „Routiniers" Kap. 5 II. 3), für den jede Erfahrung nur die Bestätigung der früheren ist. Das Ergebnis ist dann, dass die Erkennungsmuster immer starrer werden und ihr Erkenntniswert immer geringer[52]. Erfahrung im Sinne des zuvor beschriebenen *Expertenwissens* verfestigt sich nicht in der Routine, sondern differenziert sich in einem Prozess von trial and error aus. Es ist, soweit gegeben, auch immer durch Wissen erweitert und kontrolliert. Entsprechend differenzierter werden auch die Interpretations- und Wahrnehmungsmuster. Als methodische Maxime formuliert: Der Richter muss sich immer der Möglichkeit bewusst sein, dass er sich geirrt hat und ihn seine Erkenntnismechanismen nicht zur „Wahrheit", sondern in die Irre führen können.

---

50 Diese Formulierung gebraucht *Eisenberg* 2017, Rn. 913 ff. (mit typischen Beispielen).
51 Dazu *Strauch*, JZ 2000, 1020, 1026.
52 In diesem Sinne kritisch zur Rolle der Berufserfahrung auch *Eisenberg* 2017, mit dem nachdenkenswerten Hinweis auf das Fehlen jeder Form von „Supervision" in der Richterausbildung, Rn. 915.

Kapitel 9

Beweismaß und die freie richterliche Überzeugung

Das Prozessrecht gibt nicht nur den methodischen Ansatz für die Beweiswürdigung, die „Gesamtschau", vor, sondern auch den zentralen Bewertungs- und damit Entscheidungsmaßstab. Denn soweit sich ein Prozess nicht im Wesentlichen um Rechtsfragen dreht, ist die Frage, was ist bewiesen und was nicht, der Kern- und Angelpunkt eines Rechtsstreites. Der Kampf ums Recht ist aus dieser Sicht ein Kampf um die richterliche Gewissheit. Die prozessrechtlichen Maßstäbe für diese Gewissheit sind summarisch darzustellen (I.). Es zeigen sich dann auch die beiden methodischen Grundfragen der „Wahrheitsfindung": Man stößt zwangsläufig auf den Befund, dass die subjektive Gewissheit, mit der ein Richter eine Tatsache für „wahr" erachtet, unterschiedlich sein kann; es gibt also das Problem der graduellen Gewissheit (II.). Zum anderen ist der Frage nachzugehen, welche Konsequenzen aus der Ausrichtung auf den Fokus der subjektiven Überzeugung für die richterliche Methodik zu ziehen sind (III.).

I. Die gesetzlichen Regelungen

Nach den gesetzlichen Regelungen gilt – trotz der etwas unterschiedlichen Formulierungen – für die Urteilsfindung nach allen Prozessordnungen das gleiche Beweismaß: Maßgebend ist die *richterliche Überzeugung*[1]. Wenn der Strafrichter nach § 261 StPO, der Zivilrichter nach § 286 ZPO oder der Verwaltungsrichter nach § 108 Abs. 1 VwGO über das Ergebnis der Beweisaufnahme nach seiner „freien Überzeugung" entscheidet, verlangt dies *persönliche Gewissheit*. Parallel dazu liegen die Vorschriften § 128 Abs. 1 SGG, § 96 FGO. Und diese Parallelität lässt auch schon zu Beginn fragen, ob damit von Gesetzes wegen jeweils eine richterliche Gewissheit in gleicher Intensität verlangt wird.

Für das *Strafverfahren* folgt aus den verfassungsrechtlichen Vorgaben, dass ein „zentrales Anliegen des Strafprozesses die bestmögliche Ermittlung des wahren Sachverhalts sein muss".[2] Das bedeutet zwar nicht, dass die richterliche Überzeugung eine „mathematische, jede Möglichkeit des Gegenteils ausschließende Gewissheit" ver-

---

1 Ob es sich bei den Sonderregelungen in einzelnen Prozessordnungen – z. B. Glaubhaftmachung, §§ 287, 294 ZPO, § 77 OWiG – um Beweismaßreduzierungen oder um Modifizierungen des materiellen Rechts handelt, vgl. *Zöller/Greger*, ZPO, 30. Aufl., vor § 284 Rn. 29. Vor § 284 ZPO Rn. 28, 35, ist umstritten; vgl. einerseits *Baumbach/Lauterbach/Albers/Hartmann*, 72. Aufl., Einf § 284 Rn. 6 ff. m. w. N., andererseits *Zöller/Greger*, ZPO, 30. Aufl., § 286 ZPO Rn. 20.
2 BVerfG, NJW 2012, 907–917 unter Hinweis auf BVerfGE 57, 250 (275); 63, 45 (61); 80, 367 (375); 86, 288 (317); 107, 104 (118 f.); 115, 166 (192); 118, 212 (230 f., 233); 122, 248 (270).

langt. „Wenn der Tatrichter aber [...] nach erschöpfender Beweiswürdigung letzte Zweifel an der Schuld eines Angeklagten hat, die er trotz hohen Verdachts nicht überwinden kann, darf er den Angeklagten insoweit nicht schuldig sprechen. Auch ein sehr hohes Maß an Wahrscheinlichkeit für die subjektive Einstellung eines Angeklagten kann die notwendige persönliche Überzeugung des Tatrichters nicht ersetzen".[3] Von rein abstrakten Denkmöglichkeiten, dass sich das Tatgeschehen auch anders zugetragen haben könnte, darf der Richter seine Überzeugungsbildung allerdings nicht abhängig machen. Der Grundsatz „in dubio pro reo", so der BGH in ständiger Rechtsprechung, „bedeutet nicht, daß von der dem Angeklagten jeweils (denkbar) günstigsten Fallgestaltung auch dann auszugehen ist, wenn hierfür keine Anhaltspunkte bestehen [...]. Unterstellungen zugunsten eines Angeklagten sind vielmehr nur dann rechtsfehlerfrei, wenn der Tatrichter hierfür reale Anknüpfungspunkte hat".[4] Der Zweifelssatz „ist keine Beweis-, sondern eine Entscheidungsregel, die das Gericht erst dann anzuwenden hat, wenn es nach abgeschlossener Beweiswürdigung nicht die volle Überzeugung vom Vorliegen einer für den Schuld- oder Rechtsfolgenausspruch unmittelbar entscheidungserheblichen Tatsache zu gewinnen vermag"[5].

Auch die Rechtsprechung der *Zivilgerichte* verlangt für den Vollbeweis nach § 286 ZPO naturgemäß „keine mathematische Sicherheit [...], die jeden möglichen Zweifel und jede denkbare Möglichkeit des Gegenteils ausschließt".[6] Eine von allen Zweifeln freie Überzeugung wird nicht vorausgesetzt. „Der Richter darf und muß sich in tatsächlich zweifelhaften Fällen mit einem für das praktische Leben brauchbaren Grad von Gewißheit begnügen, der etwaigen noch verbleibenden Zweifeln Schweigen gebietet".[7]

Diese Formel, nach der der Vollbeweis keine „von allen Zweifeln freie Überzeugung" erfordert, „sondern nur einen für das praktische Leben brauchbaren Grad von Gewissheit, der Zweifeln Schweigen gebietet,"[8] wird auch in der Rechtsprechung der *Arbeitsgerichte,*[9] der *Verwaltungsgerichte,*[10] der *Sozialgerichte*[11] und der *Finanzgerichte*[12] verwandt. Sie findet sich jedoch *nicht* für die Umschreibung der *strafrichterlichen Überzeugung*. Während sich für den Strafrichter das letztlich steuernde Entscheidungskriterium aus dem Grundsatz „in dubio pro reo" ergibt, kann der Richter in anderen Verfahrensarten auf derart eindeutige Vorgaben für eine Entscheidungsfindung in Zweifelsfällen nicht zurückgreifen. Welche Partei die Folgen richterlicher Zweifel, die Last fehlender Klärbarkeit, zu tragen hat, ist hier jeweils eine Frage der konkreten materiellen Rechtslage.[13]

---

3 BGH, NStZ 1981, 389–390, VRS 62, 120–123, juris, Rn. 7.
4 BGH, NStZ-RR 2005, 209, mit Hinweis auf BGH, StV 2001, 666, 667; NStZ-RR 2003, 166, 168.
5 BGH, aaO, mit Hinweis auf BGH NStZ 2001, 609 m. w. N.
6 BGHZ 115, 141–150 m. w. N.
7 BGH, aaO, mit Hinweis auf BGHZ 53, 245, 256, Fall „Anastasia".
8 BGH, NJW 2008, 2845–2846.
9 Vgl. BAG, MDR 2012, 1297–1298.
10 Vgl. BVerwGE 71, 180–183.
11 Vgl. BSGE 45, 285–290.
12 Vgl. BFHE 229, 346.
13 Zum Zivilprozess vgl. hier etwa *Rosenberg/Schwab/Gottwald* 2010, § 115 Rn. 7 ff.

II. Beweismaß – ein einheitlicher oder ein pragmatisch flexibler Maßstab?

Die Frage, ob der „für das praktische Leben brauchbare Grad von Gewissheit" immer den gleichen Grad von Gewissheit haben kann, wurde eingangs bereits gestellt. Sie wird kontrovers diskutiert. „Das Beweismaß der Wahrheitsüberzeugung besitzt", so Greger, „nach § 286 Abs. 1 generelle Geltung. Wer das Beweismaß je nach den Umständen des Einzelfalles auf bestimmte Wahrscheinlichkeitsfeststellungen reduzieren will [...], der gestattet dem Richter, sich per Beweisrecht bewusst von der Wirklichkeit zu lösen, Rechtsfolgen nicht mehr an wirkl, sondern an wahrscheinl Sachverhalte anzuknüpfen und das System der Beweislastverteilung aufzuweichen."[14] Dem steht eine Position gegenüber, die den in der Praxis gehandhabten Praktiken sicher näher kommt. In der Argumentation von Gottwald: „Im praktischen Ergebnis besteht freilich (obwohl vielfach bestritten) kein Unterschied zwischen diesen Auffassungen. Da in der Regel Mittel fehlen, um die Wahrscheinlichkeit im Einzelfall genau zu messen, kommt es auf die Überzeugungsbildung eines vernünftigen Urteilers an; in Grenzfällen entscheidet die subjektive Einschätzung der Richter. Es liegt deshalb nahe anzunehmen, das Gesetz lege zwar einzelne Beweiserleichterungen fest, habe aber kein Regelbeweismaß fixiert, sondern überlasse es den Gerichten, sich ihre Überzeugung nach der Bedeutung der Tatsachen, den Beweisschwierigkeiten und anderen, auch materiellen Umständen, unterschiedlich leicht zu bilden bzw. das Beweismaß entsprechend festzulegen. Danach gilt letztlich ein nach Richterrecht pragmatisch abgestufter flexibler Maßstab. In diesem Rahmen ist entscheidend, dass sich der Richter eine Überzeugung zu bilden vermag."[15]

Die Sachverhaltsfeststellung ist, wie immer wieder betont, ein Konstrukt – die „Wirklichkeit" kann da kein brauchbarer Bezugspunkt sein, weil wir sie nicht ausmachen können. Das verkennt Greger. Die Vorstellung eines objektiv einheitlichen Maßstabes für das Beweismaß verkennt auch den systematischen Zusammenhang von Beweismaß, Beweislastzuweisung und Ermittlungstiefe. Viele Entwicklungen, etwa des Arzthaftungsrechts,[16] lassen sich darauf zurückzuführen, dem von einem Schaden Betroffenen im Kampf um die richterliche Überzeugung eine faire Chance zu geben. So erfolgt ein Ausgleich über die *Beweislastverteilung*, über die der Richter in Zweifelsfällen zu Entscheidungskriterien kommt, wer was und wie viel zumutbarer und gerechter Weise beweisen kann und zu beweisen hat. Und es ist nicht zuletzt die nie exakt vorgegebene *Ermittlungstiefe*, die dem Richter Spielräume einräumt.

Die Fragen, die sich hier stellen: Wie weit kann und muss der Richter seine Befugnisse nach § 139 ZPO ausschöpfen? Wann hat er seiner Pflicht zur Amtsermittlung Genüge getan? Wie sich in dem Abschnitt über die Verhandlungsführung (Kap. 7 II.) gezeigt hat, lassen sich hier klare Regeln nicht ermitteln. Soweit nicht Beweisanträ-

---

14 *Zöllner/Greger* ZPO, 33. Aufl. 2020, § 286 ZPO, Rn. 20.
15 *Rosenberg/Schwab/Gottwald* 2010, § 113 Rn. 15 m. N. In diesem Sinn auch *Bender et al.* 2021, Rn. 588 ff.
16 Vgl. die Belege bei *Baumbach/Lauterbach/Albers/Hartmann*, 72. Aufl., Anh § 286 Rn. 56 ff., 127.

ge eine weitere Aufklärung gebieten oder sich eine solche „aufdrängen musste"[17], ist das entscheidende Kriterium letztlich kein anderes als die Überzeugung des Richters, dass „die Sache für ihn jetzt hinreichend klar ist". Besonders deutlich zeigt sich die Ambivalenz zwischen Grundsatz und Praxis bei Prognoseeinschätzungen – etwa im Ausländer- oder Asylrecht. So verlangte das BVerwG für eine „sachgerecht erarbeitete asylrechtliche Prognose" eine „vollständige Ausschöpfung aller verfügbaren Erkenntnisquellen".[18] Wenn man diese Vorgabe wörtlich nehmen würde, bemerkt ein Kommentar dazu, würde „in der Praxis kein einziges Asylverfahren ordnungsgemäß zu Ende geführt werden können."[19] Die Pflicht „zur vollständigen Ausschöpfung aller verfügbaren Erkenntnisquellen" wird in einer späteren Entscheidung dann auch dahin modifiziert, dass „ein Berufungsgericht in der Regel" verpflichtet ist, „zur Feststellung genereller Tatsachen jedenfalls solche von einem der Beteiligten in sein Verfahren eingeführte, bisher nicht beigezogene Erkenntnisquellen zur Kenntnis zu nehmen und in Erwägung zu ziehen".[20] Maßstab ist im Ergebnis wieder ein „für das praktische Leben brauchbarer Grad von Gewißheit", mit dem man sich begnügen muss.[21]

Auch für das Strafrecht können wir nicht davon ausgehen, dass das von der Theorie für alle Verurteilungen verlangte gleich hohe Beweismaß auch bedeutet, dass die von der Praxis einzuhaltende Ermittlungstiefe generell bestimmt ist und in gleicher Weise gehandhabt wird. „Die Praxis verfährt", so Bender et al., „bei den Anforderungen an die Überzeugung – zu Recht – mit Blick auf den jeweiligen Einzelfall differenzierter."[22] Das Urteil muss zwar „auf einer Überzeugungsbildung unter vollständiger Ausschöpfung des Beweismaterials"[23] beruhen; ob es um ein Bußgeld oder eine langjährige Freiheitsstrafe geht, kann jedoch für die Intensität der Ermittlung kaum ohne Einfluss sein. Für den Umfang der Beweisaufnahme in Bußgeldsachen hat der Gesetzgeber dies auch ausdrücklich geregelt (§ 77 OWiG)[24].

III. Subjektive Überzeugung vs. Methode?

Die richterliche Methodik hat die Unparteilichkeit und die Objektivität der Urteilsfindung zum Ziel. Wie passt es dann zusammen, wenn das entscheidende Richtmaß für „wahr" oder „nicht wahr" einer Behauptung die subjektive Überzeugung des Richters ist? Es passt zusammen, wenn man dieses subjektive Moment (1.) in seiner Funktion als der Kompetenzabgrenzung und (2.) in seinem prozessualen und erkenntnistheoretischen Zusammenhang sieht sowie (3.) die Mechanismen der Objektivierung dieser Subjektivität im Auge behält.

---

17 Für § 139 ZPO greift hier die „gemilderte" Frage- und Hinweispflicht ein; *Rosenberg/Schwab/Gottwald* 2010, § 77 Rn. 15 ff. m. N.; vgl. etwa BGH, BauR 2008, 1029–1030.
18 BVerwG, Buchholz 402.25 § 1 AsylVfG Nr. 143, NVwZ 1992, 270–272.
19 *T. Stuhlauth*, in: Bader, VwGO, 8. Aufl., VwGO § 86 Rn. 8.
20 BVerwG, Beschluss vom 7.9.1993 – 9 B 509/93 – juris, Rn. 4.
21 BVerwGE 71, 180; OVG NRW, Beschluss vom 4.1.2012 – 13 A 2821/11.A – juris, Rn. 6.
22 *Bender et al.* 2021, Rn. 588.
23 BGH NStZ-RR 2012, 256–257 m. w. N.
24 Vgl. *Bender/Nack/Treuer* 2007, Rn. 552 f.

III. Subjektive Überzeugung vs. Methode? 83

1. Die „nach seiner freien, aus dem Inbegriff der Verhandlung geschöpfte Überzeugung" kann nur den *Tatrichter* als erkennendes Subjekt haben. Die Beweiswürdigung fällt allein in seine Kompetenz. Der Revisionsrichter steht *nicht* in dessen prozessualer Situation und kann seine Überzeugung nicht an dessen Stelle setzen, ohne selbst zum Tatrichter zu werden. Insoweit liegt es auch nahe, aus der Perspektive der Revisionsinstanz von einem „tatrichterlichen Beurteilungsspielraum" zu sprechen.[25]

2. Im Alltagsverständnis und im Prozessalltag sprechen wir ganz selbstverständlich von *Wahrheit*. Aber diese Wahrheit ist immer nur die unserer Erkenntnismöglichkeiten, immer abhängig von der Brille, die wir aufhaben, um es bildlich zu sagen. Sie ist immer auch subjektiv. Mit den Worten Gregers in seiner Kommentierung des § 286 ZPO: „Mehr als die subj. Überzeugung wird aber nicht gefordert. Absolute Gewissheit zu verlangen, hieße die Grenze menschl. Erkenntnisfähigkeit zu ignorieren."[26] Dem traditionellen und alltagsüblichen Wahrheitsbegriff gegenüber lassen sich „wahr" und „Wahrheit" nur mit Anführungszeichen gebrauchen. Zu betonen ist auch in diesem Zusammenhang die doppelte Verfahrensabhängigkeit der „Wahrheit": Sie kann nur auf die *prozessuale Situation* bezogen und beurteilt werden und sie ist immer abhängig von den verfahrensrechtlichen Vorgaben, die sie – neben den erkenntnistheoretischen – konstituieren. Die Amtsermittlung führt zu anderen „Wahrheiten" als die Verhandlungsmaxime. Ganz deutlich wird der situative Charakter im Vergleich zur naturwissenschaftlichen Erkenntnis. Diese ist dadurch bestimmt, dass sie von jedem Wissenschaftler jederzeit und an jedem Ort mit gleichem Ergebnis – mit gleicher Gewissheit – nachvollzogen werden kann. Die „Gewissheit" des Richters ist dagegen „unvertretbar".

3. Es ist also einerseits die *Persönlichkeit des Richters,* die mit ihren Prägungen und Erfahrungen, ihren Vorurteilen und ihrem Rollenverständnis, ihren persönlichen und institutionellen Vorverständnissen die subjektiven Raster vorgibt, mit denen die Beweise und die Tatsachen ermittelt und gewürdigt werden. – Wenn dem aber so ist – wie verhält es sich dann mit dem Postulat, dass *richterliches Urteilen* objektiv sein soll und methodisch sein muss? Man kann hier ein Grunddilemma richterlichen Urteilens sehen und zu dem Ergebnis kommen, letztlich seien nur Emotionen und Dezision am Werk. Diese Schlussfolgerung würde jedoch an der Erkenntnis vorbeigehen, dass sich Überzeugung und Gewissheit in kognitiven Prozessen bilden, die als Erkenntnisprozesse analysierbar sind.[27] Und für diese Prozesse gilt, was nach traditionellen Vorstellungen ein Paradoxon zu sein scheint: „Emotionen sind ein wesentlicher Teil unseres Verstandes."[28] So muss der Richter seine Beweiswürdigung begründen, d. h. die subjektive Gewissheit muss inter-subjektiv vermittelt und damit

---

25 BAG, Urteil vom 23.10.2014 – 2 AZR 865/13 –, BAGE 149, 355–366, Rn. 44.
26 *Zöllner/Greger*, ZPO, 33. Aufl. 2020, § 286 ZPO, Rn. 20.
27 „Erkenntnis" auch hier in dem bereits grundsätzlich dargelegten Verständnis der Kognitionswissenschaften (vgl. Kap. 3 Fn. 1, 18), das demgegenüber die grundsätzliche Gegenposition gegen den Dezisionismus Carl Schmitts, 1912, markiert.
28 *Waal* 2020, 271 unter Bezug auf *A. R. Damasio*; zu diesem ML, 85, 258 f.

objektiviert werden. Das ist als Verfahren näher zu beschreiben und führt so zugleich dazu, wesentliche Schritte der Sachverhaltsfeststellung nochmals zu rekapitulieren.

IV. Subjektive Gewissheit – Prozesse der Objektivierung

1. *Überzeugung* kann durchaus als plötzlich sichere Gewissheit erlebt werden. Zu analysieren ist sie jedoch als Prozess, der in Schritten und auf mehreren Ebenen stattfindet und mit den Mechanismen sozialer und individueller Kognition arbeitet, die wir oben (Kap. 4 III.) bereits beschrieben haben. Die bisherigen Überlegungen *zusammenfassend* lassen sich folgende Ebenen und Schritte unterscheiden:

– Die Überzeugungsbildung muss auf einer *objektiven Tatsachengrundlage* beruhen[29]. Und die dafür notwendige Beweisgrundlage muss nicht nur tragfähig, sondern auch umfassend sein. D. h. die ermittelten und die zu ermittelnden Tatsachen müssen – in dem beschriebenen kohärenztheoretischen Sinn: „umfassend" – in die gebotene Gesamtwürdigung einbezogen werden.
– Die Schritte von der Tatsachenbasis zur Gewissheit sind zwar keine logisch zwingenden Schritte. Es muss sich jedoch um *Begründungsschritte* handeln. Schon im ursprünglichen Wortsinn von zunächst „mit Zeugen überführen" zu „mit Gründen zu einer Ansicht bekehren"[30] kommt der prozedurale und nicht-dezisionistische Charakter der „Überzeugung" zum Ausdruck.
– Naturgesetze, Alltagstheorien, wissenschaftlich abgesicherte oder sehr individuelle Erfahrungssätze, die Muster und Schemata, mit denen unser Denken arbeitet, wenn es eine „Gesamtwürdigung" leisten muss – sie geben die *Regeln* vor, nach denen der Richter die ermittelten Daten verknüpft und vermittels derer er auf den Sachverhalt „schließt".
– Diese Regeln vermitteln allerdings, wie ebenfalls schon dargelegt, Gewissheiten mit sehr *unterschiedlicher Überzeugungskraft*. Je nachdem, ob man diese aus der Sicht des Richters selbst oder eines objektiven Beobachters wertet, sind die subjektiven von den objektiven Gewissheiten zu unterscheiden. So kann die subjektive Gewissheit – etwa bei *rein subjektiven Erfahrungssätzen* – sehr hoch sein, während sie für andere nur eine geringe oder gar keine Überzeugungskraft hat.
– Fachwissenschaftliche oder alltägliche Erfahrungssätze, Alltagstheorien oder allgemein: Argumente, die anerkannt sind, sind dagegen bereits ihrer Struktur nach *inter-subjektiv*. Insoweit sie akzeptiert sind, kann auch die richterliche Überzeugung *Akzeptanz* finden. Die Überzeugungsbildung auf richterlicher Seite und das Überzeugt-Werden Dritter kann sich auf diese Weise über sich überschneidende Schnittmengen vollziehen.[31]

---

29 Wenn etwa das Gericht eine nicht gemachte Aussage oder eine Urkunde mit anderem Wortlaut gewürdigt hat, dann fehlt dem „inneren Vorgang der Überzeugungsbildung [...] die notwendige äußere Grundlage", so BGHSt 29, 18–23 m. N.
30 Vgl. *Kluge/Seebold* 2011, Stichwort: „überzeugen"
31 Näher dargelegt: ML, 199–203.

2. Selbst in den Fällen, in denen die Beweiswürdigung nicht eindeutig auf sichere oder gar zwingende Schlussfolgerungen aufbauen kann, bleibt also ein weiter Bereich für *intersubjektiv vermittelbare Feststellungen*.

- Ein wesentliches Moment liegt zunächst in der Pflicht des Richters, die *Gründe*, auf denen seine Überzeugung beruht, in der Entscheidung auch öffentlich zu machen. „Aus den Urteilsgründen muß sich ergeben, daß die einzelnen Beweisergebnisse nicht nur isoliert gewertet, sondern von einem zutreffenden Ausgangspunkt betrachtet und unter diesem Blickwinkel in eine umfassende Gesamtwürdigung eingestellt wurden."[32] Der Richter muss die Überzeugungsbildung transparent machen.[33]
- Insofern wird die Beweiswürdigung des Richters analysierbar. Man kann sie nachvollziehen. Obwohl die Überzeugungsbildung ein intra-subjektiver Vorgang bleibt, ist der Richter gezwungen, sich jedenfalls im Hinblick auf die Begründung die Gründe für seine Einschätzungen und Abwägungen *bewusst* zu machen. Nach außen treten aber nicht die Zwischenschritte der Überzeugungsbildung, sondern nur diejenigen Gründe, die dem Richter im Ergebnis mitteilenswert scheinen.
- In einem *Spruchkörper* müssen auch die Zwischenschritte, d. h. viele der induktiven Schlussfolgerungen, Gewichtungen und Abwägungsvorgänge, die beim Einzelrichter intra-subjektiv bleiben, offen dargelegt werden. Die Richter müssen die Gründe, die sie zum Ergebnis der Beweiswürdigung führen, diskursiv erarbeiten. Jedenfalls innerhalb des Spruchkörpers folgt die Überzeugungsbildung deshalb auch den Regeln der inter-subjektiven Kommunikation. Die „subjektive Gewissheit" wird insoweit nur noch als „intersubjektive Gewissheit" wirksam. Eindeutig ist nur die Unvertretbarkeit ihrer Wertung.

V. Die Verantwortung des Richters für seine „Gewissheit"

Unsere Überlegungen stoßen an dieser Linie des Intra-Subjektiven an die Grenzen, jenseits derer die Mechanismen der Sachverhaltsfeststellung nicht mehr methodisch analysierbar sind. Zugleich liegen die Einwände gegen eine allzu „idealistische" Betrachtung auf der Hand: Selbst in einem Spruchkörper, in dem jedes Mitglied um die Selbstverantwortung und Kollegialität des anderen weiß – und jeder Richter mit Erfahrung in Kammern und Senaten kennt Beispiele, in denen die Wirklichkeit diesem Bild nicht entspricht – gibt es gruppendynamische Prozesse, die einer rationalen Überzeugungsbildung nicht förderlich sind. Und hinter den Gründen, auf die die Begründung gestützt wird, stehen bekanntlich oft die „eigentlichen", die nicht öffentlich werden. Aus rationalistischer Perspektive ergäbe sich daraus nur die resignierende Feststellung, dass richterliche Erkenntnis eben deshalb keine sei, weil sie in aller Regel „emotional kontaminiert" ist. Dem ist aus realistischer Sicht – die man mit guten Gründen auch *humanistische* nennen kann – entgegenzuhalten: Rein rational-

---

[32] BGH NStZ 2001, 491–492.
[33] Vgl. *Eisenberg* 2017, Rn. 98 m. N.

funktional kann das Richteramt eben auch nicht gedacht werden. Die richterliche Gewissheit ist immer *auch* „höchstpersönlich", d. h. der Richter muss sie persönlich verantworten. Und darauf muss man vertrauen können. Die rechtsprechende Gewalt ist den Richtern „anvertraut", Art. 92 GG.

Der Diskurs über den „richtigen Sachverhalt" nimmt an dieser Grenzlinie eine andere Gestalt an; er wird zum Diskurs über das, was Professionalität von der „Richterpersönlichkeit" fordert. Was das konkret bedeutet, ist an zahlreichen Beispielen erörtert worden, etwa für das Zuhören-Können und somit auch Zuhören-Lernen als Bedingung des professionellen Arbeitens oder für die persönlichen Erfahrungssätze die Einsicht und Möglichkeit, mit diesen kritisch umgehen zu können. Das Richteramt fordert – bei der Sachverhaltsfeststellung vielleicht noch nachdrücklicher als bei der rechtlichen Würdigung – mehr als nur die richtige Anwendung der Regeln des richterlichen Handwerks. Methode verlangt die Reflexion, die Fähigkeit des Richters, in seinen Einschätzungen, Schlussfolgerungen und Wertungen die Relativität der eigenen Wahrnehmung und Wahrheit reflektieren zu können. Methode setzt hier nichts weniger voraus als die sich selbst sichere und selbstbewusste Persönlichkeit, die – weil sie dies ist – sich selbst relativieren kann. – Das sind Methodenfragen. Aber wir bewegen uns hier auch – und unhintergehbar – in dem Bereich, in dem Methodenfragen und grundlegende Fragen der Richterethik ineinander übergehen.[34]

---

34 *Schneider* 2017; ders. 2020.

Kapitel 10

Wege der Rechtsermittlung

Während eine methodische Erschließung der richterlichen Sachverhaltsgenerierung in vielen Fragen eine theoretische Erschließung von Neuland bedeutete, wird der Richter für die *rechtliche* Beurteilung viel selbstverständlicher auf das zurückgreifen, was er auf der Universität gelernt hat. Stellt man die Frage „Wie kommt der Richter zu seinen Rechtsfeststellungen?", scheinen aus der Sicht der herkömmlichen Methodenlehre bereits alle entscheidenden Antworten vorgegeben zu sein: Rechtsermittlung bedeutet Orientierung der richterlichen Arbeit an den bewährten Auslegungsregeln, um so Schritt für Schritt zur richtigen Auslegung und damit auch zum richtigen Rechtsverständnis zu kommen. Das bedeutet in der Praxis: Die klassischen Auslegungskriterien – die „grammatische". „logische" „historische" und „systematische" –, die man als Student (in der Regel beim Klausurenschreiben) gelernt hat, werden der Auslegung mehr oder minder schematisch zugrunde gelegt. Die theoretischen Probleme, die sich bei dieser Prüfung stellen, sind im Nachtrag (I.1. „Die Kanones und ihr trügerischer Schematismus") näher dargestellt und werden dort auch erörtert. In der Diskussion steht hier vor allem die Frage nach dem Auslegungsziel (objektive oder subjektive Auslegungstheorie), auf die in diesem Kap. unter II. im Zusammenhang mit der neueren Rechtsprechung des BVerfG zur Gesetzesbindung ausführlicher einzugehen ist.

Wichtig ist an dieser Stelle aber vor allem die Feststellung: Die Rechtsfindung über Gesetz und Auslegungsregeln ist in der Praxis nur *ein* Weg und nicht einmal der meistgenutzte. Die Praxis geht ihn bei *neuen Gesetzen und Novellierungen* – aber in der Regel nur so lange, bis man auf Rechtsprechung zu den neuen Normen zurückgreifen kann oder in den Fällen, in denen man mit dem Argument einer verfehlten Interpretation eine Gegenposition zur bisherigen Rechtsprechung begründen will und kann. Die übrigen Wege der Rechtsermittlung lassen sich demgegenüber kaum über Regeln, sondern zunächst nur als Praktiken beschreiben, die dann aber auch so vielfältig sind, wie es die Praxis eben ist. Das ergibt sich einmal aus der unterschiedlichen Komplexität der Rechtsmaterien und zum anderen aus der Rolle und Funktion im Instanzenzug. Der Revisionsrichter betreibt die Rechtsermittlung in anderer Weise und mit einer anderen Intensität als ein Amtsrichter. Wesentlich sind ferner auch die Erfahrungshorizonte, die sich in den Routinen ausprägen. Gleichwohl lassen sich die richterlichen Praktiken, die Befunde vereinfachend, differenzieren. Ausgehend von den Lösungswegen, über die ein Richter seinen Fall rechtlich zu entscheiden sucht, sind es vier Vorgehensweisen und Zusammenhänge, die im Folgenden zu thematisieren sind:

I. Einordnung in Vergleichsfälle;
II. Rechtsfindung und die „anerkannten Methoden der Gesetzesauslegung;"
III. Rechtermittlung und dogmatische Einordnung;
IV. Urteilsfindung und Gerechtigkeit – methodische Einordnungen.

Diese Vorgehensweisen sind als Praktiken zu beschreiben und es sind die zentralen Probleme zu erörtern, die sie aufwerfen: die Veränderung der Methodik durch juristische Datenbanken, die Konsequenzen, die sich aus der neueren Rechtsprechung des BVerfG zum Streit um die subjektive oder objektive Auslegungstheorie ergeben, die Fragen richterlicher Rechtserzeugung (die im Kap. 13 weiter zu vertiefen sind) und schließlich die Problematik des Zusammenhangs von Methode und Gerechtigkeitskriterien.

I. Einordnung in Vergleichsfälle

Wenn richterliche Urteilsfindung heißt, in den Daten, aus denen der Sachverhalt zu generieren ist, ein Konfliktmuster zu erkennen und dazu das richtige juristische Lösungsmuster zu finden, dann liegt es nahe, soweit es zu diesem Konfliktmuster bereits Entscheidungen gibt, auf diese auch zurückzugreifen. „Wiedervorlage mit Simile" lautete nach einem alten Amtsrichterwitz die entsprechende Verfügung an die Geschäftsstelle. Man kann diesen Weg mit leicht ironischem Unterton also auch *„Methode Simile"* nennen. Der Richter ist eingearbeitet, er kennt sich in seinem Dezernat und in seiner Rechtsmaterie aus. Der Routinier hat die Rechtsprechung „im Griff". Das konnte bis vor kurzem durchaus auch bildlich verstanden werden: Der neue Fall wird mit einem Griff ins Regal zum Ordner mit den schon entschiedenen und vergleichbaren Fällen bearbeitet und gelöst – ein methodisches Vorgehen, das durch die IT-Entwicklung eine quantitativ und dann auch qualitativ grundlegend andere Bedeutung bekommen hat. An die Stelle des Aktenordners ist die Nutzung elektronischer Datenbanken getreten. Mit der bei Google eingeübten Suchtechnik ermöglicht sie auch in nicht bekannten Rechtsmaterien das Auffinden von Entscheidungen mit möglichst nahe verwandten, vergleichbaren Sachverhalten. – Gibt es dagegen Einwände? Im juristischen Alltag kaum. Denn wenn sich die Lösung eines Falles kohärent in die vorhandene Rechtsprechung einpasst, geht das in Ordnung.

Zunächst gilt hier das Argument der Arbeitseffektivität. Zugleich entspricht der Richter mit dem Arbeitsmodus „copy and paste" auch Funktionsbedingungen des Rechtssystems und dessen rechtlichen Vorgaben. Gerichtsorganisation und Rechtsmittelregelungen sind darauf ausgerichtet, das, was dank der Unabhängigkeit der Gerichte an Varianz und unterschiedlichen Problemlösungen durch unterschiedliche Rechtsprechung ermöglicht wird, zur „Wahrung der Einheitlichkeit der Rechtsprechung" (Art. 97 Abs. 3 GG) wieder einzufangen.

Auch die Fragwürdigkeit dieser Methode liegt allerdings auf der Hand. Auf die Fehlerquellen, die mit dem „Rahmungseffekt" verbunden sind, wurde bereits hingewiesen (Kap. 7 I.). Entscheidende Besonderheiten des konkreten Falles werden übersehen – auch weil sie sich bei näherem Zusehen nicht in die zunächst passend erscheinenden Gründe einfügen würden. Man sucht ja oft auch nicht über Rechtsbegriffe, also dogmatisch vorstrukturiert, sondern gibt Begriffe ein, die den zu entscheidenden Sachverhalt charakterisieren sollen und hofft, so eine passende Entscheidung zu finden, mag sie dann auch nur irgendwie passen. Anders gesagt: Es werden konkrete Fälle „früherer, ähnlicher Probleme gesucht und deren Lösung übernommen oder, falls erforderlich, manipuliert", wie es unter dem Stichwort „fallbasiertes Schließen" im Wörterbuch der Kognitionswissenschaft formuliert ist.[35] Eine der methodischen Grundregeln, eine Entscheidung, einen Leitsatz nur dann zu übernehmen, wenn man die Entscheidung zuvor gelesen hat, um zu sehen, ob auch die entscheidenden Kontexte übereinstimmen, wird missachtet. Methodisch bedarf es immer einer genauen Prüfung, ob die Fälle „gleich" oder nur „ähnlich" sind, wo genau die Vergleichbarkeit liegt und wo die Analogie in Assoziation übergeht. Bleibt das im Halbdunkel, geht die „Methode Simile" leicht in eine „Methode Collage" über. Man arbeitet mit Versatzstücken, die irgendwie passen, nach juristischer Begründung klingen, aber keine stringente Begründung mehr ergeben.[36]

Fügt sich der zu beurteilende Sachverhalt nicht in eine gegebene Fallreihe ein, ist über die „anerkannten Methoden der Gesetzesauslegung" oder über dogmatische Erwägungen eine Lösung, ggfs. ein neues Lösungsmuster zu finden.

II. Rechtsfindung und die „anerkannten Methoden der Gesetzesauslegung"

Die Interpretation einer Gesetzesnorm ist ein Akt des Sprach- und Sinnverstehens.[37] Sie soll den Weg für die Gesetzesanwendung bereiten. Sie steht deshalb im Zentrum juristischer Methodik. Und diese Funktion ist es zugleich, die die richterliche Urteilsfindung legitimiert. Relevant ist die Methodik hier einmal für die Frage, ob eine Interpretation besser oder „richtiger" ist als eine andere Auslegung. Diese Diskussion ist dann allerdings entscheidend über das materielle Recht zu führen. Anders ist hingegen die Interpretation einzuordnen, die methodisch nicht mehr nachvollziehbar ist oder, anders gesagt, in der eine Bindung an das Gesetz nicht mehr erkennbar ist. Der Richter überschreitet dann „die Grenzen richterlicher Rechtsfortbildung und verletzt Art. 2 Abs. 1 GG in Verbindung mit dem Rechtsstaatsprinzip (Art. 20 Abs. 3 GG)."[38] Für die Grenzziehung stellt das BVerfG in ständiger Rechtsprechung darauf ab, ob das Fachgericht bei der Rechtsfindung „von den anerkannten Methoden der Gesetzesauslegung in vertretbarer Weise Gebrauch gemacht hat."[39] Die für den Richter entscheidende Frage lautet mithin: Welchen Gebrauch muss er von den „anerkann-

---

35 G. Weber, Art. „Schließen, fallbasiertes", in: Strube u. a., Wörterbuch der Kognitionswissenschaft 1996.
36 Als anschauliches Beispiel vgl. dazu Strauch 2009, 399, Schülerbeförderungskosten.
37 Zur eigenen Position in dieser komplexen Diskussion, ML, 50 ff. und Kap. 17.
38 BVerfG, Beschluss vom 25.1.2011 – 1 BvR 918/10 –, BVerfGE 128, 193–224, Ls. Dreiteilungsmethode.
39 BVerfG, Beschluss vom 19.6.2012 – 1 BvR 3017/09 –, BVerfGE 131, 130–152, Rn. 62 m. V. auf BVerfGE 82, 6 (13); 96, 375 (394 f.); 111, 54 (81 f.); 122, 248 (258).

ten Methoden der Gesetzesauslegung" machen, welcher ist noch vertretbar, welcher nicht mehr?

1. Die neuere Rechtsprechung des BVerfG

Unter den anerkannten Methoden der Gesetzesauslegung versteht das BVerfG die Auslegung „aus dem Wortlaut der Norm, der Systematik, ihrem Sinn und Zweck sowie aus den Gesetzesmaterialien und der Entstehungsgeschichte, die einander nicht ausschließen, sondern sich gegenseitig ergänzen."[40] Die Probleme, die diese „Elemente der Auslegung", wie Savigny sie genannt hat, aufwerfen, sind im Nachwort mit Verweisen auf den Diskussionstand und die jeweils eigenen Positionen, die in der ML dargestellt sind,[41] in ihrem theoretischen Zusammenhang erörtert. Besprochen ist dort auch die Entscheidung zur „Dreiteilungsmethode"; nachzutragen bleibt aber die weitere Entwicklung der Rechtsprechung. Diese lässt grundlegende Fragen offen, die jedenfalls benannt werden müssen.

Bestimmend für die Diskussion sind zunächst zwei Entscheidungen des 1. Senats. Zum einen der Beschluss des BVerfG von 2011 zur „Dreiteilungsmethode/Geschiedenenunterhalt" und zum anderen der Beschluss von 2018 zur „sachgrundlose(n) Befristung."[42] In beiden Fällen ging es um diese Grenzziehung zwischen zulässiger Interpretation und Missachtung des Bindungsgebotes sowie die Kriterien, die zu ihrer Bestimmung heranzuziehen sind. Nicht geäußert hat sich der Senat in diesem Zusammenhang zu dem Streit zwischen subjektiver und objektiver Auslegungstheorie und direkt auch nicht zur Rangfolge der Auslegungsmethoden. Da die Mängel im methodischen Vorgehen der Fachgerichte auch im Einzelnen analysiert wurden, wird dagegen sehr anschaulich, wo und wie die Grenzen richterlicher Gesetzesinterpretation übersehen und überschritten werden können.

Die Missachtung der Gesetzesbindung lag in beiden Fällen darin, dass die Fachgerichte ihre Entscheidungsnormen jeweils unter Missachtung der gesetzlichen Normtexte entwickelt hatten:

a) In der Entscheidung zum Dreiteilungsgrundsatz prüfte das BVerfG nahezu schulmäßig alle methodischen Ansätze durch und kam zu dem Schluss: „Dieses neue Rechtsprechungskonzept der Berechnung des Unterhaltsbedarfs eines geschiedenen Ehegatten lässt sich mit keiner der anerkannten Auslegungsmethoden [...] rechtfertigen. Es widerspricht dem Wortlaut des § 1578 Abs. 1 Satz 1 BGB und seiner systematischen Einbindung in den Normenkontext [...] sowie seiner Zwecksetzung und der mit ihr verbundenen gesetzgeberischen Intention."[43] Als grundsätzliche These formulierte der Beschluss: „Eine Interpretation, die als richterliche Rechtsfortbildung den klaren Wortlaut des Gesetzes hintanstellt, keinen Widerhall im Gesetz findet und vom Gesetzgeber nicht ausdrücklich oder – bei Vorliegen einer erkennbar planwid-

---

40 BVerfG, Urteil vom 19.3.2013 – 2 BvR 2628/10 –, BVerfGE 133, 168–241, Rn. 66 m. N.
41 Insbesondere ML, 455–526; vgl. auch Nachwort I.1.
42 BVerfG, Beschluss vom 6.6.2018 – 1 BvL 7/14 –, BVerfGE 149, 126–160, Rn. 86.
43 BVerfG, Beschluss vom 25.1.2011 – 1 BvR 918/10 –, BVerfGE 128, 193–224, Rn. 68.

rigen Gesetzeslücke – stillschweigend gebilligt wird, greift unzulässig in die Kompetenzen des demokratisch legitimierten Gesetzgebers ein."[44]

b) In dem Beschluss vom 6. Juni 2018 ging es um die Regelung in § 14 Abs. 2 Satz 2 TzBfG (Gesetz über Teilzeitarbeit und befristete Verträge), die lautete: „Eine Befristung nach Satz 1 ist nicht zulässig, wenn mit demselben Arbeitgeber bereits zuvor ein befristetes oder unbefristetes Arbeitsverhältnis bestanden hat." Das BAG kam bei der „Auslegung" dieser Vorschrift zu dem Ergebnis: „Eine Vorbeschäftigung i. S. v. § 14 Abs. 2 Satz 2 TzBfG ist nicht gegeben, wenn das frühere Arbeitsverhältnis mehr als drei Jahre zurückliegt."[45] Spielraum für diese Lösung hatte das BAG durch seine Einschätzung gewonnen, dass „der Bedeutungsgehalt des Tatbestandsmerkmals ‚bereits zuvor' nicht eindeutig" sei und der Wortlaut deshalb zwingend auch kein bestimmtes Auslegungsergebnis gebiete.[46] Das BVerfG kommt demgegenüber zu dem eindeutigen Ergebnis: „Mit der aus Materialien und Gesetzgebungsgeschichte erkennbaren gesetzgeberischen Grundentscheidung, wonach grundsätzlich jede Vorbeschäftigung bei demselben Arbeitgeber das Verbot einer sachgrundlos befristeten Wiedereinstellung auslöst, unabhängig davon, wie lange die Vorbeschäftigung zurückliegt, ist die Annahme, *§ 14 Abs. 2 Satz 2 TzBfG* erfasse nur Vorbeschäftigungen, die nicht länger als drei Jahre zurückliegen, nicht vereinbar."[47]

2. Grundregeln zur richterlichen Gesetzesinterpretation

Es ist keine Neukonzeption der Methodenlehre, die aus den zitierten Entscheidungen zu entnehmen ist. Der 1. Senat des BVerfG verpflichtet den Gesetzesinterpreten auch nicht etwa darauf, nach dem „Willen des Gesetzgebers" zu fragen oder die Normanwender darauf, in ihren Entscheidungen den mit der Norm verfolgten Gesetzeszweck in „denkendem Gehorsam" (Ph. Heck) zu verwirklichen. Die Grenzen der richterlichen Rechtsfortbildung werden aber klarer gezogen, nämlich dort, wo der Richter den „klaren Wortlaut" missachtet oder sich über die klar erkennbare Regelungskonzeption des Gesetzes hinwegsetzt. Wesentlich für den Vorwurf der Verletzung der Gesetzesbindung ist also eine hinreichend klare Evidenz. Die für die Praxis wesentlichen Punkte lassen sich in folgenden Leitsätzen zusammenfassen:

– Eine Interpretation darf sich nicht über den Willen des Gesetzgebers hinwegsetzen, sofern dieser „klar erkennbar" ist.
– Die Auslegung muss sich mit den „anerkannten Auslegungsmethoden" rechtfertigen lassen; sie ist nicht zu rechtfertigen, wenn sie dem Wortlaut, einer systematischen Einbindung in den Normkontext sowie seiner Zwecksetzung und der mit ihr verbundenen gesetzgeberischen Intention widerspricht.[48]
– „Eine Interpretation darf den klaren Wortlaut des Gesetzes nicht hintanstellen.

---

44 BVerfGE 128, 193–224, Rn. 53.
45 BAGE 137, 275 – juris, Rn. 13.
46 BAGE 137, 275–291.
47 BVerfGE 149, 126–160, Rn. 86.
48 BVerfG, Beschluss vom 25.1.2011 – 1 BvR 918/10 –, BVerfGE 128, 193–224, Rn. 67–69.

– Der Richter darf sich für ein eigenes Konzept auch nicht dadurch Spielraum verschaffen, dass er den Wortlaut des Gesetzes für nicht eindeutig erklärt, obwohl sich aus den Prä- und Kontexten der Gesetzesmaterialien klar ergibt, was gemeint ist.

3. Zur Indizwirkung der Gesetzesmaterialien

In der Literatur hat man in beiden Entscheidungen eine „Neuausrichtung des BVerfG in Methodenfragen" gesehen.[49] Dieser Sicht widerspricht allerdings die derzeit jedenfalls noch nicht geänderte Rechtsprechung des 2. Senats, der in seinem Urteil vom 19. März 2013 ausdrücklich auf die „Erfassung des objektiven Willens des Gesetzgebers" abstellt.[50] Oder wenn es in einem Nichtannahmebeschluss des 2. Senats vom März 2016 heißt: „Vorarbeiten für ein Gesetz können daher in der Regel bloß unterstützend verwertet, die in den Gesetzgebungsmaterialien dokumentierten Vorstellungen der gesetzgebenden Instanzen nicht mit dem objektiven Gesetzesinhalt gleichgesetzt werden."[51] Der Streit um „subjektive" oder „objektive" Theorie ist also noch keineswegs ausgestanden. Unabhängig von diesem Streit spielten die Gesetzesmaterialien in der Auslegungspraxis des BVerfG jedoch immer eine erhebliche Rolle,[52] Und diese Bedeutung ist in dem Beschluss vom 6. Juni 2018 nochmals herausgestellt worden, wenn es dort heißt:

„Für die Beantwortung der Frage, welche Regelungskonzeption im Gesetz zugrunde liegt, kommt neben Wortlaut und Systematik den Gesetzesmaterialien eine nicht unerhebliche Indizwirkung zu [...]. In Betracht zu ziehen sind hier die Begründung eines Gesetzentwurfes, der unverändert verabschiedet worden ist, die darauf bezogenen Stellungnahmen von Bundesrat [...]. und Bundesregierung [...]. und die Stellungnahmen, Beschlussempfehlungen und Berichte der Ausschüsse. In solchen Materialien finden sich regelmäßig die im Verfahren als wesentlich erachteten Vorstellungen der am Gesetzgebungsverfahren beteiligten Organe und Personen."[53]

In dieser Zusammenfassung und in dem Zusammenhang, in dem diese Feststellung steht, wird auch deutlich, dass es hier nicht primär um das Erkenntnisziel geht, den Willen eines gesetzgebenden Subjektes auszumachen. Es geht vielmehr primär um das *Text*verstehen. Denn auf die Frage, was mit einem Begriff oder Satz im Gesetzestext gemeint ist, findet man eine Antwort am ehesten in den Dialogen, die während des Gesetzgebungsverfahrens zwischen den beteiligten Organen und Personen stattgefunden und in den entsprechenden *Prä- und Kontexten* ihren Niederschlag gefunden haben. So ergab sich auch im vorliegenden Verfahren aus diesen Texten, dass der Gesetzestext nicht etwa mehrdeutig, sondern eindeutig war und für weitere sachgrundlose Befristungen keinen Raum ließ.

---

49 Vgl. *Höpfner*; RdA 2018, 321, 323 ff. m. w. N.
50 BVerfG, Urteil vom 19.3.2013 – 2 BvR 2628/10 –, BVerfGE 133, 168–241, Rn. 65–66.
51 BVerfG, Nichtannahmebeschluss vom 31.3.2016 – 2 BvR 1576/13 – juris, Rn. 62-64; siehe auch den Kammerbeschluss vom 26.8.2014 – 2 BvR 2400/13 – juris, Rn. 15.
52 Vgl. *Höpfner*; RdA 2018, 321, 323 f. m. w. N.
53 BVerfG, Beschluss vom 6.6.2018 – 1 BvL 7/14 –, BVerfGE 149, 126–160, Rn. 73–75.

III. Einordnung in einen dogmatischen Zusammenhang

Rechtermittlung heißt, eine Entscheidungsnorm zu entwickeln und dies auf zwei Wegen: Es gibt, und dies ist die Regel, eine gesetzliche Norm, die entsprechend zu konkretisieren ist (1.) oder, so sie fehlt, muss eine solche Ausgangsregel zunächst generiert werden (2.).

1. Dogmatische Einordnung

Es war bereits zu konstatieren, dass es zwischen den Auslegungsregeln und den Rückgriffen auf „bewährte Lehre" und Dogmatik ein theoretisch unklares Verhältnis gibt (Kap. 1 I.). Dieses Verhältnis muss hier auch nicht geklärt werden. Ebenso wenig die höchst strittige Frage, was denn Dogmatik genau sei.[54] So versteht etwa J. Lege unter dem Begriff Dogmatik: „Alles, was die Zurichtung der Regel (= des Rechtssatzes) im Vollständigen Juristischen Syllogismus [...] angeht."[55] Enger demgegenüber etwa die Bestimmung von Ch. Bumke: „Es handelt sich um eine Tätigkeit, die das Ziel verfolgt, den Rechtsstoff zu durchdringen, präzise zu erfassen und systematisch zuordnen."[56] Geht man im beschriebene Sinn von Prinzipien und der bewährten Lehre aus, sind „dogmatisch Sätze" „anerkannte Sätze" (gr. Endoxa – im Gegensatz zu unanzweifelbar wahre Prämissen),[57] jedoch keine Sätze des Gesetzesrechts. Die rechtliche Beurteilung im Wege der dogmatischen Einordnung ist nicht mit einer Anwendung von Auslegungsregeln gleichzusetzen. Um diese Perspektive nicht im Abstrakten zu belassen, halte ich im Anschluss an A. Voßkuhle mit R. Alexy[58] folgende Begriffselemente für wesentlich: Es muss sich

1. um eine Klasse von Sätzen (Definitionen, Formulierungen von Grundsätzen etc.) handeln, die
2. auf gesatzte Norm(en) und Rechtsprechung bezogen, aber nicht mit deren Beschreibung identisch sind,
3. untereinander in einem Zusammenhang stehen,
4. innerhalb des Rechtssystems von Rechtswissenschaftlern, Richtern, Anwälten, Verwaltungsbeamten aufgestellt und diskutiert werden und in der Rechtanwendung sowohl
5. eine methodische Funktion als auch[59]
6. normativen Gehalt haben.

---

54 Zu dieser Debatte vgl. *Bumke* 2017, 6 ff.; *Lindner*, RphZ 2019, 456–462 jeweils m. ausführlichen Nachweisen.
55 *Lege* 2020, 34.
56 *Bumke*, JZ 2014, 641–650, 644.
57 Zum historischen Hintergrund des Begriffs vgl. *Maximilian Herberger* 1981 und ders., in: HWPh Bd. 8, Art. „Rechtsdogmatik", S. 266 ff.
58 *Voßkuhle* 2012, 111 mit Verweis auf *Alexy* 1983, 314. Die Ziff. 5. wurde von mir ergänzend hinzugefügt.
59 Zu der unter Ziffer 5. von mir in das zitierte Schema eingefügte methodische Funktion siehe ML, 431–434.

Mit der Ziffer 3. – untereinander in einem Zusammenhang stehen – ist auf die Bedingung der *Kohärenz* verwiesen, die eine Dogmatik wie jede Theorie und jedes System erfüllen muss. Ziffer 4. ist die Umschreibung für eine „Interpretationsgemeinschaft".

Ein jüngeres Beispiel für eine Einordnung in dogmatische Strukturen, die diese zugleich auch weiterentwickelt, geben die Entscheidungen des BGH zum Vorsatzproblem bei Mord (Berliner Raserfall). Der BGH hat bedingten Vorsatz des Täters davon abhängig gemacht, „ob er den konkreten Geschehensablauf als möglich erkannt und die damit einhergehende Eigengefahr hingenommen hat."[60] Wie ein Richter heute über die Strafbarkeit von illegalen Autorennen nicht mehr ohne Einordnung in diese Entwicklung entscheiden kann, kann, um noch eine weiteres Beispiel zu nennen, auch ein Verwaltungsrichter keine qualifizierte Entscheidung zum baurechtlichen Drittschutz treffen, wenn er dessen Dogmatik nicht kennt.

Für die Praxis wichtig ist aber nicht nur die unverzichtbare Strukturierungsfunktion der Dogmatik – wesentlich ist auch die *Entlastungsfunktion*. Luhmann hatte dogmatische Sätze im Anschluss an J. Esser als *„Stoppregeln"* charakterisiert. Methodisch bedeutet dies, dass diese Sätze für den Richter eine ausreichende Begründungsgrundlage darstellen. Die Dogmatik erfüllt ihre zentrale Funktion, Handreichungen für die Praxis zu liefern, so Voßkuhle in einem Leitsatz, „indem sie aus überzeugenden Problemlösungen wiederholt handhabbare Begriffe, Institute und Regeln erzeugt und über möglichst stabile Auslegungsroutinen gegen grenzenloses Hinterfragen absichert."[61] Vereinfacht: Kann sich ein Richter auf die h. M. berufen, bedarf es keiner weiteren Begründung mehr,[62] während ein Abweichen von dieser Meinung i. d. R. auch eine neue dogmatische Konzeption verlangt, also einen erheblichen Begründungsaufwand.[63]

2. Bildung einer neuen Regel

Der Regelbindung richterlicher Tätigkeit entspricht es, dass der Richter, so eine konkrete Norm fehlt, eine solche generieren muss. Wie im Kap. 13. noch näher zu begründen ist, ist von der These auszugehen, die Alexy als theoretische Feststellung formuliert hat: „Wenn dem Gesetz keine Regel entnommen werden kann, ist eine Regel zu bilden"[64] Das Schweizer Zivilgesetzbuch hat dafür in Art. 1 ZGB die normative Fassung gefunden:

---

60 JR 2021, 167; Fortführung BGH, Urteil vom 1.3.2018 – 4 StR 399/17, BGHSt 63,88.
61 *Voßkuhle* 2012, 112.
62 Der Richter ist hier nicht in der Situation des Jurastudenten, der seine rechtswissenschaftliche Argumentationsfähigkeit dartun soll; wie schon gesagt, ist es ein Unterschied, Recht zu sprechen und *über* Recht zu sprechen. Der Richter hat sein Urteil zu begründen, nicht die Aufgabe eines Votums, andere, vielleicht auch ganz andere Lösungen zur Diskussion zu stellen. Die rechts*wissenschaftliche* Ausbildung soll ihn aber in die Lage versetzen, dogmatische Sätze, gegen die die besseren Gründe sprechen, auch aufzubrechen.
63 Dazu näher ML, 433 f.
64 *Alexy* 1983, 275.

„¹ Das Gesetz findet auf alle Rechtsfragen Anwendung, für die es nach Wortlaut oder Auslegung eine Bestimmung enthält.
² Kann dem Gesetz keine Vorschrift entnommen werden, so soll das Gericht nach Gewohnheitsrecht und, wo auch ein solches fehlt, nach der Regel entscheiden, die es als Gesetzgeber aufstellen würde."

Wenn das ZGB den Richter darauf verweist, nach der Regel zu entscheiden, die er als Gesetzgeber aufstellen würde, dann ist damit nicht der Gesetzgeber gemeint, dem ein politischer Gestaltungsspielraum zusteht. Der Gesetzgeber kann die Spielräume, die ihm höherrangiges Recht lassen, nach seinen politischen Vorstellungen frei nutzen. Was er als Recht setzt, ist – im alten Sprachgebrauch – gewillkürtes Recht. Der Richter, der eine Regel zu bilden hat, wenn dem Gesetz keine Regel entnommen werden kann, hat diese Freiheit nicht. Er kann sich nicht auf einen politischen oder moralischen Gestaltungswillen oder -auftrag berufen, sondern muss seine Regeln aus vergleichbaren Normen, allgemeinen Rechtsgrundsätzen und Rechtsüberzeugungen ableiten. Ziff. 3 der zitierten Norm macht dem Gericht deshalb auch die Vorgabe: „Es folgt dabei bewährter Lehre und Überlieferung". Die „Überlieferung" bindet den Richter an die anerkannten Rechtsgrundsätze und Prinzipien. Zugleich wird also auf Dogmatik und die gefestigte Rechtsprechungspraxis als „verbindliche Leitplanken" Bezug genommen.[65]

Konkrete Beispiele für richterliche Rechtserzeugung lassen sich in großer Anzahl finden. Genannt seien als klassisches Anschauungsmaterial die von Wissenschaft und Rechtsprechung entwickelte Ansprüche aus c. i.c und positiver Forderungsverletzung oder das Arbeitskampfrecht; für dieses erscheint es derzeit auch ausgeschlossen, dass das politische System eine gesetzliche Regelung auch nur anstreben könnte. Das allgemeine Verwaltungsrecht wurde immerhin erst 1976/1977 im Verwaltungsverfahrensgesetz in eine Gesetzesform gebracht. Auf der Ebene des Unionsrechts schließlich bietet die Entwicklung des unionalen Grundrechtsstandards aus allgemeinen Rechtsgrundsätzen durch die Rechtsprechung des EuGH ein Beispiel für die Entwicklung von Verfassungsrecht durch Richterrecht.[66]

IV. Urteilsfindung und Gerechtigkeit – methodische Einordnungen

Diese Geschichte wird in vielen Varianten und fast immer im Dialekt erzählt: Mündliche Verhandlung. Eine der Parteien verlangte vom Richter Gerechtigkeit. Der Richter fragt zurück: Gerechtigkeit? Und antwortet: „Von mir bekommen Sie nur Urteile". Und was in der Geschichte zunächst nur zynisch klingt, hat seine verfassungsrechtlichen Gründe. Der Richter ist dem Gesetz unterworfen und er darf, wie oben gezeigt, seine Gerechtigkeitsvorstellungen nicht an die Stelle derjenigen des Gesetzgebers stellen. Auf den ersten Blick erscheint ein Rückgriff auf den vagen

---

65 Zu den „Verobjektivierungsformen" näher *Kramer* 1998, 179 ff. Grundlegend zu Art. 1 ZGB: *Arthur Meier-Hayoz*, Berner Kommentar, Band I, Einleitung und Personenrecht, Bern 1966, Rn. 423 ff.
66 Vgl. *Herdegen* 2014, § 8 Rn. 17 ff.

und konturlosen Gerechtigkeitsbegriff auch nicht notwendig, sondern eher geeignet, klare rechtsstaatliche Strukturen zu verwischen. Das ausdifferenzierte System des Grundrechtsschutzes und die ausdifferenzierten Verfahrensgarantien des Rechtsstaates sind aus dieser Sicht hinreichende Garantien, um der Gerechtigkeit im Rechtssystem auch ihre Wirksamkeit zu sichern.

Doch so einfach ist der Zusammenhang von Methode, Urteilsfindung und Gerechtigkeit nicht abzutun. Zunächst: Der Rechtsstaat lebt von seiner gesellschaftlichen Anerkennung. Und diese ist nicht nur davon abhängig, dass er die Sicherheit und Ordnung garantiert, die von ihm erwartet wird. Es muss sich mit ihm auch die Vorstellung einer Justiz verbinden, die eine gerechte Ordnung schafft. Für diesen Zusammenhang gibt die Rechtsprechung des Bundesverfassungsgerichts auch insofern den Rahmen vor, als das Gericht immer wieder den Zusammenhang von Grundrechtsverständnis und Gerechtigkeitswerten betont, also aus einem Gerechtigkeitsdenken heraus argumentiert. Zitiert sei die in der Soraya-Entscheidung postulierte Vorgabe, dass eine Lücke in einer gesetzlichen Regelung „nach den Maßstäben der praktischen Vernunft und den „fundierten allgemeinen Gerechtigkeitsvorstellungen der Gemeinschaft" zu schließen sei.[67] Oder die Feststellung: „Das Rechtsstaatsprinzip umfaßt als eine der Leitideen des Grundgesetzes aber auch die Forderung nach materieller Gerechtigkeit."[68] Und ein Urteil „verstößt gegen den allgemeinen Gleichheitssatz" wenn es den Anwendungsbereich einer Norm „in einer Weise einschränkt, die zu einer verfassungsrechtlich nicht zu rechtfertigenden Ungleichbehandlung [...] führt."[69] Konkreter zum Strafrecht. „Nach dem Schuldgrundsatz, der aus Art. 1 Abs. 1 und Art. 2 Abs. 1 GG (Würde und Eigenverantwortlichkeit des Menschen) sowie aus dem Rechtsstaatsprinzip folgt, müssen Tatbestand und Rechtsfolge – gemessen an der Idee der Gerechtigkeit – sachgerecht aufeinander abgestimmt sein" (Lebenslange Freiheitsstrafe).[70]

Verfassungsrechtlich ist somit von einer „vorausgesetzten Gerechtigkeitsvorstellung"[71] auszugehen, und aus dieser Sicht ist nach der Rolle zu fragen, die den Gerechtigkeitsvorstellungen in der Methodik der richterlichen Urteilsfindung zukommt. Die Rolle kann hier nicht die eines „Supergrundrechts" sein; nicht einmal die eines Oberbegriffs. Der Gerechtigkeitsbegriff lässt sich nicht über subsumierbare Kriterien erfassen oder gar definieren.[72] Gerechtigkeit ist eine Utopie; sie hat keinen Ort.[73] Es geht vielmehr primär um eine kognitive Reaktion in dem Bereich, den Juristen das Judiz[74] nennen. Es ist eher ein Gefühl. Dieses gibt dann allerdings nicht vor, was „ge-

---

67 BVerfG, Beschluss vom 14.2.1973 – 1 BvR 112/65 –, BVerfGE 34, 269–293, Rn. 38.
68 BVerfG, Beschluss vom 24.10.1996 – 2 BvR 1851/94 –, BVerfGE 95, 96–143, Rn. 132, m. V. auf BVerfGE 45, 187 (246).
69 BVerfG, Beschluss vom 6.12.2005 – 1 BvR 1905/02 –, BVerfGE 115, 51–81, Rn. 31, m. V. auf BVerfGE 9, 338 (349).
70 BVerfG, Urteil vom 21.6.1977 – 1 BvL 14/76 –, BVerfGE 45, 187–271, Rn. 227.
71 *Volkmann*, JZ 2020, 965, 967.
72 Vgl. etwa *Kaufmann* 2004, 168 f.
73 *Neufelder/Trautmann* 1994, 340.
74 Vgl. Fn. 66.

recht" ist. Es wird eher als „*Ungerechtigkeitssensibilität*"[75] wirksam. Seine Wirkung: Es macht stutzig, lässt den Richter etwa zur Feststellung kommen: „Das kann doch nicht das Ergebnis sein." – Was das konkret bedeutet, kann nur an Hand konkreter methodischer Prozesse gezeigt werden. Näher und systematisch einzugehen ist deshalb auf die „Schnittstellen", an denen „Gerechtigkeitsvorstellungen" bei den Prozessen der Subsumtion und der Abwägung sowie im Rahmen der Verfahrens-Fairness eine Rolle spielen oder spielen können.

1. Subsumtionsprozesse

Soweit die Urteilsfindung auf Subsumtionsprozessen beruht, scheint für Überlegungen zur Gerechtigkeit schon per definitionem kein Platz zu sein. Eine Rechtsprechung, die von „Subsumtionsautomaten"[76] betrieben wird, liefert Urteile, reflektiert aber nicht über Gerechtigkeit. Doch das Bild vom Subsumtionsautomaten mag ein Ideal des Gesetzespositivismus oder auch eine Karikatur des strikt an Gesetz und Recht gebundenen Richters sein – es hat mit dem Wechselspiel zwischen subsumierender und reflektierender Urteilskraft, das die Urteilsfindung prägt, nichts zu tun.

Einmal sind es die Wertungen, die mit der Normanwendung verbunden sind, die Raum für Gerechtigkeitswerte lassen. Entscheidungsnormen enthalten vielfältig unbestimmte Rechtsbegriffe, Begriffe, die Wertungen voraussetzen und damit ganz selbstverständlich Gerechtigkeitskriterien in den Subsumtionsvorgang integrieren. In die Analyse einzustellen ist insbesondere die Rolle, die die „Ungerechtigkeitssensibilität" einnimmt, wenn sie die Einschätzung auslöst, dass ein Ergebnis unbefriedigend, unbillig oder gar eindeutig ungerecht ist. Das Gerechtigkeitsgefühl erweist sich so zugleich auch als wesentliches Moment im Prozess der Rechtsfortbildung. Anschaulich lässt sich dieser Zusammenhang am Beispiel der Entscheidung des Großen Senats in Strafsachen zur korrigierenden Auslegung des Begriffes der „Heimtücke" in § 211 StGB darstellen. Grund zur Entscheidung gab folgender Fall:

> Der Angeklagte veruntreute als städtischer Vollziehungsbeamter in den Jahren 1953 und 1954 etwa 400,– DM, weil er meinte, ihm sei zu Unrecht eine Zulage gestrichen worden. Als dies entdeckt wurde, wurde ihm untersagt, seine Dienstgeschäfte fortzuführen. Hierdurch geriet der Angeklagte, der an krankhafter Überempfindlichkeit litt, in tiefe Verzweiflung. Er versuchte, sich zu töten, indem er 20 Morphiumtabletten einnahm und sich über den geöffneten Gashahn beugte. Dieser Versuch misslang, weil ihn die 11-jährige Tochter überraschte und ständiges Erbrechen einsetzte. Die große Menge Morphium steigerte seinen Zustand unbeherrschter Verzweiflung. So faßte er in schlafloser Nacht erneut den Entschluß, aus dem Leben zu scheiden und hierbei Ehefrau und Tochter, die er sehr lieb-

---

[75] Der Ausdruck entstammt der Sozialpsychologie. Einen ersten Überblick gibt etwa *Schmitt*, Sensibilität für Ungerechtigkeit m. w. N. – https://www.uni-landau.de/schmittmanfred/forschung/sbi (zuletzt abgerufen am 17.3.2021). Analysen der Ungerechtigkeitssensibilität aus der Richterperspektive gibt es aber wohl noch nicht.
[76] Zum Begriff: *Ogorek* 1986.

te, mit in den Tod zu nehmen. Zu diesem Zweck öffnete er die Gashähne. Das ausströmende Gas führte seine völlige Unzurechnungsfähigkeit herbei. Als seine Tochter den Gasgeruch spürte und sich an ihn wandte, erwürgte er sie. Auch seine Ehefrau versuchte er zu erwürgen, als sie erwachte. Dies gelang ihm jedoch nicht. Darauf floh er zur Polizei.[77]

Der Große Senat hatte mit seiner Entscheidung auf folgende Vorlagefrage zu antworten: „Setzt das Merkmal der Heimtücke bei Mord mehr voraus als die bewußte Ausnutzung der Arg- und Wehrlosigkeit des Opfers, insbesondere eine verwerfliche Gesinnung des Täters?"[78] In der Antwort zog er zunächst die in der Literatur diskutierte Ergänzung des § 211 Abs. 2 StGB durch ein zusätzliches allgemeines Tatbestandsmerkmal („besondere Verwerflichkeit") in Betracht, lehnte diese jedoch ab, weil es „nicht von einer richterlichen Wertung des Gesamtbildes der Tat abhängen (soll), ob der Täter wegen Mordes oder wegen Totschlags verurteilt wird". Er meinte stattdessen, die „Gesinnung des Täters kann [...] insofern bedeutsam sein, als sie dem Vorstellungsbilde entsprechen muß, das dem Begriff der Heimtücke selbst zu Grunde liegt". Entsprechend sei „die bisherige Auslegung des Merkmals der Heimtücke in folgendem Sinne fortzuentwickeln: Der Begriff ‚Heimtücke' hat nach allgemeinem Sprachgebrauch eine feindliche Willensrichtung des Täters gegen das Opfer zum Inhalt. Diese feindselige Haltung des Täters gegen das Opfer" sei nach „dem Gesamtbilde der Tat" nicht gegeben."[79]

Die Schwächen dieser Lösung[80] brauchen hier nicht thematisiert zu werden. Es interessiert die Methodik dieser Rechtsfindung; deren Struktur lässt sich durch folgende Schritte beschreiben: Zunächst werden, wie üblich, die Tatbestandsmerkmale definiert und aus diesen Definitionen die Entscheidungsnorm(en) gebildet. Dann folgen die Subsumtionen. Doch deren Ergebnis lässt stutzig werden, weil dieser Fall offenbar nicht in die Fallreihe passt. Es passt nicht, weil Wertungsmuster wirksam werden, die nur den Schluss zulassen, dass Ungleiches gleich behandelt wird. Es tritt „Ungerechtigkeitssensibilität" auf, die die Rechtsfolge als ungerecht erscheinen lässt, dass ein Mensch, der in seiner Verzweiflung tötet, genauso bestraft wird wie ein „gemeiner Mörder". In dieser Phase des Nachdenkens ist es die Funktion der reflektierenden Urteilskraft,[81] eine Lösung zu finden. Deren Aufgabe besteht dann nicht mehr darin, einen Fall unter eine allgemeine Regel zu subsumieren, sondern für das Be-

---

77 BGHStr 9, 385 – juris, Rn. 4.
78 BGHStr 9, 385 – juris, Rn. 7.
79 BGHStr 9, 385 – juris, Rn. 22 f.
80 Vgl. dazu ML, 543.
81 Die Unterscheidung zwischen *subsumierender* und *reflektierender* Urteilskraft geht auf *Kant* zurück: „Urteilskraft überhaupt ist das Vermögen, das Besondere als enthalten unter dem Allgemeinen zu denken. Ist das Allgemeine (die Regel, das Prinzip, das Gesetz) gegeben, so ist die Urteilskraft, welche das Besondere darunter subsumiert [...] *bestimmend*. Ist aber nur das Besondere gegeben, wozu sie das Allgemeine finden soll, so ist die Urteilskraft bloß *reflektierend*." (Kant, KrU, S. 179). Die reflektierende Urteilskraft ist also dann gefordert ist, wenn sich durch Subsumtion adäquate Ergebnisse nicht bestimmen lassen und es um das Auffinden einer allgemeinen Regel im Besonderen des Falles geht. Sie kommt also dann ins Spiel, wenn die „Rechtsfindung" nicht mehr bloß subsumiert, sondern es um Rechtsfortbildung und richterlichen Rechtsschöp-

sondere des konkreten Falles erst eine passende allgemeine Regel zu suchen oder, wie hier, eine vorhandene Regel zu modifizieren. Dies geschah hier durch eine Ergänzung das Heimtückebegriffs um die „feindselige Willensrichtung des Täters," die es dem Gericht ermöglichte, „bei der Subsumtion konkreter Fälle unter die abstrakte Norm zu einer schuldangemessenen Strafe zu kommen."[82]

In der Grundstruktur geht es auch hier um Prozesse der Mustererkennung, und zwar auf zwei Ebenen: Zunächst muss ein Muster gesucht und gefunden werden, das geeignet ist, die „Ungerechtigkeitssensibilität", die Judiz und Rechtsgefühl ausgelöst haben, auf einen juristischen Begriff, auf ein juristisches Muster zu bringen. Der zweite Schritt ist dann die Suche nach Lösungsmustern – also die Diskussion der rechtstechnischen Mittel, die es dem Richter ermöglichen, innerhalb der oben aufgezeigten Grenzen seiner Interpretationskompetenz sowohl eine gerechte als auch eine dogmatisch zu rechtfertigende Lösung zu finden.

2. Prozesse der Abwägung

Erfordert die richterliche Urteilsfindung Abwägungsprozesse, ist vom Richter ganz selbstverständlich eine *gerechte* Abwägung gefordert. Es ist das Bild der Justitia und ihrer Waage, das sich einstellt – die Waage als Symbol für die ausgleichende, das Für und Wider abwägende Gerechtigkeit.[83] Für das Vertragsrecht hatte bereits Epikur (341–271 v. Chr.) eine passende Formel gefunden, um zu beschreiben was mit Gerechtigkeit gemeint ist: „Die natürliche Gerechtigkeit besteht in einem den (gegenseitigen) Nutzen bezweckenden Vertrag, einander nicht zu schaden, noch sich schaden zu lassen." In diesem Sinne ist zunächst am Beispiel der Entscheidungen des Bundesverfassungsgerichts zum Ehe- und zum Bürgschaftsvertrag zu konkretisieren, was Abwägung bedeutet und welche Rolle Gerechtigkeitskriterien dabei spielen (a). Die Entscheidungen sind Beispiele dafür, wie soziale Konflikte jeweils auf den Nenner widerstreitender Prinzipien gebracht werden, um sie sodann im Wege richterlicher Abwägung zu lösen – und nicht bereits durch die gesetzliche Normierung selbst, die dem Richter die Lösung vorgibt, die er im Wege der Subsumtion zu ermitteln hat. Beide Entscheidungen veränderten zwar die Gewichte – hier zu Lasten der Privatautonomie, aber nicht die Struktur der Norm selbst. Davon zu unterscheiden sind die Interpretationsverfahren, durch die eine auf Subsumtion hin konzipierte Norm – eine „Subsumtionsnorm" – in eine Abwägungsregel – eine „Abwägungsnorm" – transformiert wird (b). Das klassische Beispiel ist hier das Lüth-Urteil, mit dem das Bundesverfassungsgericht den Paradigmenwechsel in der Grundrechtsdogmatik vollzog. Doch Abwägungsentscheidungen und die Beachtung der Einzelfallgerechtigkeit haben auch ihre „Risiken und Nebenwirkungen" (c).

---

fung geht. Näher ML, 565–567. Die Ansätze sind hier insbesondere von *Gabriel* 2012, 1–23 und von *Meder* 2012, 150–177, jeweils m. w. N. ausgearbeitet worden.
82 BVerfGE 45, 187, 261 – juris, Rn. 228.
83 Dieses Symbolverständnis von Gerechtigkeit/Waage findet sich schon in den Darstellungen des altägyptischen Totengerichts.

a) Das Bundesverfassungsgericht hat sowohl in seiner Entscheidung zum *Ehegattenvertrag* als auch zum *Bürgschaftsvertrag* in der Sache Epikurs zitierte Maxime aufgenommen: Der Vertrag muss einen *gegenseitigen* Nutzen bezwecken. Für die Zivilgerichte hat es daraus die Pflicht abgeleitet, „bei der Auslegung und Anwendung der Generalklauseln darauf zu achten, dass Verträge nicht als Mittel der Fremdbestimmung dienten. Sei der Inhalt eines Vertrags für eine Seite ungewöhnlich belastend und als Interessenausgleich offensichtlich unangemessen, müssten sie klären, ob die vereinbarte Regelung eine Folge strukturell ungleicher Verhandlungsstärke ist, und gegebenenfalls mit Hilfe der zivilrechtlichen Generalklauseln korrigierend eingreifen".[84] Es hat weiter klargestellt, „dass Privatautonomie die Selbstbestimmung des Einzelnen im Rechtsleben voraussetzt, dass die Vertragsfreiheit nur im Falle eines annähernd ausgewogenen Kräfteverhältnisses der Vertragspartner als Mittel eines angemessenen Interessenausgleichs geeignet ist und dass es zu den Hauptaufgaben des geltenden Zivilrechts gehört, auf strukturelle Störungen des Verhandlungsgleichgewichts angemessen zu reagieren."[85] – Während beim Bürgschaftsvertrag die „Gerechtigkeitslücke" darin gesehen wurde, dass das Gericht mit Hilfe der Generalklauseln nicht korrigierend eingegriffen habe, wird beim Ehevertrag das OLG-Urteil mit der Begründung aufgehoben, das Gericht habe das Recht der Beschwerdeführerin aus Art. 2 Abs. 1 in Verbindung mit Art. 6 Abs. 4 GG auf Schutz vor unangemessener Benachteiligung durch den Ehevertrag verkannt und darüber hinaus den Schutz aus Art. 6 Abs. 2 GG außer Acht gelassen. Aber entscheidend ist nicht die normative Anknüpfung, sondern, um den Begriff nochmals zu gebrauchen, die „Gerechtigkeitslücke", die darin liegt, das Für und Wider nicht gerecht abgewogen zu haben.

b) Kaum eine andere Entscheidung des BVerfG hat die Relevanz und Rolle von Werturteilen und Gerechtigkeitsvorstellungen für die richterliche Urteilsfindung so wesentlich geprägt wie das *Lüth-Urteil*. Hätte das Bundesverfassungsgericht traditionell subsumiert, hätte die Verfassungsbeschwerde keinen Erfolg haben können. Nach der aus der Weimarer Zeit überkommenen Grundrechtslehre war die Norm, gegen die der Publizist Erich Lüth mit seinem Boykottaufruf gegen einen Veit-Harlan-Film verstoßen hatte, als ein „allgemeines Gesetz" im Sinne des Art. 5 Abs. 2 GG und damit eindeutig als Schranke für die Meinungsfreiheit einzustufen, denn das aus § 826 BGB abgeleitete Boykottverbot richtete sich nicht gegen eine bestimmte Meinung als solche.[86] Gestützt auf die bisherige Auslegung hätten Gesetzesvorbehalt und Subsumtion also zu einem eindeutigen Ergebnis geführt. Genau darin sah das Gericht aber die Gefahr einer „einseitige[n] Beschränkung der Geltungskraft des Grundrechts durch die ‚allgemeinen Gesetze'" und statuierte stattdessen: „es findet vielmehr eine Wechselwirkung in dem Sinne statt, daß die ‚allgemeinen Gesetze' zwar dem Wortlaut nach dem Grundrecht Schranken setzen, ihrerseits aber aus der Erkenntnis der wertsetzenden Bedeutung dieses Grundrechts im freiheitlichen demokratischen Staat aus-

---

84 BVerfG, Beschluss vom 6.12.2005 – 1 BvR 1905/02 –, BVerfGE 115, 51–81, Rn. 4.
85 BVerfG, Beschluss vom 6.12.2005 – 1 BvR 1905/02 –, BVerfGE 115, 51–81, Rn. 43, mit Verweis auf BVerfGE 89, 214 (231 ff.); für Eheverträge siehe auch, daran anknüpfend, BVerfGE 103, 89 (100).
86 *Anschütz* 1960, 454.

gelegt und so in ihrer das Grundrecht begrenzenden Wirkung selbst wieder eingeschränkt werden müssen."[87]

c) *„Risiken und Nebenwirkungen"*: Mit der Übernahme des *Verhältnismäßigkeitsgrundsatzes* veränderte sich der Umgang mit den in den jeweiligen verfassungsrechtlichen Tatbeständen normierten Gesetzesvorbehalten grundsätzlich: Die *methodischen Konsequenzen* sind erheblich. Die logische Operation der Subsumtion wird durch eine Rechtsanwendung nach einem Abwägungsmuster ersetzt. Gefordert werden eine Abwägung und die Orientierung dieser Abwägung am Einzelfall. Diese *Einzelfallorientierung* lässt den Gesetzesvorbehalt im Ergebnis oft zu einem *Richtervorbehalt* werden.[88] Die Mephisto-Entscheidung und der Fall Esra sind dafür höchst anschauliche Beispiele aus der Rechtsprechung zu Art. 5 Abs. 3 GG; die Sondervoten kann man in beiden Fällen für überzeugender halten.[89] Rechtstheoretisch ist dies das Gegenteil des *Prinzips notwendiger Regelorientierung*. Der Einzelfallbezug kommt zwar der Einzelfallgerechtigkeit näher. Die Regelbindung löst sich jedoch andererseits in Kasuistik auf und, was an Einzelfalldifferenzierung gewonnen wird, geht an Rechtssicherheit verloren. Das Prinzip der Regelorientierung verlangt und sucht hier wenigstens eine Regelstruktur für die Abwägung. Die Dreistufentheorie zu Art. 12 GG ist eine solche Strukturierung. Für die Kommunikationsgrundrechte gibt es dagegen nicht mehr als „Leitlinien einer differenzierenden Verhältnismäßigkeitsprüfung"[90], die „angemessen nur nach Maßgabe bestimmter Fallgruppen erläutert werden" können.[91] Erst aus solchen *Fallgruppen* mögen sich dann gewisse *Abwägungsmuster* und aus diesen dann Abwägungsregeln herausschälen.[92]

3. Verfahrens-Gerechtigkeit

Methodisches Vorgehen lässt sich nicht in allen Schritten in Regeln fassen, weil das ins Unendliche gehen würde – dies ist die erste Feststellung,[93] an die anzuknüpfen ist. Die zweite ist die Vagheit, mit der es eine juristische Methodik immer und unausweichlich zu tun hat.[94] Beide führen zu Bewertungs- und auch zu Entscheidungsspielräumen des Richters, um das Verfahren – sei es rechtlich, sei es tatsächlich – in diese oder jene Richtung lenken zu können. Das sind auch Räume für Abwägungen, für Reflexionen, Gedanken- oder Entscheidungsschritte, um der Sache gerecht, vielleicht „gerechter" zu werden. „Ungerechtigkeitssensibilität" erfordert Aufmerksamkeit. Zur Illustration sei als Negativbeispiel aus der Entscheidung des Bundesverfassungsgerichts zum Bürgschaftsvertrag zitiert; es zeigt, wie es nicht laufen sollte:

---

87 BVerfG, Urteil vom 15.1.1958 – 1 BvR 400/51 –, BVerfGE 7, 198–230, Rn. 33.
88 H. Schulze-Fielitz, in: Dreier Bd. I, Art. 5 I, II Rn. 161 ff. (3. Aufl. 2013).
89 BVerfGE 30, 200 ff. (Stein) u. 218 ff. (Rupp-v. Brünneck) sowie E 119, 1 (59 ff.). Jenseits aller Vertretbarkeit der Beschluss des LG Berlin vom 9.9.2019, MMR 2019, 754, in dem auch „übelste Schmähkritik" gegen die Grünen-Politikerin Renate Künast noch als zulässige Meinungsäußerung gewertet wurde. Vgl. dazu *Braun*, jurisPR-ITR 18/2020 Anm. 5.
90 H. Schulze-Fielitz, in: Dreier, GGK I, Art. 5 I, II Rn. 161 ff. (3. Aufl. 2013).
91 So H. Schulze-Fielitz, in: Dreier, GGK I, Art. 5 I, II Rn. 169 (3. Aufl. 2013).
92 Ausführlich zum Abwägungsproblem ML Kap. 26 IV.3.c.
93 Siehe. oben Kap. 2 Fn. 7 zu Kant.
94 Vgl. dazu oben Kap. 4 I.

„Bei so ausgeprägter Unterlegenheit eines Vertragspartners kommt es entscheidend darauf an, auf welche Weise der Vertrag zustande gekommen ist und wie sich insbesondere der überlegene Vertragspartner verhalten hat. Dennoch verneint der Bundesgerichtshof jegliche Aufklärungs- und Hinweispflicht des Kreditinstituts. Sogar das Drängen des Bankangestellten mit dem Zusatz ‚Sie gehen keine große Verpflichtung ein', hält der Bundesgerichtshof für unerheblich. Er sieht darin lediglich – entgegen den Feststellungen des Oberlandesgerichts – eine vorläufige Bonitätsauskunft, die auf die Verhandlungsposition der Beschwerdeführerin keinen Einfluß haben konnte. Das wird der Problematik des Ausgangsfalls nicht gerecht und verfehlt die grundrechtliche Gewährleistung der Privatautonomie so prinzipiell, daß die Entscheidung keinen Bestand haben kann."[95]

Will man die Verfahrensgerechtigkeit auf einen *gemeinsamen Nenner* bringen, ist zunächst auf den in der Rechtsprechung anerkannten Anspruch auf ein faires gerichtliches Verfahren nach Art. 2 Abs. 1 i. V. m. Art. 20 Abs. 3 GG zu verweisen. Er gilt als generelles Prinzip in allen Prozessordnungen und bedarf der Konkretisierung je nach den sachlichen Gegebenheiten.[96] Sind damit wesentlich die prozessualen Gegebenheiten gemeint, liegt in dem hier interessierenden Zusammenhang das Hauptaugenmerk auf der Rechts- und Tatsacheneinschätzung. Es geht also vor allem um Spielräume bei der Sachverhaltsermittlung, mithin um Fragen, die bereits angesprochen sind und deshalb nur nochmals in einer Problemübersicht zusammengefasst werden sollen.

Ausführlicher einzugehen ist hier noch auf die aus dem Rechtsstaatsprinzip folgende Verpflichtung zu einer *fairen Anwendung des Beweisrechts, insbesondere der Beweislastregeln*. Mit den Worten des BVerfG: „Darlegungs- und Beweislasten sind in einer Weise zuzuordnen, die einen ausgewogenen Ausgleich zwischen den sich gegenüberstehenden Grundrechtspositionen ermöglicht. Dabei steht den Gerichten bei der Verfahrensgestaltung und erst recht bei der inhaltlichen Beurteilung des zu entscheidenden Falles ein erheblicher Spielraum zu. Allerdings verbietet es sich, einer Partei die Darlegung und den Nachweis solcher Umstände in vollem Umfang aufzubürden, die nicht in ihrer Sphäre liegen und deren vollständige Kenntnis bei ihr infolgedessen nicht erwartet werden können, während die andere Partei über sie ohne weiteres verfügt."[97] – Zu nennen sind im Übrigen:

- das Gebot der fairen Verhandlungsführung im Hinblick auf die Kommunikation mit den Parteien und Beteiligten (vgl. Kap. 7 II. 3);
- die Fragen der Ermittlungstiefe bei der Amtsermittlung und der Intensität richterlicher Aufklärung (Kap. 7 II.);
- die Handhabung prozessualer Fürsorgepflichten;

---

95 BVerfG, Beschluss vom 19.10.1993 – 1 BvR 567/89 –, BVerfGE 89, 214–236, Rn. 59.
96 BVerfG, Stattgebender Kammerbeschluss vom 14.6.2000 – 2 BvR 993/94 – juris mit Verweis auf BVerfGE 75, 183 (190 f.).
97 BVerfG, Nichtannahmebeschluss vom 18.2.2019 – 1 BvR 2556/17 – juris, Rn. 14; mit Verweis auf: BVerfG v. 25.7.1979 – 2 BvR 878/74, BVerfGE 52, 131 (145); 117, 202 (240).

IV. Urteilsfindung und Gerechtigkeit – methodische Einordnungen

– die Handhabung des richterlichen Beweismaßes – als die richterliche Einschätzung eine Sachlage als „Gewissheit".

Was der Richter in diesem Rahmen tun darf, tun muss oder jedenfalls zu unterlassen hat, lässt sich nicht auf den Nenner klarer Regeln bringen. Maßstäbe ergeben sich hier nicht zuletzt aus Leitbildern. Ein klassisches gibt die Definition des Rechts durch den römischen Juristen Celsus vor, ius (Recht) als ars boni et aequi,[98] wobei man „ars" sowohl mit „Kunst" als auch mit „Handwerk" übersetzen kann. In der deutschen Rechtsstaatstradition war das Leitbild demgegenüber eher an der Berechenbarkeit und gesetzlichen Bindung ausgerichtet. Je deutlicher allerdings die „Verantwortung des Richters für seine ‚Gewissheit'" (Kap. 9 V.) ins Bewusstsein tritt, je eindeutiger wird dann im konkreten Fall auch das „Gute und Billige" zum Kriterium für ein „Good Judging",[99] für einen „guten Richter".

---

[98] Celsus, Dig. 1.1.1 pr.
[99] Näher zur Diskussion um diesen Begriff und seine Kriterien vgl. *Schneider* 2020, 223–362.

Kapitel 11

Rechtssystem und richterliche Rechtserzeugung

Die bisherigen sowie die folgenden Überlegungen und Feststellungen zur richterlichen Methodik gehen von der Überzeugung aus, dass die Paarformel „Gesetz und Recht" in Art. 20 Abs. 3 GG, wie auch immer sie genauer zu verstehen ist,[1] nicht nur das vom Gesetzgeber gesetzte Recht, sondern auch das Richterrecht umfasst.

Das ist zu begründen. Und es ist dann zu zeigen, dass nur mit dieser Annahme der Zusammenhang von Rechtsprechung, Rechtssystem und Gesetzgebung, wie sie sich in der deutschen Verfassungstradition entwickelt hat, verständlich und nachvollziehbar wird.

I. Ausgangsthesen

Der Rechtsprechung ist richterliche Rechtserzeugung immanent. Sie ergibt sich zum einen unmittelbar aus Amt und Funktion des Richters, zum anderen aus dem Zusammenhang von Richteramt und staatlichem Gewaltmonopol. Eine Rechtsordnung, die nicht bereit oder nicht in der Lage ist, eine Regelungslücke zu schließen, das heißt, sich weigert, soziale Konflikte justizförmig zu lösen, verweist für eine Konfliktlösung auf das Recht des Stärkeren und stellt insoweit mit dem Justizgewährleistungsanspruch das Gewaltmonopol in Frage. Es waren die römischen Jurisdiktionsmagistrate, die durch ihre prozeßeinleitende Tätigkeit den Weg zu einer gerichtlichen Austragung eines Streites eröffneten.[2] In England schuf der Court of Chancery in Gestalt der Equity ein komplementäres Recht zum Common Law.[3] Klassische Beispiele nicht nur für ein „Rechtsprechungsrecht,"[4] sondern auch für eine allgemeine Entwicklung von einem punktuellen „Aktionen-System" zu einem Verbot der Justizverweigerung[5] mit seiner Kehrseite, der richterlichen Entscheidungspflicht.[6]

Grundlegend für die Thesen zur richterlichen Rechtserzeugung sind folgende Annahmen und rechtsstaatliche Prämissen:

1. Rechtsprechung ist ein performativer Akt. Der Richterspruch statuiert eine konkrete Rechtslage.[7]

---

1 Zum Meinungsstand ML, 468 ff.
2 *Kunkel* 1960, 52 f.
3 *Lerch* 2021, 347.
4 So die anschauliche Formulierung von *Volkmann* 2013, 175.
5 Zur Entwicklung dieses Verbotes *Luhmann* 1995, 310 ff.
6 Deren Umfang in der Literatur allerdings umstritten ist, vgl. *Lassahn* 2017, 104 ff. m. N.
7 Siehe hierzu auch das Kelsen-Zitat, oben Kap. 1 Fn. 8.

2. Das Richteramt ist dem Richter „anvertraut" (Art. 92 GG); er ist nicht als Person legitimiert, Recht zu sprechen, sondern nur von Amts wegen.
3. Will der Richterspruch nicht willkürlich, kein Machtspruch sein, muss er einer Regel folgen. Sein Urteil ist nur legitimiert, wenn es normativ abgeleitet ist.
4. Die Ableitung muss einer Methode folgen. Der Richter muss erkennbar machen (können), wie und warum er zu dem Urteil gekommen ist. Dieses „Wie und Warum" muss als Methode prinzipiell anerkannt sein.
5. Regelorientierung folgt aus dem Gebot, Gleiches gleich zu behandeln. Der Richter, der bei der Behandlung oder Bewertung zweier Fälle in unterschiedlicher Weise vorgeht oder entscheidet, muss angeben können, worin der Unterschied liegt, der ihn in diesem Fall zu dieser und in jenem Fall zu jener Entscheidung veranlasst hat. Anders handelt er willkürlich und ungerecht.
6. Die unmittelbare Regel, nach der entschieden wird, ist die Entscheidungs- oder Fallnorm. Abzuleiten ist sie aus dem Normtext oder anerkannten Rechtsgrundsätzen (vgl. Art. 1 Schweizerisches ZGB). Sie wird im Hinblick auf den zu entscheidenden Fall gebildet – ist aber in ihrem Charakter als „Obersatz" allgemein, also fallübergreifend.
7. Der fallübergreifende Charakter der Entscheidungsnormen bestimmt und erklärt zugleich auch Entstehung und Funktion des „Rechtsprechungsrechts".

II. Zur zentralen Rolle der Entscheidungsnorm

Ausgangspunkt: Um Funktion und Bedeutung des Richterrechts im Rechtssystem zu verstehen, ist die zentrale Rolle zu analysieren, die der *Fall- bzw. Entscheidungsnorm* im Rechtsprechungsprozess zukommt. Die Fallnorm, auf die die Rechtsprechung in der konkreten Entscheidung gestützt werden soll, muss allgemein sein. Die Rechtskraft wirkt zwar nur inter partes; die Entscheidungsnorm gilt aber nicht nur für den individuellen Fall. Sie muss vielmehr Geltung auch für alle gleich gelagerten Fälle beanspruchen. Da sich die Entscheidungsnorm in den seltensten Fällen unmittelbar aus der gesetzlichen Norm ergibt, muss sie begründet werden. Hier bedarf es oft zahlreicher Zwischenschritte, um eine passende normative Entscheidungsgrundlage zu finden.[8] Stabilisiert sich ein solcher Ableitungszusammenhang von Gesetzesnormen und konkretisierenden Entscheidungsnormen und verdichtet sich diese Rechtsprechung zugleich durch weitere Entscheidungen, etabliert sich ein *Geflecht von Leitsätzen*, Begriffsfixierungen und konkretisierenden Interpretationen. Es ist dieses Geflecht, das in der gerichtlichen Praxis weitgehend das ausmacht, was gemeint ist, wenn von Auslegung und Rechtsanwendung die Rede ist.

---

[8] Man vgl. nur die langsame Entwicklung des Dritt- und Nachbarschutzes im Bau- und Planungsrecht.

III. „Leitsatzrecht"

Das deutsche Recht kennt zwar, von Ausnahmen abgesehen und anders als im Case Law, keine formelle Bindungswirkung präjudizieller Urteile. Entsprechend „kann kein Prozeßbeteiligter darauf vertrauen, der Richter werde eine bestimmte Rechtsauffassung vertreten oder stets an ihr festhalten. Dem ‚steht'", wie das BVerfG fortfährt „bereits entgegen, daß die Rechtspflege durch die Unabhängigkeit der Richter (Art. 97 GG) konstitutionell ‚uneinheitlich' ist (Dürig, in: Maunz/Dürig, GG, Art. 3 Abs. 1 Rdnr. 410)."[9] Das Rechtsmittelrecht und Vorlagepflichten an die jeweiligen „Großen Senate" sorgen jedoch doch dafür, dass jedenfalls höchstrichterliche Urteile die normative Kraft einer faktischen Bindung haben. Unser Rechtssystem ist, wie immer wieder zu betonen ist, schon verfassungsrechtlich auf die *„Wahrung der Einheitlichkeit der Rechtsprechung"* (Art. 95 Abs. 3 GG) ausgerichtet.[10] Seine Stabilität und Verlässlichkeit verdankt es – auf einen kurzen Nenner gebracht – seiner spezifischen Form der Rechtserzeugung, dem „Leitsatzrecht". Hat sich zu einer Norm eine bestimmte Rechtsprechung gefestigt, wird das Gesetz in der Fassung, in der es in der Gerichtspraxis interpretiert wird, mit dem Inhalt, der sich aus der Interpretationspraxis ergibt, auch als Maßstab verstanden und angewandt.

IV. „Gesetz und Recht"

Aus dieser Perspektive wird verständlich, warum in der Formulierung „Gesetz und Recht" des Art. 20 Abs. 3 GG nur eine „rhetorische Paarformel" gesehen wird.[11] Gesetz und Recht scheinen im „Richterrecht" in der Tat ineinander überzugehen. Zur Illustration: Der nacheheliche Unterhalt ist in § 1578 BGB geregelt; doch kein Richter wird über einen Unterhaltsanspruch ohne Rückgriff auf die einschlägige Rechtsprechung und die einschlägigen OLG-Tabellen entscheiden können. Aus deren Vorgaben wird die Entscheidungsnorm entwickelt oder – meist – schlicht entnommen. Angewandt werden Gesetz *und* Richterrecht. Die Bindung an das Gesetz vollzieht sich so als Bindung an das Richterrecht.

Das Begriffspaar Gesetz und Recht ist deshalb aber nicht bloß als feierlicher Pleonasmus zu verstehen. Differenzierungen sind möglich und notwendig. So gab es vor 1977 kein allgemeines Verwaltungsverfahrensgesetz – aber niemand wäre auf den Gedanken gekommen, daraus zu folgern, aus diesem Grund hätte es damals für die Verwaltung auch kein allgemeines Verwaltungsrecht gegeben. Aber Gesetzesrecht,

---

9 BVerfG, Beschluss vom 26.4.1988 – 1 BvR 669/87 –, BVerfGE 78, 123–127, Rn. 9–10.
10 Noch deutlicher war die Maßgabe in der ursprünglichen Fassung des Art. 95 Abs. 1 GG: „Zur Wahrung der Einheit des Bundesrechts wird ein Oberstes Bundesgericht errichtet" – ein Umstand, der in den Diskussionen zum Richterrecht zumeist übersehen wird.
11 So etwa *W. G. Leisner*, in: *H. Sodan*, GG, Art. 20 Rn. 44, 46 (2. Aufl. 2011 oder noch dezidierter: „die von Anfang an umstrittene und unklare, rhetorisch motivierte Formulierung lasse ein eindeutiges Auslegungsergebnis kaum zu", *Huster/Rux*, in: BeckOK GG, *Epping/Hillgruber*, Art. 20 Rn. 169.1.

Gewohnheitsrecht und „Rechtsprechungsrecht" sowie andere Formen des Rechts (bspw. Verordnungen oder technische Richtlinien) unterscheiden sich: etwa in der Entstehung, in der Geltungskraft oder in der Textgestalt. Zu differenzieren ist insbesondere im Hinblick auf die Bindungswirkung. Rechtsprechung und Verwaltung sind an Gesetz und Recht nicht in gleicher Weise gebunden. Die Richter sind „nur dem Gesetz unterworfen" (Art. 97 Abs. 1 GG). Sie sind nicht an die eigene Rechtsprechung gebunden. Das ist aber kein Argument gegen den Rechtscharakter. Jeder, der eine Norm setzen kann, hat in der Regel auch die Befugnis, sie in einem nämlichen Verfahren auch wieder abzuändern oder aufzuheben.

V. Die Legitimationsfrage

Das entscheidende Problem des Richterrechts wird heute allerdings meist in der Legitimationsfrage gesehen.[12] Die Frage liegt auf der Hand, wenn man sich vergegenwärtigt, dass die klassische deutsche Methodenlehre entscheidend vom Gesetz her konzipiert wurde.[13] Eine Methodenlehre der richterlichen Praxis muss hier jedoch nicht nur davon ausgehen, dass die richterliche Rechtserzeugung der Rechtsprechung immanent ist.[14] Es gibt auch keine verfassungsrechtlichen Gründe, die Legitimationsfrage schon aus prinzipiellen Erwägungen negativ zu beantworten.

In der Art und Weise, in der der Richter Gesetz und Recht anwendet, ist er verfassungsrechtlich an die Vorgaben durch Art. 20 Abs. 3 GG gebunden. Methodenfragen sind folglich auch *Verfassungsfragen*. Für eine Methode der richterlichen Praxis verlangt diese Ausgangsthese aber auch einen einschneidenden Perspektivwechsel: In der Konsequenz können methodische Regeln nicht mehr primär an rechtstheoretischen oder allgemeinen verfassungstheoretischen Maßstäben ausgerichtet werden. Denn die Regeln, nach denen der Richter Gesetz und Recht anzuwenden hat, können grundsätzlich keine anderen sein als die, die sich aus der Rechtsprechung des Bundesverfassungsgerichts zu Artikel 20 Abs. 3 GG ergeben. Im Kap. 12 II. wurden diese Vorgaben bereits ausführlich behandelt.

Entscheidend ist hier der Vorrang des parlamentarischen Gesetzgebers. Zu einem Widerspruch zwischen richterlicher Rechtsfortbildung und Gesetzesvorrang kann es demgegenüber nicht kommen, solange sich der Richter innerhalb seiner Auslegungskompetenz hält. Sie steht dann auch nicht im Widerspruch zur Gewaltenteilung oder zum Demokratieprinzip.[15] Tangiert wird zwar der *Gesetzesvorbehalt*. Der Gesetzesvorbehalt wurde in der deutschen Verfassungstradition jedoch nie als umfassender Gestaltungsauftrag in Alleinzuständigkeit des Parlaments verstanden.[16] Auch der

---
12 Zur Problemgeschichte *Lassahn* 2017, 84 ff. m. N.
13 *Lassahn* 2017, 19.
14 Entsprechend ist das Richterrecht auch der „historische Normalfall, *Lassahn*, 2017, 20 ff.
15 Gerade in Ländern mit einer langen demokratischen Tradition – wie England, Schweiz, USA – ist richterliche Rechtserzeugung selbstverständlicher Teil dieser Tradition.
16 Ausführlich *Lassahn* 2017; so aber *Hillgruber*, in: *Dürig/Herzog/Scholz*, Grundgesetz Art. 97 Rn. 44 f., so dass für ein Wechselspiel zwischen Richterrecht und Gesetzgebung kein Raum bleiben kann. Besonders pointiert hier etwa *Picker* 2012, 85 ff.

Wesentlichkeitsgrundsatz bedeutet nach der Rechtsprechung des BVerfG keinen Totalvorbehalt.[17] Seit der Soraya-Entscheidung ist die Legitimation der Rechtsprechung zur Rechtsfortbildung als Grundfrage vielmehr als geklärt anzusehen. Mit den Worten einer BVerfG-Entscheidung vom 11. Juli 2012:

„Zu den Aufgaben der Rechtsprechung gehört die Rechtsfortbildung. Von daher ist auch eine analoge Anwendung einfachgesetzlicher Vorschriften sowie die Schließung von Regelungslücken von Verfassungs wegen grundsätzlich nicht zu beanstanden. Rechtsfortbildung stellt keine unzulässige richterliche Eigenmacht dar, sofern durch sie der erkennbare Wille des Gesetzgebers nicht beiseite geschoben und durch eine autark getroffene richterliche Abwägung der Interessen ersetzt wird (vgl. BVerfGE 82, 6 ⟨11 ff.⟩). Der Gesetzgeber hat dies auch seit langem anerkannt und dem obersten Zivilgericht die Aufgabe der Rechtsfortbildung ausdrücklich überantwortet (vgl. § 132 Abs. 4 GVG, § 543 Abs. 2 Satz 1 Nr. 2 ZPO). Dies belässt dem Gesetzgeber die Möglichkeit, in unerwünschte Rechtsentwicklungen korrigierend einzugreifen und so im Wechselspiel von Rechtsprechung und Rechtsetzung demokratische Verantwortung wahrzunehmen."[18]

VI. Rechtssystem und Hypertext

Folgt man diesen Feststellungen, kann man als zeitgenössischer Rechtsanwender weder von einem hierarchisch eindeutigen Stufenbau der Rechtsordnung ausgehen noch den Willen *eines* rechtsetzenden Subjekts in den Mittelpunkt seiner Überlegungen stellen. Auszugehen ist vielmehr von einem dynamischen Rechtsbegriff, einer evolutionären Struktur des Rechts.[19] Und diese Struktur wird zugleich immer stärker auch dadurch bestimmt, dass in immer mehr Rechtsbereichen auch supranationale Instanzen an dem „Wechselspiel" beteiligt sind. Das, was als Recht gilt, ist das momentane Ergebnis eines Prozesses, das man zwar „dem" Rechtssystem zuordnen kann, von dem man aber kaum mehr genau sagen kann, *wem* damit eigentlich etwas zugeordnet wird. Es ist oft eine Vielzahl von Akteuren auf nationaler, supranationaler, auch internationaler Ebene, die auf „das" Recht Einfluss nehmen. Das zeigt sich mit besonderer Schärfe an den Kohärenz- und Auslegungsproblemen, die das europäische Mehrebenensystem aufwirft. Rechtsetzungs- oder Rechtsprechungskompetenzen sind hier oft offen und ungeklärt.[20] Die Fixierung auf ein Rechtsetzungssubjekt

---

17 Näher ML, 465–468 m. N. Zur älteren Diskussion vgl. *Ossenbühl* 1968, 228 ff.
18 BVerfG, Urteil vom 11.7.2012 – 1 BvR 3142/07 –, BVerfGE 132, 99–133, Rn. 73–75; bestätigt etwa in BVerfGE 149, 126–160, Rn. 72–73. – Bereits in seiner Reaktion auf die Missachtung der im GG verankerten Frist zum Erlass eines Gleichberechtigungsgesetzes hatte das Gericht 1953 lapidar festgestellt: „Der Grundsatz der Gewaltenteilung steht rechtsfindender Lückenfüllung durch den Richter nicht entgegen, BVerfG, Urteil vom 18.12.1953 – 1 BvL 106/53 –, BVerfGE 3, 225–248.
19 Der Gedanke einer evolutionären Entwicklung des Rechts (evolutionär i. S. Darwins) ist deshalb auch nicht zufällig aus einer systemtheoretischen Perspektive heraus entwickelt worden – siehe *Fögen* 2002; *Amstutz* 2002 sowie die Beiträge in dem von *Rüdiger Voigt* hrsgg. Band „Evolution des Rechts". Baden-Baden 1998. Zu den evolutionären Elementen in Luhmanns Theorie vgl. hier *Stichweh* 2000, 222.
20 Ausführlich ML, 327 ff. und 442 ff. – hier auch zum Konflikt BVerfG – EuGH und S. 454 f. zur Notwendigkeit zu einer praktischen Konkordanz zu kommen.

führt schließlich auch dazu, – in der Terminologie Luhmanns – die Prozesse „struktureller Koppelung" mit anderen Systemen zu übersehen, wie z. B. mit der Wirtschaft (z. B. Lobbyismus), der Wissenschaft (z. B. Dogmatik) und der Technik (Stichwort etwa die juristischen Datenbanken) und, nicht zu vergessen, den Systemen medialer Erzeugung von Sinn und Akzeptanz. Recht kann deshalb heute kaum mehr auf eine zentrale Steuerungsinstanz (und deren Gestaltungswillen), geschweige denn auf eine vorausliegende Ordnungs- oder Gerechtigkeitsvorstellung zurückgeführt werden.

Soweit zum Verhältnis Parlamentsgesetz – richterliche Rechtserzeugung. Für eine Methode der richterlichen Praxis rückt dann aber vor allem die Frage in den Mittelpunkt: Wie kann der Richter, der ja selbst Akteur in diesem komplexen System ist, dieses System praktisch händeln, wie hat er mit seinen Informationen und Vorgaben umzugehen, um schließlich eine auch methodisch unangreifbare, ja „richtige" Entscheidung zu treffen. Für die *konkrete Urteilsfindung* ist das die entscheidende Perspektive. Und aus dieser Perspektive kommt dem *Hypertext-Recht* die entscheidende Rolle zu. Es ist das Hypertext-Recht, an dem sich die richterliche Rechtsfindung ausrichtet.

Zum Begriff: Rechtsermittlung ist Arbeit mit einer von Fall zu Fall unterschiedlichen Zahl von Texten: Gesetzestexten, Urteilen, Kommentar- und Literaturstellen, auch Prä- und Kontexten,[21] also Texten, die inhaltlich für das Gesetzgebungsverfahren wesentlich waren. Diese Texte werden heute in der Regel nicht mehr in Papierform, sondern durch Datenbanken, z. B. „juris" oder „beck-online" vermittelt. Das Recht wird konkret als *Hypertext*. Charakteristisch ist die IT-organisierte Vernetzung der Texte, d. h. von „Knoten", die durch Links untereinander verbunden sind. Sich in diesem Hypertext-Recht zu bewegen, gehört zum richterlichen Alltag. Struktur und die jeweilige Informationsdichte des Hypertext-Rechts bestimmen den Umgang mit den juristischen Texten und insofern zugleich, wie noch zu erläutern ist, die richterliche Methodik und die Bindung des Richters ans Gesetz. Er liefert die wesentlichen Informationen und Vorgaben, mit denen der Richter juristisch arbeitet und in die er seine Lösung einfügen muss. Damit ist zugleich der kohärenztheoretische Ansatz angesprochen und der Grundgedanke dieser Methodenlehre: Methode ist Herstellung von Kohärenz.

---

21 Näher ML, 514 f.

Teil D: Methode und Kohärenz

Kapitel 12
Urteilsfindung – Bedingungen einer kohärenten Entscheidung

Wenn am Ende der Urteilsfindung eine Entscheidung steht, beruht diese auf einer Vielzahl unterschiedlicher Schlussfolgerungen. Doch die Richtigkeit der Entscheidung ist nicht nur von der Richtigkeit der einzelnen Schlussfolgerung abhängig; sie muss auch insgesamt „richtig" sein. Um für diese Wertungen Maßstäbe zu haben, neigen wir, um der Klarheit willen dazu, mit einem Entweder-oder-Schema zu arbeiten: „wahr" oder „falsch", – „Erkenntnis", weil logische Deduktion oder nicht logisch zwingend, also lediglich beliebige Meinung, also Dezision. Die Urteilsfindung lässt sich jedoch mit solchen Kategorien nicht erfassen: Es gibt zwar, wie in den vorstehenden Kapiteln gezeigt, den „wahren" Sachverhalt nicht, wohl aber den „richtig ermittelten"; ebenso gibt es die einzig zwingende rechtliche Beurteilung nicht, aber die nach Sach- und Rechtslage und Prozesssituation „konkret richtige Entscheidung". Um für solche Wertungen die notwendigen Kriterien zu entwickeln, bedarf es allerdings eines besonderen theoretischen Bezugsrahmens – weder die allgemeinen Wahrheitstheorien noch die Theorien vom herrschaftsfreien Diskurs liefern dazu adäquate Kategorien, führen hier weiter.[1] Adäquate Kriterien und damit auch Lösungen lassen sich jedoch aus kohärenztheoretischen Ansätzen gewinnen: Wir gewinnen so auch eine Theorie, die den *Denk- und Argumentationsraum*, in dem ein Urteil gebildet wird, so zu strukturieren vermag, dass dem Richter die Wegmarken vorgegeben werden, die er beachten muss, um zu einem stimmigen, kohärenten Urteil zu kommen. So ergibt sich dann auch die Grundthese: Methode ist Herstellung von Kohärenz.

I. Der theoretische Rahmen

Die grundlegenden Probleme der *philosophischen*[2] Kohärenztheorie werden heute in den Begriffsfeldern Wahrheitstheorien, Kontextualismus, Holismus, analytische Erkenntnistheorie, Skeptizismus diskutiert.[3] So ausgedehnt dieser Diskussionszusammenhang ist, so unklar sind dann auch oft die Konturen des Kohärenzbegriffs.

---

1 Näher ML, 157 f., 168 ff.
2 Näher dazu *Strauch* 2005, 497 f.; ML, 133 ff.
3 Zur Übersicht siehe den Artikel: „kohärent/Kohärenz", in: EPhWTh. Hrsg. von *J. Mittelstraß*, 2. Aufl., 2010 ff. Bd. 4, 250 ff.; zum Diskussionsstand: *Seide* 2011; aus rechtstheoretischer Sicht: *Lee* 2010, 287 ff. Zur geistesgeschichtlichen Einordnung der wissenschaftstheoretischen Ansätze Neuraths vgl. jüngst und anschaulich *Burke* 2021, 157 f. Zur eigenen Konzeption: ML, Teil B: Kohärenz und juristische Methode, 119–154 und Teil F; zur Eingliederung in die Diskussion um die „Wahrheitstheorien" siehe 162–174; weiterhin: Die „richtige Entscheidung" Herstellung von Kohärenz, 614–652. Ferner: *Strauch* 2005, 485–500.

Deshalb müssen zunächst der Ausgangsgedanke und die Erkenntnisperspektive klargestellt werden.

Ausgangspunkt für meinen kohärenztheoretischen Ansatz sind die Überlegungen, die Otto Neurath, ein Mitglied des Wiener Kreises, in den 1930er Jahren formuliert hat. Die Grundthese lautet:

„Richtig heißt eine Aussage dann, wenn man *sie eingliedern kann*. Was man nicht eingliedern kann, wird als unrichtig abgelehnt. Statt die neue Aussage abzulehnen, kann man auch, wozu man sich im allgemeinen schwer entschließt, das ganze bisherige Aussagesystem abändern, bis sich die neue Aussage eingliedern lässt."[4]

Diese Sätze lassen sich unschwer *auch* als Beschreibung des Prozesses lesen, der den *Kern richterlicher Rechtsfindung* ausmacht; jede methodisch gesteuerte Beratung in einem Revisionssenat folgt diesem Muster: Kann die anstehende Entscheidung in die (Senats-)Rechtsprechung eingefügt werden oder muss diese geändert werden? Zugleich treffen sie den Grundmechanismus, in dem der Sachverhalt generiert wird. Soweit er streitig ist, muss er in einem ständigen Wechselspiel zwischen Sachverhaltshypothesen und rechtlichen Lösungsmustern ermittelt werden. Jede neue Information muss entweder eingefügt, als irrelevant oder falsch verworfen oder als Ansatz für eine neue Hypothese genommen werden.

Wenn Neurath auf „*Richtigkeit*" abstellt und nicht etwa auf „*Wahrheit*", dann ist damit zugleich eine grundsätzliche erkenntnistheoretische Weichenstellung vorgenommen. Das Urteil „kohärent" bedeutet nicht, dass eine Aussage auch im Zusammenhang eines übergreifenden Ganzen „richtig" im Sinne von zweifelsfrei „wahr" sein muss. Das „Ganze", so die Ausgangshypothese, kann als „Ganzes" (vielleicht empfunden, aber) nicht wahrgenommen, nicht erkannt werden.[5] Erkenntnis ist, wie gesagt, immer perspektivisch. Ich knüpfe damit an den erkenntnistheoretischen Perspektivismus Ernst Cassirers an, an seine Philosophie der symbolischen Formen.[6] Diese Formen – wie Mythos, Wissenschaft und auch das Recht – sind die von unserer Kultur geschaffenen Handwerkszeuge, die zwischen Wahrnehmung und Erkennen vermitteln und so Erkenntnis erst ermöglichen.[7] Cassirer spricht deshalb auch von „Grundformen der Weltauffassung."[8] Ihr Charakteristikum ist jeweils die „Besonderheit des geistigen Blickwinkels"[9] oder, anders gesagt, die jeweilige Perspektivität unseres Erkennens.[10] Damit ist zugleich ein *holistisches Verständnis von Kohärenz*

---

4 *Neurath* 1931/1981, Bd. 2, 541.
5 Eindeutig hier *Neuraths* Grundposition: In seiner Schrift über die „Einheit der Wissenschaft als Aufgabe" formuliert er mit aller Schärfe: „Das ‚System' ist die große wissenschaftliche Lüge", aaO, 620. *Adornos* Verdikt: „Das Ganze ist das Unwahre" hatte Neurath also schon 1934 vorweggenommen. So verzichtete er, um sich von der idealistischen, einer holistischen Kohärenztheorie abzugrenzen, auch ganz bewusst darauf, von „Kohärenz" zu sprechen, vgl. *Bartelborth* 1996, 165.
6 *Cassirer*, Philosophie der symbolischen Formen, 3 Bde., Darmstadt, 1953, 1987, 1990.
7 Zu den Vermittlungsprozessen als Zentralproblem der Erkenntnistheorie – und damit auch des richterlichen Erkennens – ML, 187 ff. Zur „Erweiterung des Kritizismus Kants zur *Philosophie der symbolischen Formen*" siehe *Müller* 2010.
8 *Cassirer* 2009, 123–167, 144.
9 *Cassirer* 2009, 3–61, 28 („Die Begriffsform im mythischen Denken" [1922]).
10 Näher *Müller* 2010, 14.

ausgeschlossen. Eine „Kohärenz des gesamten Meinungssystems" lässt sich nicht herstellen;[11] es sei denn, man hätte den Stein der Weisen gefunden. Das Erkenntnisinteresse kann nur auf eine „lokale" oder „relationale",[12] nicht auf eine „globale" oder (umfassende) „systematische" Kohärenz ausgerichtet sein, so die Diskussionsstichworte.[13] Es geht mithin um einen „*kontextualistischen Kohärenzbegriff*"[14]. – Und die hier relevanten „Kontexte" sind ganz pragmatisch die Kontexte, in denen die Gerichte ihre Entscheidungen erarbeiten.[15]

II. Kohärenz von Sachverhalt, Gründen und Urteil

Diese Kontexte sind einmal „das Recht" und zum anderen der „Inbegriff der Verhandlung", aus denen der Richter den Sachverhalt generieren muss. Sachverhalt und Gründe müssen aber nicht nur jeweils in sich kohärent sein. Sie müssen sich drittens auch argumentativ gegenseitig stützen. Bildlich gesprochen: sie müssen im selben, einheitlichen *Denk- und Argumentationsraum* generiert werden.[16] Methodisch ist diese Ebene – die Ebene des Wechselspiels zwischen Tatsachenfeststellung und rechtlicher Einordnung – insbesondere auch deshalb von Bedeutung, weil sich hier entscheiden muss, ob sich das „Urteilen" auf ein routiniertes subsumierendes Einfügen des Falles in das Recht beschränken kann. Es sind die Prozesse der Rechtsgewinnung, der Anpassung und Fortbildung des Rechts, die auf dieser Ebene ausgelöst werden, wenn das Ergebnis einer Subsumtion angesichts des Sachverhalts nicht mehr als „richtig" akzeptiert werden kann.[17] Kohärenz und „Akzeptabilität" gehören so zu den zentralen „Gelingensvoraussetzungen von Rechtsfortbildung".[18]

III. Kriterien der Kohärenz

Wenn das Konzept der „Kohärenz" (oder „Stimmigkeit") eine für das methodische Vorgehen *strukturierende Funktion* haben soll, setzt dies voraus, dass es auch über entsprechende Beurteilungskriterien verfügt. Herausgebildet haben sich hier drei Grundkriterien[19] – die dann je nach Sach- und Streitstand weiter zu differenzieren sind, z. B. um Argumente hinreichend gewichten zu können.

---

11 *Seide* 2011, 221.
12 *Seide* 2011, 221 ff.
13 *Seide* 2011, 222 ff.
14 Vgl. hier *Seide* 2011, 224 ff. Ausführlich und konkreter zum Problem der Pluralität in sich kohärenter Zusammenhänge ML, 135–140.
15 Konkret bedeutet dieser „kontextualistische Kohärenzbegriff" etwa, dass in einem theologischen Diskurs um die Zulässigkeit eines Schwangerschaftsabbruches ein moraltheologisches Argument ein „guter Grund" ist, während in einem rechtlichen Streit die Relevanz dieses Argumentes mit (verfassungs-)rechtlichen Gründen erst dargetan werden müsste; vgl. zu dem Problem BVerfGE 39, 1–95 – juris, Rn. 133 und dazu ML, 146 ff. m. w. N.
16 ML, 620 ff.
17 Näher ML, 537–544.
18 *Volkmann* 2016, 63–90, 83 ff., 88 ff.
19 Vgl. *Bracker* 2000, 170 ff.

Zu nennen ist *erstens* die *Widerspruchsfreiheit* – eine Widerspruchsfreiheit, die im Wege der Subsumtion oder der Abwägung erreicht werden kann, aber nicht dadurch erlangt werden darf, dass man wesentliche Informationen und Argumente unter den Tisch fallen lässt. Nach der Stimmigkeit einer Argumentation oder einer Sachverhaltsfeststellung[20] zu fragen, macht also, *zweites Kriterium*, nur Sinn, wenn auch alle relevanten Informationen in sie eingestellt wurden (Kriterium der *Umfassendheit*).[21] Entscheidend ist schließlich *drittens* die „Stimmigkeit". Zugrunde gelegt wird hier kein Verständnis von Kohärenz, nach dem q *logisch* aus p folgen muss; es genügt, dass p q „unterstützt".[22] Die Beziehung kann also auch induktiv, abduktiv oder probabilistisch sein.[23] Anschaulicher: Typisch etwa die Argumentation: Die Sachverhaltsannahme H1 erklärt die Fakten F1 ... F6 besser als die alternativen Hypothesen H2.[24] Ob und inwieweit sich aus diesen Schlussfolgerungen „gute Gründe" ergeben, wird dann allerdings u. a. auch eine Frage des Beweisrechts[25] sein. So wird man z. B. eine strafrechtliche Verurteilung kaum auf eine Abduktion stützen können.[26]

Nicht jede kohärente Argumentation ist mithin auch zwingend. Eindeutig ist eine Argumentation nur, wenn sie zweifelsfrei aus allgemein „anerkannten Sätzen"[27] abgeleitet werden kann; das können ebenso allgemein akzeptierte Rechtssätze als auch allgemein anerkannte wissenschaftliche Ergebnisse sein. – Der Richter muss jedoch immer zu einer Entscheidung kommen. Er muss auch dann eine Begründung geben, wenn er nicht auf eine Kette logisch zwingender Schlussfolgerungen zurückgreifen kann. Es sind dann nur die „besseren Gründe", auf die er sich stützen kann und muss. Dort, wo Methode nur eine *„Präzisierung des Vagen"* sein kann, kann auch die Kohärenz nur „graduell"[28] sein. Dem „kontextualistischen Kohärenzbegriff" folgend[29] muss es sich aber um Gründe handeln, die als Argumente für die zu beurteilenden Sach- und Rechtsfragen relevant sind und/oder als solche akzeptiert[30] werden können. Die Schlussfolgerung muss eine Schlussfolgerung aus den Gründen sein, die sich

---

20 Näher zu Kohärenzfragen bei der Sachverhaltsfeststellung ML, 246 ff.
21 Konkret dazu ML, 624–627.
22 Dazu ML, 248 ff., 627–643; zu *Peczenik* 1983, 125, 142, 630; zu *Toulmin* 1996, 305 ff.
23 Siehe den Artikel: „kohärent/Kohärenz" (Fn. 371), 220, 221; ausführlicher zur Abduktion *Lege* 1999, 445 ff. – Zur Begriffserläuterung: Bei der *„Induktion"* handelt es sich um den Schluss vom Besonderen auf das Allgemeine, um die Verallgemeinerung eines Falles zu einer Regel (Diese Bohnen sind aus diesem Sack – diese Bohnen sind weiß – alle Bohnen in diesem Sack sind weiß). Bei einer *„Abduktion"* geht es demgegenüber um einen Schluss von einer angenommenen Regel auf den Fall (Alle Bohnen aus diesem Sack sind weiß – diese Bohnen sind weiß – diese Bohnen sind aus diesem Sack.) Ein bisher unklarer Fall wird durch die angenommene Regel erklärbar. – Von *„probabilistisch"* spricht man, wenn nur Wahrscheinlichkeitsaussagen gegeben und möglich sind.
24 Näher dazu *Seide* 2011, 206 ff.
25 Zu „Gewissheit" und der Problematik des Beweismaßes näher ML, 271–285.
26 Ein anschauliches Beispiel gibt hier der „Pistazieneisfall", BGH, Urteil vom 19.1.1999, Az. 1 StR 171/98, NJW 1999, 1562–1564 – juris Rn. 8.
27 Vgl. zu diesem Begriff ML, 128, 137–146, 425 (Münchhausen-Trilemma), 632 ff., 645 ff. Begründete Aussagen können mithin unter Umgehung dieses Münchhausen-Trilemmas getroffen werden (s. Artikel Fn. 371).
28 Näher ML, 142 ff., 440, 631 f., dort auch zu den „guten Gründen."
29 Vgl. hierzu oben Fn. 381 u. 382 zum „kontextualistischen Kohärenzbegriff".
30 Zur Akzeptanz als Kohärenzbedingung ML, 140–154, 199–206, 634 ff.

am besten in die Sach- und Rechtslage einfügen. Oder in der Kontrastüberlegung: Es dürfen ihr keine Gründe entgegenstehen, die eine andere Schlussfolgerung näher gelegt hätten. Die hier vertretene Kohärenztheorie ist also wesentlich auch eine Argumentationstheorie, eine Argumentationstheorie, deren Struktur auch der Struktur einer zeitgenössischen juristischen Argumentation entspricht.

IV. Sachverhalts- und Rechtsermittlung

Um die richterliche Urteilsfindung auf den Begriff zu bringen, kann man sie als *Herstellung von Kohärenzen* beschreiben und sie so zugleich auch analysieren: Die Fragestellung lautet dann jeweils: Welche Informationen sind relevant? Sind die jeweiligen Schlussfolgerungen auch dann stimmig, wenn alle relevanten Gesichtspunkte berücksichtigt wurden? Bei unterschiedlichen Ergebnissen: Für welche Schlussfolgerungen sprechen die besseren Gründe? Argumentationen können also auch dort rational geführt werden, wo die Voraussetzung für logisch zwingende Schlussfolgerungen nicht gegeben sind, wo juristische Argumentation Umgang mit dem Vagen bedeutet und nicht Beliebigkeit bedeuten darf.

1. Sachverhaltsermittlung

Entsprechend sind wir, um die zentralen Gesichtspunkte nochmals in Erinnerung zu rufen, bereits bei der Erörterung der Sachverhaltsgenerierung immer wieder auf Kohärenzphänomene gestoßen: Trotz unterschiedlicher Methoden, die die Urteilsfindung erfordern (Multiperspektivität), muss das Urteil in sich kohärent sein. Kohärenztheoretischer Ansätze bedarf es auf der theoretischen Ebene zur Erklärung der Prozesse der Wahrnehmung und der „sozialen Kognition" und ganz konkret zur Strukturierung und zum Verständnis der Prozesse, die der Richter etwa bei der Gesamtwürdigung und der Beweiswürdigung von Zeugenaussagen zu beachten hat.

2. Rechtsanwendung

Rechtsfindung, Rechtsermittlung, Rechtserzeugung bedeutet Arbeit mit Texten, Textverarbeitung. Diese Texte – Texte und Textteile, wie Normen, Urteile, Literaturstellen, dogmatischen Sätzen – bilden einen Textkorpus, der zwei besondere Merkmale aufweist: Die Texte sind verlinkt, bilden, wie oben dargelegt, einen *Hyper-Text* und zweitens: Sie sind durch einen Wertungskodex Code strukturiert. Am Beispiel der baurechtlichen Zulässigkeit eines Häuschens als Jagdhütte im Außenbereich: Die Recherche bei „juris" ergab hier für das Stichwort „Außenbereich" 19.256, für das Stichwort „Jagdhütte" 137 und mit dem Zusatz „Größe" 63 Fundstellen in der Kategorie „Rechtsprechung". Bei „beck-online" waren es – auch die Literatur eingeschlossen – 135 Fundstellen für „Außenbereich" „§ 35 BauGB" und „Jagdhütte" und 63 Treffer mit dem weiteren Kriterium „Größe"; dabei ging es keineswegs um einen Vergleich beider Datenbanken (Abruf am 28.6.2021), sondern nur darum, die Informationsdichte zu illustrieren, die das Hypertext-Recht dem Richter bei einer konkreten Rechtsfrage bietet. Die zweite Besonderheit dieses Hypertexts: Anders als z. B. bei Lexika sind die Verweise nicht gleichwertig, sondern sie geben zugleich die Relevanz an, die die Texte auf Grund ihrer unterschiedlichen Autorität für die juristische Argumentation haben. Dieser Wertungskode strukturiert die Knoten (z. B. BVerfG oder Amtsgericht, bekannter/unbekannter Autor, st. Rspr., h. M. usw).[31]

Begreift man dieses Recht zugleich als *Hypertext*, stellt sich „Rechtsfindung" aus dieser Sicht als die Suche nach den passenden Knoten und Verknüpfungen in dem „Hypertext-Recht" dar. Ist ein passend scheinender Lösungsansatz gefunden, kommt es darauf an, inwieweit sich das Ergebnis dann auch in dieses Gefüge einfügen lässt. Ist dies der Fall, während sich die Gegenposition deutlich schlechter in den Prämissenrahmen des einschlägigen Rechtsgebietes einfügen würde, ist die Rechtsanwendung „richtig". Das schließt zwar nicht aus, dass man diese Rechtsauffassung mit guten Gründen für falsch halten kann. Die guten Gründe haben dann aber nicht nur aufzuweisen, dass der bisherige Prämissenrahmen, aus dem sich das Ergebnis ergab, insoweit „falsch" ist; es wäre auch darzulegen, durch welche Ausgangsannahmen die bisherigen Prämissen zu ersetzen oder zu ergänzen wären.[32]

Mit dieser Vorstellung von Recht als Hypertext ergibt sich zugleich eine veränderte Sicht auf das immer wieder diskutierte Problem der *Bindung an Gesetz und Recht*. Bestimmt wird diese Bindung durch die „Knotendichte" im Hypertext-Recht. Je dichter die Knoten und Verweisungen in dem Gefüge konzentriert sind und je höher sie in dem codierten Ranking stehen, desto geringer sind die semantischen und Wertungsspielräume und damit die Beurteilungs- und Auslegungsspielräume bei der Herstellung von Kohärenz, d. h. beim Einpassen der eigenen Rechtsauffassung in den vorgegebenen Rechtsrahmen.

Versucht man zum Abschluss einen Blick in die Zukunft, so lässt sich eine Entwicklung vorstellen, die es ermöglicht, mithilfe der künstlichen Intelligenz die Rechtsermittlung via Datenbank auf eine heute noch nicht erreichbare Qualität zu heben. Diese neue Dimension wird dann geschaffen, wenn es gelingt, aus den Datenmengen der Datenbanken heraus Mustererkennungen zu ermöglichen, d. h. Algorithmen zu entwickeln, die in der Lage sind, juristische Lösungen für einen konkret einzugebenden Sachverhalt zu entwickeln, die dem Richter dann als Voten dienen können. – Gegenwärtig ist die Rechtsprechung aber noch in der Situation, für die Neurath auch ein anschauliches Bild gefunden hatte. Es ist die Metapher vom Schiff, „für das es kein Trockendock gibt, und das deshalb auf offener See repariert und umgebaut werden muss". Diese Metapher, die schon Einstein begeisterte,[33] trifft sehr anschaulich und gleichsam im Kern die praktische Verfahrensweise von Rechtsprechung. Auch Grundsatzurteile entstehen nicht „im Trockendock", sondern „auf offener See". Und die, die ein Schiff auf offener See reparieren, sollten ihr Handwerk verstehen.

---

31 Zum „Recht als Hypertext" ML, 351–364 (dort auch zur Intertextualität), 512 f.
32 Konkret dazu am Beispiel dogmatischer Sätze ML, 431–434.
33 *Carnap* 1993, S. 89.

Nachwort

Praxis im Vordergrund – Theorie im Hintergrund

Methodenlehre ist ein theoretisches Fach. Sie soll die theoretischen Grundlagen liefern und sichern, die es ermöglichen, „Recht" nicht nur als autoritären Richterspruch zu verstehen, sondern es auch nachvollziehbar zu ermitteln. Sie hat die Funktion der Vermittlung zwischen Theorie und Praxis, konkreter zwischen Rechts- und Erkenntnistheorie auf der einen Seite und richterlichem Alltag auf der anderen Seite. Diese „Janusköpfigkeit" ist dann aber auch der Grund dafür, dass dieses sog. Grundlagenfach oft so unbeliebt ist oder als ein Fach angesehen wird, das ein Jurist eigentlich nicht braucht. Je praktischer eine Methodenlehre ausgerichtet ist, desto weniger befriedigt sie den Theoretiker, je theoretischer sie betrieben wird, desto weniger kann der Praktiker mit ihr etwas anfangen.

Eine Methode des gerichtlichen Erkenntnisverfahrens muss beiden Seiten gerecht werden. Methode ist Handwerk. Handzuhaben sind, wie gezeigt, Regeln und Praktiken. Diese müssen mehr oder minder nach Schema und ohne weiteres Nachdenken anwendbar sein. Sie müssen sich in der Alltagspraxis als „Gebrauchsmethodik" bewähren. Doch Methoden sind weder ideologie- noch theoriefrei, wie manche Praktiker meinen. Am Beispiel der scheinbar klaren und eindeutigen Auslegungsregeln ist das sehr konkret und anschaulich deutlich zu machen (s. u.). Will die richterliche Methodik mehr sein als eine problemblinde „Gebrauchsmethodik", braucht sie eine theoretische Fundierung und muss sich mit den unterschiedlichen theoretischen Perspektiven der Methodendiskussion auseinandersetzen. Der Richter muss – und dies ist der Anspruch – seine Urteilsfindung reflektieren können. Es ist also zum einen die Vielfalt der Perspektiven, die die Diskurse in der Methodenlehre bestimmen in den Blick zu nehmen. Und zum anderen haben die folgenden theoretischen Überlegungen zugleich auch auf methodologische Holzwege, Missverständnisse und Fehlvorstellungen zu achten – zu denen nicht zuletzt Blickverengungen gehören.

Spätestens seit Nietzsche wissen wir, dass unser Erkennen und unsere Wahrnehmung von der Perspektive abhängen, die wir einnehmen, von dem Stand-Punkt, den wir haben.[1] Nur für den Unbekümmerten ist es so, wie er es sieht, und nicht selten ist der eigene Blickwinkel so selbstverständlich und verinnerlicht, dass man die eigene Perspektive als solche gar nicht mehr wahrnimmt. Wie in Kap. 1 gezeigt, ist gerade die „Juristische Methode" ein anschauliches Beispiel für die Praxis einer solchen

---

1 Nietzsche: „Es giebt *nur* ein perspektivisches Sehen, *nur* ein perspektivisches ‚Erkennen'; und *je mehr* Affekte wir über eine Sache zu Worte kommen lassen, *je mehr* Augen, verschiedne Augen wir uns für dieselbe Sache einzusetzen wissen, um so vollständiger wird unser ‚Begriff' dieser Sache, unsre ‚Objektivität' sein", Zur Genealogie der Moral, Sämtliche Werke, Kritische Studienausgabe, Colli/Montinari (Hrsg.), Bd. 5, III. 12, S. 365. Zu Nietzsches Perspektivismus vgl. etwa *Nehamas* 1991, 15 ff., 251 ff.; zur Einordnung in die philosophische Diskussion: *Stegmaier* 1992, 314 ff.

Blickverengung. Eine Methode der richterlichen Urteilsfindung verlangt demgegenüber eine wesentliche Blickerweiterung und, wie im Kap. 2 dargelegt, eine prinzipiell multiperspektivische Betrachtungsweise.

Kant definierte „Methode" als „ein Verfahren nach Grundsätzen."[2] Auf der abstrakten Ebene dieser Definition kann man sich schnell einigen. Richtet sich der Blick dann allerdings auf die konkreten Sachgegebenheiten und geht es darum, für diese die Grundsätze, nach denen verfahren werden soll, *konkret* zu bestimmen, ist es mit dem Konsens schnell vorbei. Zur Veranschaulichung drei Zitate: Rüthers zitiert den früheren Präsidenten des Bundesverfassungsgerichts, W. Zeidler, mit dem lakonischen Satz: „Ach, wissen Sie, bei uns hat jeder Fall seine eigene Methode" und nimmt dies als Beleg für sein Verdikt, hier würde „methodische Grundsatzlosigkeit zum theoretischen Prinzip" erhoben.[3] Unreflektiert bleibt dabei, dass die Lösung eines wirklich *neuen* Problems in der Regel auch ein methodisch innovatives Vorgehen verlangt – in den Naturwissenschaften eine Selbstverständlichkeit. Womit auch auf einen weiteren Aspekt methodischer Praxis verwiesen wäre: die Bedeutung von Techniken, Instrumenten und Arbeitsbedingungen. „Forscher", so der Experimentalphysiker H. T. Hering, „erlernen ihre Methoden weniger im Studium als vielmehr später in der Forschungspraxis"[4]. Sprechen wir von „Proberichtern" und der „Gerichtspraxis", könnte das Zitat, wenn von der „richterlichen Methode" die Rede wäre, auch von einem LG-Präsidenten stammen.

Was sich in den angeführten Zitaten spiegelt, sind die völlig unterschiedlichen Blickwinkel, aus denen Aufgabe und Intentionen von Methode erfasst und bestimmt werden. Diese Multiperspektivität ergibt sich zum einen aus den *unterschiedlichen Praxisfeldern* und *Sachgegebenheiten*, auf die sich eine Methode bezieht. Diese Perspektive des Fallbezuges ist bereits ausführlich erörtert. Dagegen sind die theoretischen Ansätze bisher im Wesentlichen nur aus dem Blickwinkel geübter Praktiken behandelt worden. Die Diskussion, die hier z. B. um die Begriffe „Methodenpluralismus", „Vorverständnis", Methodenwahl und den Vorwurf der „methodischen Grundsatzlosigkeit" geführt wird, geht auch die Praxis etwas an, bestimmt sie doch auch die Grundeinstellungen, aus denen heraus methodisches Vorgehen betrieben wird. In der Sache werden in diesem Streit ganz unterschiedliche Aspekte und Ebenen der Methodenlehre berührt – da sind insbesondere:

– die Fragen des normativen Charakters methodischer Regeln und Grundsätze;
– die unterschiedlichen philosophischen und theoretischen Ansätze, die der Konstruktion der jeweiligen Methodenlehre zugrunde liegen;
– die Frage, inwieweit methodische Regeln in der Praxis eigentlich nur als habitualisierte Gebrauchsmethodik wirksam sind.

Will man juristische Methoden analysieren, ist mithin auf ganz unterschiedliche Standpunkte und ganz verschiedene Ansätze einzugehen. Die Erörterung muss zu-

---

2 *Kant*, KrV B 883.
3 *Rüthers*, JZ 2006, 54; *Rüthers/Fischer/Birk* 2022, Rn. 704.
4 *Hering* 2007, 12.

nächst, dem Diskussionsstand folgend, zwischen Auslegungs- und Argumentationstheorien differenzieren. Gerade am Beispiel der Auslegungsregeln zeigt sich zugleich, in welchem Maße hier Handhabung und Verständnis von theoretischen Annahmen und Kontexten bestimmt sind, die meist nicht einmal bewusst sind, sondern unreflektiert mitlaufen. Die Meta-Ebene, die die philosophisch-theoretische Rahmung der unterschiedlichen methodischen Ansätze prägt, soll dann in einem zweiten Schritt untersucht werden.

I. Die rechtstheoretischen Perspektiven

In den Handreichungen, Grundrissen und Lehrbüchern zur juristischen Methode sind Subsumtion und Auslegung die zentralen Themen. Mit den Worten Adomeits: „die Lehre von der juristischen Methode" ist „in ihrem Kernstück eine Auslegungslehre"[5]. Der Student und dann der Examenskandidat haben nachzuweisen, dass sie subsumieren können und die Regeln der Gesetzesauslegung beherrschen. Und auch der Praktiker wird seine Gebrauchsmethodik von den Auslegungsregeln her bestimmen.

1. Die Kanones und ihr trügerischer Schematismus

Was Juristen gemeinhin unter dem Kernstück ihrer Methode verstehen, gibt W. Hassemer sehr anschaulich in folgender Beschreibung wieder:

„Den Kern einer juristischen Methodenlehre im kodifikatorischen System verdanken wir Friedrich Carl von Savigny. Er hat – gültig bis heute – vier Wege beschrieben, […] sie erklären sich gleichsam von selbst, wenn sie den Richter auffordern: Triff deine Entscheidung nach dem Wortlaut des Gesetzes; achte auf den systematischen Zusammenhang, in dem das Gesetz steht; verfolge das Regelungsziel, das der Gesetzgeber im Auge hatte, und richte dich nach dem Sinn, den das Gesetz heute hat. Das nenne ich: das Gesetz ernst nehmen und daraus eine Lehre für den Umgang mit dem Gesetz erschließen, die dem Gesetz gerecht wird".[6]

Ergänzt sei dieses Zitat durch das Resümee, das L. Geldsetzer in seiner Einleitung zum Neudruck von Thibauts „Theorie der logischen Auslegung des römischen Rechts" von 1806" zieht: „Die Namen der Kanones haben sich ein wenig geändert, der Schematismus ist aber geblieben."[7] Dieser Schematismus ist essenziell; verständlich wird er durch die zentrale Funktion, die der juristischen Methode im juristischen Legitimationsritual zukommt. Konkreter: ein Jurist muss seine rechtlichen Feststellungen methodisch ableiten (können), wenn er erwartet, dass ein anderer Jurist sie als relevante juristische Feststellung akzeptieren soll. Das setzt eine „*Gebrauchsmethodik*"[8]

---

5 *Adomeit* 1998, 61. Allgemein zum Diskussionsstand der „Akademische Methodenlehre": *Reimer* 2016, 11–34. Zu Neuansätzen vgl. die Nachweise bei *Bumke* 2017, 5 f. sowie *ders.*, BDVR-Rundschreiben 2018, 31–34, 31. Die diskutierten Neufokussierungen haben aber ebenfalls kein Augenmerk auf die gerichtliche Praxis.
6 *Hassemer*, ZRP 2007, 213–219, 215.
7 *Geldsetzer* 1966, XLIII.
8 Näher ML, 44.

voraus, die als *gemeinsame Kommunikationsbasis* gehandhabt und verstanden wird. Anders gesagt: Die theoretischen Kontexte und Muster, aus denen heraus juristisch argumentiert wird, müssen eine *gemeinsame, gegen Veränderungen weitgehend immune Schnittmenge* haben, wenn die Kommunikation gelingen soll. Eine hohe theoretische Komplexität muss mithin aus zwingenden Gründen der Funktionsfähigkeit drastisch reduziert werden. Und genau hier liegt das Dilemma.

Wer sich mit Methodenfragen beschäftigt, weiß es: Die Kontinuität und vernünftige Selbstverständlichkeit im methodischen Denken, die die zitierte Beschreibung Hassemers suggeriert, gibt es so nicht. Die Auslegungsregeln sind ein Ensemble von Prüfungsgesichtspunkten, denen bei z. T. gleichlautenden Begriffen und Formulierungen je nach theoretischer Perspektive ganz unterschiedliche Inhalte, Bedeutungen und Hintergrundvorstellungen hinterlegt sind. Das ist keine originelle Beobachtung; ich kann mich deshalb auf Stichworte beschränken: Ein zentrales Element des Kanons – die teleologische Auslegung – wurde von Savigny bekanntlich – weil Rechtsschöpfung – aus diesem ausgeklammert.[9] Auch die historische Auslegung hatte bei ihm eine völlig andere Zielrichtung als später im Streit um die subjektiven oder objektiven Auslegungstheorien.[10] Dieser wird so bald auch kein Ende finden, denn im Hintergrund steht unhintergehbar die Frage: Was ist Recht, wie entsteht es und vor allem: wer macht es?[11] Verständnis und Handhabung des „systematischen Elements" sind wiederum abhängig von dem Stellenwert, den man dem Systemdenken einräumt und den es in einem bestimmten Rechtsbereich hat.[12] Was schließlich bedeutet „Wortauslegung"? Aus der Sicht eines Begriffsjuristen sicher etwas anderes als für den Linguisten, für den die „Wortlautgrenze" ein Phantom und Gesetzesauslegung wesentlich ein „semantischer Kampf" ist. Folgt man hier einer „realistischen Semantik"[13] oder Wittgensteins Gebrauchstheorie der Bedeutung?[14] Soweit zu den Einzelaspekten der Auslegungstheorien. Unabhängig von dieser Diskussion erfordert die tägliche Praxis der Rechtsanwendung wiederum einen Perspektivwechsel und es gilt: Bei einer Rechtsfrage wird *recherchiert*, und mit den *juristischen Datenbanken* hat sich hier die Technik der Rechtsfindung grundlegend verändert.[15] Das gilt für die Einordnung in Vergleichsfälle (Kap. 12 I.); und der Entwicklung kommt unter dem Stichwort „*Hypertext-Recht*" eine für die Methodik zunehmend wachsende Bedeutung zu (Kap. 13 VI./14).

---

9 *Savigny* 1840, Bd. 1, 216 f.
10 Zum Streitstand ML, 458 ff.
11 ML, 478–485.
12 ML, 381 ff.
13 *Kutschera* 1975, 38 ff.
14 Ausführlich dazu, ML, 63 ff. (Wittgenstein), 365–379 (Wortlautgrenze), 352–364 (semantischer Kampf).
15 Siehe *Strauch* 2007, 45–59 = DVBl 2007, 1000–1007. – Es war die Intention meines Referates, auf die Probleme und Konsequenzen der „digitalen Revolution" für die juristische Methode und die richterliche Arbeitsweise aufmerksam zu machen und diese zur Diskussion zu stellen. Fortführend; *Strauch* 2009, 387–412, 403 ff.; ML, 601 ff.; ders. 2018. Zur aktuellen Diskussion vgl. *Hähnchen/Bommel*, JZ 2018, 334–340.

Heftig umstritten ist aber nicht nur das, was mit den Kanones genau gemeint ist, sondern auch ihre Verbindlichkeit, die Struktur. Für Savigny waren sie nur Elemente der Auslegung. Heute verstehen sie die Mehrzahl der Methodentheoretiker im Sinne eines Kataloges von Argumentationsgesichtspunkten, die je nach rechtsdogmatischem Vorverständnis als bloßer Topoi-Katalog oder als strukturierendes Prüfprogramm gehandhabt werden.[16]

2. Argumentationstheorien

Gegenstand juristischen Argumentationstheorien[17] sind die Regeln zur Begründung, Rechtfertigung (frz./engl: justification) und zur Kritisierung rechtlicher Behauptungen; dazu bedarf es Kriterien für die Bewertung möglicher Argumente: In welchem Grade sind sie für rechtliche Argumentationen relevant, in welchem irrelevant. Im Hintergrund juristischer Argumentationen stehen mithin immer rechtstheoretische Grundpositionen. Diese sind es, die dann etwa über den Stellenwert dogmatischer Sätze, systembezogener Argumente sowie die Bedeutung höchstrichterlicher Rechtsprechung und von Sach- und Rechtsfolgenargumenten entscheiden. Entsprechend gab und gibt es juristische Argumentationstheorien und die aus ihnen entwickelten Methoden auch immer nur im Plural: Begriffsjurisprudenz, Gesetzespositivismus, Interessenjurisprudenz etc.

Wenn heute von juristischen Argumentationstheorien die Rede ist, geht es allerdings meist um einen *engeren Begriff;* gemeint sind theoretische Ansätze, die – alternativ oder ergänzend – in Auseinandersetzung mit einer Methodenlehre entwickelt wurden, die sich wesentlich als *Auslegungslehre* verstand. U. Neumann, der die juristische Argumentationstheorie in diesem engeren Sinn entscheidend mitgeprägt hat, stellt sie zu Recht in den „Zusammenhang mit der wachsenden Einsicht in Defizite der klassischen juristischen Methodenlehre, deren Regeln in dieser Zeit zunehmend als theoretisch unzureichend begründet und für die Praxis wenig hilfreich erachtet wurden."[18] An die Stelle vielfältig interpretierbarer Interpretationsregeln tritt die Analyse juristischer Begründungen. Entsprechend wird auch das methodische Kerngeschäft anders definiert: „Methodenlehre ist im Kern eine Argumentations- und Überzeugungstheorie", so Reimer.[19]

Folgt man U. Neumann, sind diese Argumentationstheorien durch einen doppelten Perspektivwechsel gekennzeichnet: zum einen von einer „normativen zu einer analytisch deskriptiven", zum anderen „von der Herstellung der Entscheidung (dem

---

16 Man vergleiche einerseits die oben zitierte Sicht Hassemers auf die Auslegungsregeln (Fn. 407) und andererseits die Vorstellung einer „in den Grundzügen verbindliche[n] Methodenlehre der Rechtsanwendung", wie sie Rüthers glaubt begründen zu können, vgl. *Rüthers,* JZ 2006, 54; *Rüthers/Fischer/Birk* 2022, Rn. 704.
17 Einen guten Überblick über den Diskussionsstand zur *allgemeinen* Argumentationstheorie gibt der Artikel: „Argumentationstheorie", in: EPhWTh. Hrsg. von *J. Mittelstraß,* 2. Aufl., 2010 ff. Bd. 1, 203–206.
18 *Neumann* 2017, 234; einen Überblick über den Diskussionsstand 1980 geben die Beiträge in: ARSP – Beiheft NF. 14 – Argumentation und Recht, 1980; ferner: *Neumann* 2016, 303 ff.
19 *Reimer* 2020, Rn. 20 m. w. N.

Fokus der juristischen Methodenlehre) auf deren Darstellung."[20] Um Missverständnisse zu vermeiden, wird man also zwischen den im beschriebenen Sinne „darstellungszentrierten" und den „allgemeinen" juristischen Argumentationstheorien unterscheiden müssen. Eine Unterscheidung, ohne die man auch das Verhältnis von Argumentations- und Interpretationstheorien nicht erörtern kann.

3. Interpretations- vs. Argumentationstheorien?

Begrenzt man das Feld „juristischer Argumentation" auf den rational-kritischen Nachvollzug der Entscheidungsbegründungen, hieße das in der Konsequenz, alle methodischen Überlegungen, die den Prozesscharakter der Entscheidungsfindung betreffen, aus dem Bereich der Methodenlehre zu verbannen. Ob und inwieweit die „darstellungszentrierten" Argumentationstheorien diese Konsequenz immer durchhalten können, muss hier offen bleiben. In jedem Fall wäre einer Methodik der gerichtlichen Praxis der Boden entzogen, wenn für sie Fragen nach der „richtigen *Herstellung*" aus prinzipiellen Gründen (Stichwort „Black-Box" Kap. 3 III) außen vor bleiben müssten. Eine Sachverhaltsfeststellung, die revisionsrechtlich nicht zu beanstanden ist, kann gleichwohl falsch sein, weil sie auf gravierenden Fehleinschätzungen beruht. Und zum „falschen Fall" überzeugen auch die in sich überzeugendsten Gründe nicht. Allgemeiner: Ein Richter, der nicht reflektiert, wie er zu seiner Entscheidung kommt, gekommen ist, ist fehl am Platz. Und eine Methodenlehre der richterlichen Praxis, die den Herstellungsprozess einer Entscheidung nicht thematisiert, verfehlt eine ihrer wesentlichen Aufgaben.

Auf die „allgemeinen" juristischen Argumentationstheorien bezogen, ist der Unterschied zu den Interpretationstheorien jedenfalls kein substanzieller, sondern nur ein solcher der Ausgangsperspektive. Es ist der Unterschied, den es macht, ob der Jurist seine Entscheidung aus einem Normtext ableitet – ableiten kann – oder die Regel aus einem anderen rechtswissenschaftlichen Zusammenhang erst gewinnen muss.[21] Doch so wenig Gesetzesauslegung nur als Nachvollzug des mit dem Text vom Gesetzgeber Gewollten verstanden und so von der Rechtsschöpfung oder gar der Rechtsfortbildung präzise abgegrenzt werden kann, so wenig darf die Gesetzesauslegung Rechtsbegriffe, dogmatische Systematiken oder Strukturen übergehen; wie andererseits eine Argumentationstheorie gesetzliche oder gar verfassungsrechtliche Vorgaben nicht ignorieren kann. Es kann also nicht um die Alternative Dogmatik oder Methode gehen. Eine andere Frage ist es allerdings, wie diese Inhalte und Vorgaben jeweils methodisch *verortet* werden. Oft wird sie, wie im Schematismus der Kanones, in der Methodenlehre nicht näher reflektiert. Man wechselt ganz selbstverständlich von der hermeneutischen in die rechtstheoretische Argumentation, von der Wortlautinterpretation zu einer dogmatischen Einordnung (Klausurenformel: „Hier gibt es drei Theorien …" usw.) oder zu Gerichtsentscheidungen und Kasuistik. Ob

---

20 *Neumann* 2017, 234.
21 Auf die Diskussionen um die „Konkretisierungslehre" von Fr. Müller kann hier nur hingewiesen werden (*Fr. Müller* 1993).

man sie als „Erkenntnisquelle"[22] oder als „(Richter-)Rechtsquelle" nutzt, bleibt dabei meist in der Schwebe.

II. Die philosophisch-theoretische Rahmung

Methodische Ansätze werden nicht nur durch ihre unterschiedlichen *rechtstheoretischen* Ausgangspunkte und durch die *Praxisfelder* bestimmt, auf die sie bezogen sind, sie werden es auch durch die *philosophisch-theoretische Rahmung*, die die theoretischen Strukturierungen vorgibt. Hergestellt wird dieser theoretische Bezug allerdings oft nicht durch sorgfältig analysierende Ableitung aus den zugrunde gelegten philosophischen Konzepten. Aus diesem Grunde wird der Befund besser erfasst, wenn man von „Rahmung" spricht. Dies macht deutlich, dass es sich vielfach nicht um hinreichende philosophisch-theoretische Fundierungen handelt, sondern nur um „Rahmungen" aus Begriffen, Grundgedanken, Zitaten oder Versatzstücken philosophischer Konzeptionen. Entscheidend für die Wirkmächtigkeit ist dann nicht die philosophische Stringenz, sondern die Stärke der Resonanz, die die gewählte Meta-Ebene im unmittelbaren Zeitgeistbezug findet.

1. Argumentationstheorien

Es kommt für diese Übersicht nicht darauf an, diesen Befund für die genannten methodischen Ansätze jeweils genau aufzuweisen. Es kann nur um Beispiele gehen, auch um Beispiele, in denen man mit Recht von „Fundierung" sprechen kann. Das gilt insbesondere für die („darstellungszentrierten") *Argumentationstheorien*, denen es darum geht, die Ansätze der *analytischen Philosophie*, vor allem auch der analytischen Semantik, für die juristische Argumentation, konkreter für die logische Rekonstruktion juristischer Begründungen, fruchtbar zu machen. Zu nennen sind hier insbesondere die Untersuchungen und Analysen von Koch und von Rüßmann[23] oder die „Wissenschaftstheorie für Juristen", 1980, von *M. Herberger und D. Simon*. Vergleichbares gilt auch für die *Theorien des juristischen Diskurses*, die im Anschluss an Habermas von Alexy und Günther entwickelt wurden.[24] Ein Beispiel für meine These ist dagegen die *Topik* Viehwegs. Viehweg versteht Methode als Topik und diese als „die Techne des Problemdenkens."[25] Zur Begründung bezieht er sich auf die aristotelische Topik und Zitate von Vico und Cicero.[26] Immer wieder betont wird der

---

[22] Vgl. *Larenz* 1991, 432 mit der von J. Esser übernommenen Formulierung: „Präjudizien" als „Medium der richterlichen Erkenntnis.
[23] *Koch/Rüßmann* 1982; *Koch* 2003, 37 ff.
[24] *Alexy* 1996; *ders.* 2003, 9 ff. Zu Günther vgl. *Neumann* 2017, 239. Zu meiner grundsätzlichen Kritik an der Übertragbarkeit der Position von Habermas auf das gerichtliche Verfahren siehe ML, 170–175; eine herrschaftsfreie Diskussion im Sinne von Habermas wird es im Gerichtssaal nie geben können.
[25] *Viehweg* 1974, 97. Meine kritische Sicht der Position Viehwegs habe ich ausführlich dargelegt in: ML, 388–395.
[26] *Guido Kisch*, ein ausgewiesener Kenner der humanistischen Jurisprudenz, spricht hier in seiner Rezension von „weiter nichts [...] als Lesefrüchte aus der bekannten alten und modernen phi-

fundamentale Gegensatz zu dem, was er „Axiomatik" nennt.[27] Doch die Idee eines so unterstellten „axiomatischen" Ableitungszusammenhanges ist nicht mehr als ein Phantom; sie wurde schon zu seiner Zeit selbst in der Mathematik nicht mehr vertreten.[28] Nebulös bleiben auch die Kriterien für das, was im Sinne des „Problemdenkens" ein „Problem" ist und nach welchen Maßstäben es zu lösen ist. So ist in seine These: „Jedes Problemdenken ist bindungsscheu",[29] sicher auch die Gesetzesbindung eingeschlossen. Die Bindung liegt für ihn jenseits des positiven Rechts. Entsprechend verweist er auf eine „dem Gerechtigkeitserfordernis entsprechende, historische Ordnungswahl"[30] oder eine Anerkennung der Topoi, die „von der Überzeugung getragen [wird], daß sich in den tradierten Texten wie überhaupt im Ordo der Welt etwas Immergültiges enthüllt."[31] Doch was ist damit gemeint? – eine überzeitliche scholastische oder ontologische Ordnung oder das „Naturrecht" der Adenauerzeit?[32] Gleichwohl hatte Viehweg mit seiner Schrift von 1953 (1. Aufl.) einen zentralen Nerv der Zeit getroffen. Die Topik gab die Möglichkeit, den nach 1945 notwendigen Wandel der Rechtsordnung offen – nur von dem aus, was man als das Problem ansah – zu diskutieren. Und dies, ohne dabei dem methodischen Zwang ausgesetzt zu sein, zuvor die rechtliche Relevanz des Arguments präzise nachgewiesen zu haben.

2. Auslegungstheorien – Hermeneutik

Deutlich komplexer als bei den Argumentationstheorien sind die Zusammenhänge, wenn die vielfältigen Bezugnahmen der *Auslegungslehren* auf die *Hermeneutik* darzustellen und zu analysieren sind. Aber auch hier ist die Bedeutung der Hermeneutik für die Methodenlehre ohne eine vergleichbare Zeitgeistaffinität kaum erklärbar. Die Philosophische Hermeneutik Gadamers wird seit den 60er Jahren des letzten Jahrhunderts als zentraler Bezugsrahmen genutzt. Zu nennen sind: u. a. A. Kaufmann, J. Esser, K. Larenz, Fr. Müller, W. Hassemer, B. Rüthers. Vergleicht man die Positionen dieser Autoren zu grundsätzlichen Problemen der Methodenlehre, findet man allerdings viel eher grundlegende Divergenzen als Gemeinsamkeiten.[33] Also wieder „Methode" im Plural statt im Singular?

---

losophischen Literatur, an die hier und dort kurze kritische, zumeist nichtssagende Bemerkungen geknüpft werden." – ZRG GA 72 (1955), 365–367, 366.
27 *Viehweg* 1974, 92.
28 ML, 390 ff.
29 *Viehweg* 1974, 41.
30 *Viehweg* 1974, 98.
31 *Viehweg* 1974, 76 mit Hinweis auf „etwa Hans Meyer, Geschichte der abendländischen Weltanschauung, III. Bd. (1948). S. 1–35."
32 Vgl. dazu *Frommel*, JZ 2016, 913–920.
33 Vgl. oben Fn. 417. Typisch auch der „Pianisten-Streit" – auf der einen Seite *Rüthers* und seine Vorstellung einer „in den Grundzügen verbindliche Methodenlehre der Rechtsanwendung", JZ 2006, 54; auf der anderen Seite insbesondere *Hirsch*, der damalige Präsident des BGH (ZRP 2006, 161 ff.; *ders.*, Der Richter im Spannungsverhältnis von Erster und Dritter Gewalt, in: DIE ZEIT Nr. 41/2003) und (wie Rüthers von einer hermeneutischen Position aus, aber mit völlig anderen Ergebnissen!) *Hassemer*, ZRP 2007, 213–219. Einen Überblick über den Streit gibt *Gruschke*, Rechtstheorie 41 (2010), 35–52.

Was sich in den Divergenzen als Inkohärenzen oder gar Widersprüchlichkeit zeigt, kann freilich nicht überraschen, sondern ist dem philosophischen Ansatz immanent. Gadamer selbst hatte schon in der Einleitung von „Wahrheit und Methode" unmissverständlich klargestellt: „Die Hermeneutik [...] ist [...] nicht etwa eine Methodenlehre."[34] Die zentrale Frage seines Philosophierens ist die Frage nach den Bedingungen und Möglichkeiten des Verstehens. Ziel ist also eine Transzendentalphilosophie des Verstehens – und nicht die Ableitung und Ermittlung von methodischen Regeln. Es ging im Gegenteil um die Befreiung von solchen Regeln und noch allgemeiner, auch um eine Abkehr von einem „objektivistischen Erkenntnisbegriff."[35] Man muss also den klaren Unterschied zu den hermeneutischen Positionen von E. Betti und H. Coing im Auge zu behalten, die demgegenüber die Objektivität des Verstehens und die Objektivität juristischer Auslegung für unverzichtbar hielten.[36]

Was auf der Metaebene der Philosophischen Hermeneutik in sich stimmig sein mag, muss zwangsläufig zu Widersprüchen führen, wenn es die Grundlagen für eine juristische Methodenlehre vorgeben soll. Eine Methodenlehre muss Grundsätze und Vorgaben entwickeln, nach denen verfahren werden soll. Dafür kann eine theoretische Grundlage, die durch eine genau gegensätzliche Intention geprägt ist, aber augenscheinlich nicht geeignet sein. Es stellt sich vielmehr die Frage: Hebt sich eine Methodik, die das Ziel einer Objektivierung aufgibt, letztlich nicht selbst auf?

Die theoretische Inkonsistenz der Methodenkonzeption von *Rüthers* ist hier exemplarisch. Rüthers beruft sich für den subjektiv-historischen Ansatz seiner Auslegungstheorie – „als in den Grundzügen verbindliche Methodenlehre der Rechtsanwendung" – auf den englischen Philosophen und Historiker R. G. Collingwood. Er zitiert als dessen „fundamentale(n) Grundsatz, der in der Methodendiskussion der Juristen bisher kaum beachtet wird: ‚Einen Text verstehen, das setzt voraus, die Frage oder die Lage zu verstehen, auf die der Text eine Antwort war.'"[37] Zugleich verweist er in ein und derselbe Fußnote auf G. Gadamer, Wahrheit und Methode.[38] Er übersieht oder übergeht dabei, dass Gadamer und Collingwood hinsichtlich des zitierten „fundamentalen Grundsatzes" diametral entgegengesetzte erkenntnistheoretische Standpunkte vertreten.[39] Für Gadamer verfehlt „Collingwoods Theorie des *Re-enactment* [...] die Dimension der hermeneutischen Vermittlung, die in allem Verstehen durchschritten wird."[40] Denn: „Unser Verständnis schriftlicher Überlieferung als solches ist nicht von der Art, daß wir die Übereinstimmung zwischen dem Sinn, den wir in ihr erkennen, und dem Sinn, den ihr Urheber dabei im Auge hatte, einfach voraussetzen können [... D]ie Sinntendenzen eines Textes [reichen] weit über das hinaus, was der Urheber desselben im Sinne hatte. Die Aufgabe des Verstehens geht in

---

34 *Gadamer* 1990, 3.
35 *Kaufmann* 2004, 23 ff., 93.
36 Näher dazu *Frommel* 1981, 41 ff.
37 *Rüthers*, JZ 2006, 58; so zitiert auch von *Rüthers/Fischer/Birk* 2022, Rn. 787.
38 *Rüthers/Fischer/Birk* 2022, Rn. 787, Fn. 1098.
39 Näher und im Einzelnen dazu *Schneider*, Zeitschrift für Soziologie 1992, 420–439, 428 ff.
40 *Gadamer*, 6. Aufl., 1986, Bd. II, S. 397.

erster Linie auf den Sinn des Textes selbst."[41] In sich schlüssig hätte Rüthers seine auf viel Polemik gestützte Position also nur über eine im Grundsätzlichen fundierte Kritik der erkenntnistheoretischen Voraussetzungen der philosophischen Hermeneutik begründen können. Diese Kritik bedeutet – um Missverständnisse zu vermeiden – keine grundsätzliche Absage an die historische Auslegung. Nur lässt sich diese nicht auf den erkenntnistheoretischen Treibsand sich widersprechender Zitate gründen, sondern nur auf solide quellenkritische Analyse der Materialien. Es sind dann allerdings meist nur Ausnahmefälle, in denen aus jenen eindeutig abgeleitet werden kann, was der Gesetzgeber konkret wollte und was er nicht wollte.[42] Fehlt es im Gesetzgebungsvorgang an hinreichend dokumentierten Diskussionen zu den Interpretationsgesichtspunkten, die später für die Auslegung relevant wurden, gilt leider sowohl für die „historische" als auch die „objektive" Auslegung Fausts Warnung an Wagner:

„Was ihr den Geist der Zeiten heißt,
Das ist im Grund der Herren eigner Geist, in dem die Zeiten sich bespiegeln."

Auch bei *Larenz* bleibt die Rezeption der Philosophischen Hermeneutik eher ein Oberflächenphänomen. Die Inkonsistenz tritt in seiner Methodenlehre zwar nicht so deutlich zu Tage wie bei Rüthers; an entscheidenden Weichenstellungen konfligiert jedoch auch hier der angegebene hermeneutische Ansatz mit der in der Sache verfolgten Intension, deren zentrales Ziel die „Objektivierung bleibt."[43] So kann es aus der Sicht der Funktion von Methode auch nicht „überraschen, dass Larenz zwei heterogene Traditionen kombiniert und sowohl das Objektivitätsideal der klassischen Hermeneutik, wie sie Emilo Betti und Coing vertreten haben, als auch die Gadamerschen Kategorien rezipieren möchte."[44] In der 6. Aufl. seiner Methodenlehre umschreibt Larenz zwar die „Methodenlehre als hermeneutische Selbstreflexion der Jurisprudenz"[45] und zitiert für sein Verständnis von Hermeneutik an zentralen Stellen Gadamer[46]. Wenn dann allerdings konkret „Die „Zirkelstruktur" des Verstehens und die Bedeutung des „Vorverständnisses"[47] thematisiert werden, ergeben sich gegenüber den Ansätzen Gadamers deutliche und auch wesentliche Begriffsverschiebungen. Während für Gadamer jedes Verstehen vorurteilsbedingt ist – und dies ganz bewusst ambivalent verstanden wird – spricht Larenz statt von „Vorurteil" von „Vorverständnis" und „Sinnerwartung".[48] Die „Vorurteile" werden aus der Zirkelstruktur

---

41 *Gadamer* 1990, 378.
42 Zur neueren Rechtsprechung des BVerfG und zur eigenen Position vgl. Kap. 10 II.1. Zur Wertung der Gesetzesmaterialien vgl. *Seibert* 2013, ausführlich ML, 491–526.
43 Ausführlich zur Rolle der Hermeneutik bei Larenz: *Frommel* 1981, 41 ff.
44 *Frommel* 1981, 88. Gegenstand der Analyse sind hier die 1. bis 3. Aufl. der Methodenlehre; zur 6. Aufl. ergeben sich aber keine prinzipiellen Unterschiede.
45 Methodenlehre der Rechtswissenschaft, 1991, 243 ff. Larenz hatte mit diesem philosophisch-theoretischen Bezugsrahmen den Anschluss an den Zeitgeist gefunden. Wie ein sarkastisches Beispiel zur Zeitgeistabhängigkeit wirkt dann der Titel, unter dem er seine Methodenlehre 1938 veröffentlichte; damals lautete er ganz zeitgemäß: „Über Gegenstand und Methode des völkischen Rechtsdenkens."
46 *Larenz* 1960, Fn. 142, 145.
47 *Larenz* 1960, 206.
48 *Larenz* 1960, 207 ff.

ausgeklammert; sie sind „in einem lebenslangen Prozess der Selbstprüfung und der immer erneuten Bemühung um ‚die Sache selbst'" zu überwinden.[49] Die „innere Haltung" wird so zu einem entscheidenden Moment,[50] das man nicht leugnen kann, dem Larenz aber im Prozess des „Sinnverstehens" – obwohl relevant – auch keine Rolle zuzuweisen vermag.

III. Zur Notwendigkeit neuer theoretischer Perspektiven

Die hermeneutische Perspektive führt aber nicht nur zu den geschilderten Widersprüchlichkeiten. Die auf die Geisteswissenschaften hin fokussierte Texthermeneutik versperrt auch den Zugang zu Verstehenshorizonten, ohne die wir viele methodische Prozesse, insbesondere der gerichtlichen Praxis, nicht verstehen und nicht analysieren können. Zu nennen sind insbesondere die *Wissenssoziologie* und die *Kognitionswissenschaften*. Richterliches Denken ist nicht nur individuelles, sondern als professionelles Denken institutionelles, gebundenes Denken. Informationen und Verarbeitungsregeln, Denkstile und Prämissen, die in gerichtliche Entscheidungen eingehen sollen, müssen in der Organisation, dem Gericht, im Instanzenzug „netzwerkfähig" sein, das heißt, sie müssen in einem inter-subjektiv vorgegebenen Denkraum einen Platz und Relevanz haben, um kommunizierbar zu sein und Aussicht zu haben, akzeptiert zu werden.[51] Diese Art soziologischer Perspektive ist der Hermeneutik fremd und man muss deshalb zu Prozessen der „Selbstprüfung"[52] seine Zuflucht nehmen. Die Kognitionswissenschaften legen es zum anderen auch nahe, zentralen Konstrukten der Hermeneutik – als da sind: hermeneutische Zirkel und Spiralen, Sinnerwartung, Vorurteil und Vorverständnis – mit Ockhams Rasiermesser zu Leibe zu rücken. Denn um was geht es bei diesen Konstrukten anderes als um die Abhängigkeit unseres Erkennens und Wahrnehmens von dem immer auch sozio-kulturell geprägten Hintergrundwissen, das uns unser Gedächtnissystem zur Verfügung stellt?[53] Angesprochen ist damit der für jedes „Verstehen" wesentliche Zusammenhang von Wahrnehmen, Erkennen und Gedächtnis, aus dem heraus auch verständlich wird, warum „Verstehen" immer selektiv, perspektivisch ist. Nur im Blick auf diese Zusammenhänge kann die Methodendiskussion auch aus dem Zirkel einer Diskussion herausfinden, die immer wieder die gleichen Probleme thematisiert, aber weder für die Theorie noch für die Praxis neue Ansätze bietet.

---

49 *Larenz* 1960, 211.
50 *Frommel* 1981, 87.
51 *Strauch* 2005, 479–519, 503. Zentral ist hier die Bedeutung der Funktion von „Interpretationsgemeinschaften", vgl. dazu auch: *Lee* 2010, 291, 309 ff.
52 Siehe oben II.2. zu Larenz.
53 Siehe dazu Kap. 3.

Literaturverzeichnis

Adomeit, Klaus (1998): Rechtstheorie für Studenten. 4. Aufl., Stuttgart.
Alexy, Robert (1983): Theorie der juristischen Argumentation. Frankfurt a. M.
Ders. (1996): Theorie der juristischen Argumentation. 2. Aufl., Frankfurt a. M.
Ders. (2003): Die logische Analyse juristischer Entscheidungen, in: Ders./Koch, Hans-Joachim/Kuhlen, Lothar/Rüßmann, Helmut (Hrsg.), Elemente einer juristischen Begründungslehre. Baden-Baden, S. 9–36.
Amstutz, Marc (2002): Rechtsgeschichte als Evolutionstheorie, in: Rechtsgeschichte Rg 1, S. 26–31.
Anderson, John R. (2001): Kognitive Psychologie. Übersetzt und hrsg. von Ralf Graf u. Joachim Grabowski. 3. Aufl., Heidelberg, Berlin. (Original: Cognitive Psychology and Its Implications. San Francisco 1980).
Anschütz, Gerhard (1960): Die Verfassung des Deutschen Reiches vom 11. August 1919 (1921). Neudruck der 14. Aufl., Berlin 1933. Bad Homburg.
Bader, Johann/*Funke-Kaiser*, Michael (2021): Verwaltungsgerichtsordnung, 8. Aufl., Heidelberg.
Bartelborth, Thomas (1996): Begründungsstrategien. Ein Weg durch die analytische Erkenntnistheorie. Berlin.
Bear, Mark F et al. (2018): Neurowissenschaften. Ein grundlegendes Lehrbuch für Biologie, Medizin und Psychologie. Übersetzt von Andreas Held u. a., hrsg. von Andreas K. Engel. 4. Aufl., Heidelberg.
Bender, Rolf/*Häcker*, Robert/*Schwarz*, Volker (2021): Tatsachenfeststellung vor Gericht – Glaubhaftigkeits- und Beweislehre, Vernehmungslehre. 5. Aufl., München (zit.: *Bender et al.* 2021).
Bender, Rolf/*Nack*, Armin/*Treuer*, Wolf-Dieter (2007): Tatsachenfeststellung vor Gericht. Glaubwürdigkeits- und Beweislehre, Vernehmungslehre. 3. Aufl., München.
Bourdieu, Pierre (1970): Strukturalismus und soziologische Wissenschaftstheorie, in: Ders., Zur Soziologie der symbolischen Formen. Frankfurt a. M., S. 7–41.
Bracker, Susanne (2000): Kohärenz und juristische Interpretation. Baden-Baden.
Bumke, Christian (2014): Rechtsdogmatik, in: JZ 2014, S. 641–650.
Ders. (2017): Rechtsdogmatik. Eine Disziplin und ihre Arbeitsweise. Zugleich eine Studie über das rechtsdogmatische Arbeiten Friedrich Carl von Savignys. Tübingen.
Ders. (2018): Rezension zu Hans-Joachim Strauch „Methodenlehre des gerichtlichen Erkenntnisverfahrens. Prozesse richterlicher Kognition", in: BDVR-Rundschreiben 2018, S. 31–34.
Burke, Peter (2021): Giganten der Gelehrsamkeit. Die Geschichte der Universalgenies. Berlin.
Carnap, Rudolf (1993): Mein Weg in die Philosophie. Stuttgart.
Cassirer, Ernst (1953): Philosophie der symbolischen Formen. Erster Teil. Die Sprache. 2. Aufl., Darmstadt.
Ders. (2009): Form und Technik, in: Schriften zur Philosophie der symbolischen Formen, hrsg. v. Marion Lauschke, Hamburg.
Damasio, Antonio R. (1997): Descartes' Irrtum. Fühlen, Denken und das menschliche Gehirn. München.
Ders. (2000): Ich fühle also bin ich. Die Entschlüsselung des Bewusstseins. München

Deneke, Friedrich-Wilhelm (2001): Psychische Struktur und Gehirn. 2. Aufl., Stuttgart.
Dötsch, Wolfgang (2011): Internet und Offenkundigkeit, in: MDR 2011, S. 1017–1018.
Dreier, Horst (2013): Grundgesetzkommentar. Bd. 1. 3. Aufl., Tübinigen.
Drosdeck, Thomas (1997): Der Rechtsfall als Konstrukt, in: Schmid, Jeanette/Drosdeck, Thomas/Koch, Detlef (Hrsg.), Der Rechtsfall. Ein richterliches Konstrukt. Baden-Baden, S. 5–30.
Dürig, Günter/Herzog, Roman/Scholz, Rupert (2021): Grundgesetz Kommentar, 96. EL. München.
Edelman, Gerald M. (2007): Das Licht des Geistes. Wie Bewusstsein entsteht. Reinbek.
Eisenberg, Ulrich (2017): Beweisrecht der StPO. 10. Aufl., München.
Engisch, Karl (1975): Einführung in das juristische Denken. 6. Aufl., Stuttgart u. a.
Epping, Volker/Hillgruber, Christian (2022): BeckOK Grundgesetz. 51. Edition, München.
Esser, Josef (1972): Vorverständnis und Methodenwahl in der Rechtsprechung. 2. Aufl., Frankfurt a. M.
Festinger, Leon (2012): Theorie der Kognitiven Dissonanz. Hrsg. von Martin Irle und Volker Möntmann. 2. Aufl., Bern.
Fleck, Ludwik (1980): Entstehung und Entwicklung einer wissenschaftlichen Tatsache. Einführung in die Lehre vom Denkstil und Denkkollektiv. Frankfurt a. M.
Fögen, Marie Theres (2002): Rechtsgeschichte – Geschichte der Evolution eines sozialen Systems. Ein Vorschlag, in: Rechtsgeschichte Rg 1, S. 11–19.
Freud, Sigmund (1975): Schriften zur Behandlungstechnik, in: Ders., Studienausgabe. Ergänzungsband. Hrsg. von Alexander Mitscherlich. Frankfurt a. M.
Frommel, Monika (1981): Die Rezeption der Hermeneutik bei Karl Larenz und Josef Esser. Ebelsbach.
Dies. (2016): Rechtsphilosophie in den Trümmern der Nachkriegszeit, in: JZ 2016, S. 913–920.
Fuchs, Thomas (2010): Das Gehirn – ein Beziehungsorgan. 3. Aufl., Stuttgart.
Gabriel, Gottfried (2012): Subsumtion und reflektierende Urteilskraft. Zur Vermittlung zwischen Allgemeinem und Besonderem im Justizsyllogismus, in: Ders./Gröschner, Rolf (Hrsg.), Subsumtion. Schlüsselbegriff der juristischen Methodenlehre. Tübingen, S. 1–23.
Gadamer, Hans-Georg (1990): Hermeneutik I: Wahrheit und Methode. Grundzüge einer philosophischen Hermeneutik. Gesammelte Werke. Bd. 1. 6. Aufl., Tübingen.
Ders. (1986): Hermeneutik II: Wahrheit und Methode. Ergänzungen. Gesammelte Werke. Bd. 2. Tübingen.
Gärditz, Klaus F. (2020): Die Amtsermittlungspflicht – Auslauf- oder Zukunftsmodell?, in: Dokumentation 19. Deutscher Verwaltungsgerichtstag Darmstadt 2019. Hrsg. vom Verein Deutscher Verwaltungsgerichtstag e. V. Stuttgart, S. 425–453.
Geldsetzer, Lutz (1966): Einleitung zum Nachdruck der 2. Aufl. von Thibaut, Theorie der logischen Auslegung des römischen Rechts.
Glöckner, Andreas (2006): Automatische Prozesse bei Entscheidungen. Hamburg.
Greger, Reinhard (2013): „Der surfende Richter". Sachverhaltsaufklärung per Internet, in: Bruns, Alexander et al. (Hrsg.), Festschrift für Rolf Stürner zum 70. Geburtstag. Bd. 1. Deutsches Recht. Tübingen, S. 289–299.
Gröschner, Rolf (2013): Dialogik des Rechts. Philosophische, dogmatische und methodologische Grundlagenarbeiten 1982–2012, Tübingen.
Gruschke, Daniel (2010): Zwei Modelle richterlicher Gesetzesauslegung, Rechtstheorie 41 (2010), S. 35–52.
Hahn, Erik (2018): Wikipedia als richterliche Erkenntnisquelle?, in: Schlieffen, Katharina Gräfin von/Fischer, Jens (Hrsg.), Tagungsband zum interdisziplinären Symposium. Rechtsquelle Wikipedia? Praxis – Fiktionen – Standards (im Erscheinen), S. 66–80, abrufbar

unter: https://www.fernuni-hagen.de/ls_schlieffen/docs/rechtsquelle_wikipedia.pdf (zuletzt abgerufen am 16.9.2022).

Hähnchen, Susanne/Bommel, Robert (2018): Digitalisierung und Rechtsanwendung, in: JZ 2018, S. 334–340.

Hassemer, Winfried (2007): Gesetzesbindung und Methodenlehre, in: ZRP 2007, S. 213–219.

Heck, Philipp (1936): Rechtserneuerung und juristische Methodenlehre. Tübingen.

Herberger, Marie (2021): Wikipedia und die wissenschaftliche Wahrheit – eine exemplarische Rechtsprechungsanalyse, JurPC Web-Dok. 73/2021, Abs. 1–63.

Herberger, Maximilian (1981): Dogmatik – Zur Geschichte von Begriff und Methode in Medizin und Jurisprudenz. Frankfurt a. M.

Hering, Wilhelm T. (2007): Wie Wissenschaft ihr Wissen schafft – Vom Wesen naturwissenschaftlichen Denkens. Hamburg.

Höffe, Otfried (2003): Kants Kritik der reinen Vernunft. Die Grundlegung der modernen Philosophie. München.

Höpfner, Clemens (2018): Gesetzesbindung und verfassungskonforme Auslegung im Arbeits- und Verfassungsrecht, in: RdA 2018, S. 321–337.

Jaeggi, Rahel (2014): Kritik von Lebensformen. Berlin.

Kant, Immanuel (1968): Über den Gemeinspruch: Das mag in der Theorie richtig sein, taugt aber nichts für die Praxis, in: Kants Werke. Akademie-Textausgabe. Bd. 8. Berlin, S. 273–314.

Ders. (1956): Kritik der reinen Vernunft, zit: KrV nach der Ausgabe von R. Schmidt. Hamburg.

Ders. (1902/10): Kritik der Urteilskraft. Berlin, zit: KrU nach der Akademie-Ausgabe 1902/10.

Ders. (2000): Anthropologie in pragmatischer Hinsicht. Hrsg. von Reinhard Brandt. Hamburg, zit.: Anthropologie mit Seitenzahlen nach der Akademie-Ausgabe.

Kaufmann, Arthur (2004): Problemgeschichte der Rechtsphilosophie, in: Ders./Hassemer, Winfried (Hrsg.), Einführung in Rechtsphilosophie und Rechtstheorie der Gegenwart. 7. Aufl., Heidelberg, S. 26–147.

Ders./Hassemer, Winfried (Hrsg.) (2004): Einführung in Rechtsphilosophie und Rechtstheorie der Gegenwart. 7. Aufl., Heidelberg.

Kirchhoff, Guido (2010): Kriterien und Formulierungsvorschläge für eine sachgerechte Beweiswürdigung mit Beweislastentscheidung, in: MDR 2010, S. 791–794.

Kisch, Guido (1955): Rezension zu Theodor Vieweg, Topik und Jurisprudenz, 1953, in: ZRG GA 72 (1955), S. 365–367.

Ders. (2005): Die Wortlautgrenze, in: Lerch, Kent D. (Hrsg.), Die Sprache des Rechts. Studien der interdisziplinären Arbeitsgruppe Sprache des Rechts der Berlin-Brandenburgischen Akademie der Wissenschaften. Bd. 2: Recht verhandeln. Argumentieren, Begründen und Entscheiden im Diskurs des Rechts. Berlin, New York, S. 343–368.

Klappstein, Verena (2014): Steckt Methode hinter der neuen Methode 2.0?, in: Rechtstheorie 45 (2014), S. 133–140.

Kelsen, Hans (1960): Reine Rechtslehre. 2. Aufl., Wien.

Kern, Christoph/Diehm, Dirk (2020): ZPO Zivilprozessordnung Kommentar. 2. Aufl., Berlin.

Kluge, Friedrich/Seebold, Elmar (2011): Etymologisches Wörterbuch der deutschen Sprache, 25. Aufl., Berlin/Boston.

Koch, Hans-Joachim (2003): „Deduktive Entscheidungsbegründung", in: Alexy, Robert/Koch, Hans-Joachim/Kuhlen, Lothar/Rüßmann, Helmut (Hrsg.), Elemente einer juristischen Begründungslehre, S. 37–60.

Ders./Rüßmann, Helmut (1982): Juristische Begründungslehre. Eine Einführung in Grundprobleme der Rechtswissenschaft. München.

Kramer, Ernst A. (1998): Juristische Methodenlehre. Bern.

Kröber, Hans-Ludwig (2003): Freie Entscheidung gegen den Fahrstuhl, in: Gehirn & Geist 2003, S. 13.

Kühnel, Sina/Markowitsch, Hans J. (2009): Falsche Erinnerungen. Die Sünden des Gedächtnisses. Heidelberg.

Kunkel, Wolfgang (1960): Römische Rechtsgeschichte, Köln, Graz.

Kutschera, Franz von (1975): Sprachphilosophie. München.

Larenz, Karl (1960): Methodenlehre der Rechtswissenschaft. 1. Aufl., Berlin u. a.

Ders. (1991): Methodenlehre der Rechtswissenschaft. 6. Aufl., Berlin u. a.

Ders. (1992): Methodenlehre der Rechtswissenschaft – Studienausgabe. 2. Aufl., Berlin u. a.

Ders./*Canaris, Claus-Wilhelm* (1995): Methodenlehre der Rechtswissenschaft – Studienausgabe. 3. Aufl., Berlin u. a.

Lassahn, Philipp (2017), Rechtsprechung und Parlamentsgesetz. Überlegungen zu Anliegen und Reichweite eines allgemeinen Vorbehalts des Gesetzes. Tübingen.

Lee, Kye Il (2010): Die Struktur der juristischen Entscheidung aus konstruktivistischer Sicht. Tübingen.

Lege, Joachim (1999): Pragmatismus und Jurisprudenz. Über die Philosophie des Charles Sanders Peirce und über das Verhältnis von Logik, Wertung und Kreativität im Recht. Tübingen.

Ders. (2006): Rechtsbegriffe. Ihre Logik, ihre Bedeutung, ihre Richtigkeit, in: Greifswalder Halbjahresschrift für Rechtswissenschaft 1. S. 1–16.

Ders. (2012): Subsumtion pragmatisch: Deduktion, Induktion und Abduktion, in: Gabriel, Gottfried/Gröschner, Rolf (Hrsg.), Subsumtion. Schlüsselbegriff der juristischen Methodenlehre. Tübingen, S. 259–289.

Ders. (2020): Was leistet „die juristische Methode (und Methodenlehre)?, in: Hähnchen, Susanne (Hrsg.), Eine Methodenlehre oder viele Methoden? Zweites Bielefelder Kolloquium, Tübingen, S. 21–48.

Lenk, Hans (1980): Systemtheorie, in: Speck, Josef (Hrsg.): Handbuch wissenschaftstheoretischer Begriffe. Band 3. Göttingen.

Ders. (1995): Schemaspiele. Über Schemainterpretationen und Interpretationskonstrukte. Frankfurt a. M.

Lerch, Kent D. (2005): Justitia im Bett des Prokrustes. Sinn und Unsinn der linguistischen Analyse von Rechtstexten, in: Lerch, Kent D. (Hrsg.), Sprache des Rechts. Studien der interdisziplinären Arbeitsgruppe Sprache des Rechts der Berlin-Brandenburgischen Akademie der Wissenschaften. Bd. 3: Recht vermitteln. Argumentieren, Begründen und Entscheiden im Diskurs des Rechts. Berlin, New York, S. 169–182.

Ders. (2021): Equity. Aufstieg und Fall der Billigkeit im englischen Recht, in: Armgardt, Matthias/Busche, Hubertus (Hrsg.), Recht und Billigkeit. Zur Geschichte der Beurteilung ihres Verhältnisses. Tübingen, S. 345–480.

Lindner, Josef Franz (2019): Brauchen wir eine Theorie der Rechtsdogmatik, in: RPhZ 2019, S. 456–462.

Loftus, Elizabeth F. (1998): Falsche Erinnerungen, in: Spektrum der Wissenschaft 1, S. 63–67.

Luhmann, Niklas (1995): Das Recht der Gesellschaft. Frankfurt a. M.

McEwan, Ian (2014): Kindeswohl. Zürich.*Meder, Stephan* (2012): Auslegung als Kunst bei Savigny. Reflektierende Urteilskraft, Rhetorik und Rechtsquellenlehre als Elemente juristischer Entscheidungsfindung, in: Gabriel, Gottfried/Gröschner, Rolf (Hrsg.), Subsumtion. Schlüsselbegriff der Juristischen Methodenlehre. Tübingen, S. 149–177.

Meier-Hayoz, Arthur (1966), Berner Kommentar ZGB. Band I. Einleitung und Personenrecht. Bern.

Merleau-Ponty, Maurice (1966/1974): „Die Phänomenologie der Wahrnehmung". Frankfurt a. M.

Metzger, Wolfgang (1986): Gestalt-Psychologie. Ausgewählte Werke aus den Jahren 1950–1982. Hrsg. von Michael Stadler und Heinrich Crabus. Frankfurt a. M.
Metzinger, Thomas (1996): Ganzheit, Homogenität und Zeitkodierung, in: Bewusstsein – Beiträge aus der Gegenwartsphilosophie. Hrsg. von Dems. 3. Aufl., Paderborn, S. 595–633.
Möllers, Thomas M. J. (2021): Juristische Methodenlehre, 4. Aufl., München.
Müller, Friedrich (1993): Juristische Methodik. 5. Aufl., Berlin.
Müller, Peter (2010): Ernst Cassirers „Philosophie der symbolischen Formen". Darmstadt.
Münte, Thomas F./Heinze, Hans-Jochen (2001): Beitrag moderner neurowissenschaftlicher Verfahren zur Bewußtseinsforschung, in: Pauen, Michael/Roth, Gerhard (Hrsg.), Neurowissenschaften und Philosophie. München, S. 298–328.
Nehamas, Alexander (1991): Nietzsche. Leben als Literatur. Göttingen.
Neufelder, Martin/Trautmann, Wolfgang (1994): Kennzeichen Unrecht: eine pragmatische Rechtsphilosophie. 2. Aufl., Frankfurt a. M.
Neumann, Ulfrid (2001): Juristische Methodenlehre und Theorie der juristischen Wiederbelebung juristischer Methodik im Rechtsalltag – ein Bruch zwischen Theorie und Praxis?, in: Rechtstheorie 32 (2001), S. 239–255.
Ders. (2016): Theorie der juristischen Argumentation, in: Hassemer, Winfried/Neumann, Ulfrid/Salinger, Frank (Hrsg.), Einführung in die Rechtsphilosophie und Rechtstheorie der Gegenwart, 9. Aufl., Heidelberg, S. 303–315.
Ders. (2017): Juristische Argumentationstheorie, in: Hilgendorf, Eric/Joerden, Jan C. (Hrsg.), Handbuch Rechtsphilosophie, S. 234–240.
Neurath, Otto (1931/1981): Einheitssprache des Physikalismus (1931), wieder abgedruckt in: Gesammelte philosophische und methodologische Schriften. Hrsg. von Rudolf Haller und Heiner Rutte. Wien.
Nietzsche, Friedrich (1988): Sämtliche Werke. Kritische Studienausgabe in 15 Einzelbänden. Hrsg. von Giorgio Colli und Mezzino Montinari. Berlin/New York.
Ogorek, Regina (1986): Richterkönig oder Subsumtionsautomat?, Frankfurt a. M.
O'Shea, Michael (2008): Das Gehirn. Eine Einführung. Stuttgart.
Ostrowicz, Alexander/Künzl, Reinhard/Scholz, Christian (Hrsg.) (2020): Handbuch des arbeitsgerichtlichen Verfahrens. Eine systematische Darstellung des gesamten Verfahrensrechts mit einstweiligem Rechtsschutz und Zwangsvollstreckungsrecht. 6. Aufl., Berlin (zitiert als: *Bearbeiter*, in: Ostrowicz/Künzl/Scholz [Hrsg.]).
Ossenbühl, Fritz (1968) Verwaltungsvorschriften und Grundgesetz. Bad Homburg, Berlin, Zürich.
Peczenik, Aleksander (1983): Grundlagen der juristischen Argumentation. Wien.
Pfister, Jonas (2020): Kritisches Denken. Stuttgart.
Picker, Eduard (2012): Richterrecht und Rechtsdogmatik. Zur rechtsdogmatischen Disziplinierung des Richterrechts, in: Bumke, Christian (Hrsg.), Richterrecht zwischen Gesetzesrecht und Rechtsgestaltung. Tübingen, S. 85–120.
Raichle, Marcus E. (2010): Im Kopf herrscht niemals Ruhe, in: Spektrum der Wissenschaft 6, S. 60–66.
Reimer, Franz (2016): Was ist die Frage, auf die die Juristische Methodenlehre eine Antwort sein will?, in: Ders (Hrsg.), Juristische Methodenlehre aus dem Geist der Praxis? Baden-Baden, S. 11–34.
Ders. (2020): Juristische Methodenlehre, 2. Aufl., Baden-Baden.
Rösler, Frank (2011): Psychophysiologie der Kognition – Eine Einführung in die kognitive Neurowissenschaft. Heidelberg.
Rosenberg, Leo/Schwab, Karl Heinz/Gottwald, Peter (2010): Zivilprozeßrecht. 17. Aufl., München.
Roth, Gerhard (1997): Das Gehirn und seine Wirklichkeit. Frankfurt a. M.

Rüßmann, Helmut (2003): Allgemeine Beweislehre und Denkgesetze, in: Alexy, Robert/Koch, Hans-Joachim/Kuhlen, Lothar/Rüßmann, Helmut, Elemente einer juristischen Begründungslehre. Baden-Baden, S. 369–381.

Rüthers, Bernd (2006): Methodenrealismus in Jurisprudenz und Justiz, in: JZ 2006, S. 53–60.

Ders./Fischer, Christian/Birk, Axel (2022): Rechtstheorie mit Juristischer Methodenlehre. 12 Aufl., München.

Savigny, Friedrich Karl von (1840–1849): System des heutigen römischen Rechts, 8 Bände. Berlin.

Schacter, Daniel L. (1999): Wir sind Erinnerung, Gedächtnis und Persönlichkeit. Reinbek.

Schmid, Jeannette (1997): Qualitative Analysen der richterlichen Wirklichkeitskonstruktion, in: Dies./Drosdeck, Thomas/Koch, Detlef (Hrsg.), Der Rechtsfall. Ein richterliches Konstrukt. Baden-Baden, S. 159–189.

Schmitt, Carl (1912): Gesetz und Urteil. Eine Untersuchung zum Problem der Rechtspraxis. Berlin.

Schneider, Udo (2017): Richterliche Ethik im Spannungsfeld zwischen richterlicher Unabhängigkeit und Gesetzesbindung. Berlin.

Ders. (2020): „Good judging". – Die Maßstäbe, in: Dokumentation 19. Deutscher Verwaltungsgerichtstag Darmstadt 2019. Hrsg. vom Verein Deutscher Verwaltungsgerichtstag e. V. Stuttgart, S. 223–362

Schneider, Wolfgang Ludwig (1992): Hermeneutik sozialer Systeme. Konvergenz zwischen Systemtheorie und philosophischer Hermeneutik, Zeitschrift für Soziologie 1992, S. 420–439.

Schweizer, Mark (2005): Kognitive Täuschungen vor Gericht. Eine empirische Studie. Zürich.

Seibert, Ulrich (2013): Gesetzesmaterialien in der Gesetzgebungspraxis, in: Fleischer, Holger (Hrsg.), Mysterium Gesetzesmaterialien. Bedeutung und Gestaltung der Gesetzesbegründung in Vergangenheit, Gegenwart und Zukunft. Tübingen, S. 111–129.

Seide, Ansgar (2011): Rechtfertigung, Kohärenz, Kontext – Eine Theorie der epistemischen Rechtfertigung, Paderborn.

Sendler, Horst (2002): Prognosespielraum bei Abgabenkalkulation; Grenzen gerichtlicher Kontrolle, in: DVBl 2002, S. 1412–1414.

Singer, Wolf (2002): Hirnentwicklung oder die Suche nach Kohärenz – Determinanten der Hirnentwicklung, in: Ders., Der Beobachter im Gehirn. Essays zur Hirnforschung. Frankfurt a. M., S. 120–143.

Ders. (2005): Wann und warum erscheinen uns Entscheidungen als frei? Ein Nachtrag, in: DZPh 53 (2005), S. 707–722.

Ders. (2006): Was kann der Mensch wann lernen?, in: Welzer, Harald/Markowitsch, Hans J. (Hrsg.), Warum Menschen sich erinnern können. Fortschritte der interdisziplinären Gedächtnisforschung. Stuttgart, S. 276–285.

Solms, Mark/Turnbull, Oliver (2007): Das Gehirn und die innere Welt. Neurowissenschaft und Psychoanalyse. Düsseldorf.

Stegmaier, Werner (1992): Philosophie der Fluktuanz – Dilthey und Nietzsche. Göttingen.

Stichweh, Rudolf (2000): Niklas Luhmann, in: Klassiker der Soziologie. Hrsg. von Dirk Kaesler, Bd. 2. München, S. 206–229.

Stobach, Tilo (2020): Kognitive Psychologie, Stuttgart.

Strauch, Hans-Joachim (2000): Wie wirklich sehen wir die Wirklichkeit? – Vom Nutzen des Radikalen Konstruktivismus für die juristische Theorie und Praxis, in: JZ 2000, S. 1020–1029.

Ders. (2001): Der Theorie-Praxis-Bruch. Aber wo liegt das Problem?, in: Krawietz, Werner/Morlok, Martin (Hrsg.), Vom Scheitern und der Wiederbelebung juristischer Methodik im Rechtsalltag. Ein Bruch zwischen Theorie und Praxis? Sonderheft Juristische Methodenlehre. Rechtstheorie 32, S. 197–209.

Ders. (2002): Die Bindung des Richters an Recht und Gesetz. Eine Bindung durch Kohärenz, in: Kritische Vierteljahresschrift für Gesetzgebung und Rechtswissenschaft 3, S. 311–333.

Ders. (2003): Grundgedanken einer Rechtsprechungstheorie, in: ThürVBl 2003, S. 1–7.

Ders. (2005): Rechtsprechungstheorie. Richterliche Rechtsanwendung und Kohärenz, in: Lerch, Kent D. (Hrsg.), Die Sprache des Rechts. Studien der interdisziplinären Arbeitsgruppe Sprache des Rechts der Berlin-Brandenburgischen Akademie der Wissenschaften. Bd. 2: Recht verhandeln. Argumentieren, Begründen und Entscheiden im Diskurs des Rechts. Berlin, New York, S. 479–519.

Ders. (2007): Wandel des Rechts durch juristische Datenbanken?, in: DVBl 16, S. 1000–1007. Auch veröffentlicht in: Dokumentation 15. Deutscher Verwaltungsrichtertag, Weimar 2007. Hrsg. vom Verein Deutscher Verwaltungsgerichtstag e. V. Stuttgart 2008, S. 45–59.

Ders. (2009): Litera, Bytes und Mustererkennung. Die Nutzung juristischer Datenbanken. Paradigmenwechsel in der Rechtsfindung mit unbekanntem Ausgang, in: Rüßmann, Helmut (Hrsg.), Festschrift für Gerhard Käfer. Saarbrücken, S. 387–412.

Ders. (2012): Mustererkennung und Subsumtion im Erkenntnisverfahren, in: Gabriel, Gottfried/Gröschner, Rolf (Hrsg.), Subsumtion. Schlüsselbegriff der juristischen Methodenlehre. Tübingen, S. 335–377.

Ders. (2017): Methodenlehre des gerichtlichen Erkenntnisverfahrens – Prozesse richterlicher Kognition. Freiburg.

Ders. (2018): Wandel in der Rechtsprechung durch Wikipedia?, in: Schlieffen, Katharina Gräfin von/Fischer, Jens (Hrsg.), Tagungsband zum interdisziplinären Symposium. Rechtsquelle Wikipedia? Praxis – Fiktionen – Standards (im Erscheinen), S. 81–99, abrufbar unter: https://www.fernuni-hagen.de/ls_schlieffen/docs/rechtsquelle_wikipedia.pdf (zuletzt abgerufen am 16.9.2022).

Ders. (2019a): Die Ästhetik richterlicher Erkenntnis, in: Lege, Joachim (Hrsg.), Gelingendes Recht, Über die ästhetische Dimension des Rechts. Tübingen, S. 9–24.

Ders. (2019b): Grundgedanken einer Methodenlehre des gerichtlichen Erkenntnisverfahrens – oder von der Notwendigkeit eines Paradigmenwechsels, in: RphZ 2019, S. 430–453.

Ders. (2020): Methode – multiperspektivisch betrachtet, in: Hähnchen, Susanne (Hrsg.), Eine Methodenlehre oder viele Methoden? Zweites Bielefelder Kolloquium zur Methodenlehre zwischen Handwerk und Wissenschaft. Tübingen, S. 1–20.

Thompson, Richard F. (2001): Das Gehirn. 3. Aufl., Heidelberg.

Toulmin, Stephen (1996): Der Gebrauch von Argumenten. Weinheim.

Viehweg, Theodor (1974): Topik und Jurisprudenz, 5. Aufl., München.

Vismann, Cornelia (2011): Medien der Rechtsprechung. Frankfurt a. M.

Volkmann, Uwe (2013): Grundzüge einer Verfassungslehre der Bundesrepublik Deutschland. Tübingen.

Ders. (2016): Gelingensvoraussetzungen von Rechtsfortbildung, in: Hoffmann-Riem, Wolfgang (Hrsg.), Innovationen im Recht, 2016, S. 63–90.

Ders. (2020): Die Dogmatisierung des Verfassungsrechts. Überlegungen zur veränderten Kultur juristischer Argumentation, in: JZ 2020, S. 965–975.

Voßkuhle, Andreas (2002): Methode und Pragmatik im Öffentlichen Recht, in: Bauer, Hartmut et al. (Hrsg.), Umwelt, Wirtschaft und Recht. Tübingen, S. 171–195.

Ders. (2012): Was leistet Rechtsdogmatik? Zusammenführung und Ausblick in 12 Thesen, in: Kirchhof, Gregor/Magen, Stefan/Schneider, Karsten (Hrsg.), Was weiß Dogmatik? Was leistet und wie steuert die Dogmatik des Öffentlichen Rechts? Tübingen, S. 111–114.

Waal, Frans de (2020): Mamas letzte Umarmung. Die Emotionen der Tiere und was sie über uns aussagen. Stuttgart.

Wehling, Elisabeth (2016): Politisches Framing. Wie eine Nation sich ihr Denken einredet – und daraus Politik macht. Köln.

Welzer, Harald (2006): Über Engramme und Exogramme. Die Sozialität des autobiographischen Gedächtnisses, in: Welzer, Harald/Markowitsch, Hans J. (Hrsg.), Warum Menschen sich erinnern können. Fortschritte der interdisziplinären Gedächtnisforschung. Stuttgart, S. 111–128.

Wohlrapp, Harald (2005): Argumente stehen in einem Text nicht wie Gänseblumen auf der Wiese herum. Eine Kritik an Katharina Sobotas empirischer Rechtstextanalyse, in: Lerch, Kent (Hrsg.), Die Sprache des Rechts. Studien der interdisziplinären Arbeitsgruppe Sprache des Rechts der Berlin-Brandenburgischen Akademie der Wissenschaften. Bd. 2: Recht verhandeln. Argumentieren, Begründen und Entscheiden im Diskurs des Rechts. Berlin, New York, S. 549–592.

Abgekürzt zitierte Nachschlagewerke

EPhWTh (1. Aufl.): Enzyklopädie Philosophie und Wissenschaftstheorie. Hrsg. von Jürgen Mittelstraß, 4 Bände. Mannheim u. a. 1980–1996.

EPhWTh (2. Aufl.): Enzyklopädie Philosophie und Wissenschaftstheorie. Hrsg. von Jürgen Mittelstraß. Stuttgart, Weimar 2010 ff.

HWPh: Historisches Wörterbuch der Philosophie. Hrsg. von Joachim Ritter, Karlfried Gründer und Gottfried Gabriel.

Enzyklopädie (1. Aufl.): Enzyklopädie Philosophie. Hrsg. von Hans Jörg Sandkühler. 2 Bände. Hamburg 1999.

Wörterbuch der Kognitionswissenschaft (1996). Hrsg. von G. Strube, B. Becker, C. Freksa, U. Hahn, K. Opwis u. G. Palm. Stuttgart.

Lexikon der Neurowissenschaft in vier Bänden (2000, 2001). Hrsg. von Hartwig Hanser. Heidelberg, Berlin.

Stichwortverzeichnis

Abwägung 85, 99 ff.
Akzeptanz 84, 109, 116
Alltagstheorien 61 ff., 84
Amtsermittlung s. Prozessmaximen
Analogien, analog 89, 108
Argumentationstheorie 123 ff.
Auslegung, Auslegungstheorien, Regeln 9 f., 87 ff., 93 ff., 121 ff.
- historische, subjektive 126 ff.
- teleologische, objektive, 126 ff.
- Wortauslegung, s. a. Wortlautgrenze 122
- Rangfolge 90
- Textverstehen 92
- verfassungsrechtliche Vorgaben s. Methode: Verfassungsrecht
- Ziele 93, 122

Begriffsjurisprudenz 9, 123
Beweis, Beweismaß 44 ff., 55 ff., 64 ff., 79 ff.
Beweiswürdigung 63 ff., 79 ff., 85
   s. a. Gesamtschau, Gesamtwürdigung
Black Box 16, 66 f.
Bourdieu, Pierre 14
   s. a. Habitus

Canones s. Auslegung

Datenbanken 88, 109, 117 f., 122
Demokratie 9 f., 107 f.
Denk- und Argumentationsraum 8, 18, 113 ff.
Dezision 83 f., 113
Dogmatik 93 ff.

Entscheidung 88 f., 113 ff., 124
- Herstellung, Darstellung 25, 123 f.
- „richtige Entscheidung" 15, 17, 113
Entscheidungsnorm 93, 97 f., 105
Erfahrungssätze, 56 ff.
   s. a. Alltagstheorien
Erkenntnis 75, 83, 114
   s. a. Kognition

Erkenntnistheorie 113 f.
Erkenntnisverfahren, gerichtliches 8, 12 ff., 16, 119
Ethik 86
   s. a. Richter
EuGH 24 f., 95
EU-Recht s. Mehrebenensystem
Evolution 74, 76, 108
   s. a. Recht

„Fall und Fallverstehen" 7, 27 f., 76
Freirechtsschule 9
Freud, Sigmund 33 ff.

Gadamer, Hans-Georg 23, 126 ff.
   s. a. Hermeneutik
Gedächtnis 15, 22 ff., 45 ff., 70 ff.
Generalklauseln 100
Gerechtigkeit 95 ff., 101 ff.,
Gesamtschau, Gesamtwürdigung 56, 63 ff., 71, 73 ff., 80, 84 f.
Gesetzesbindung, Gesetz und Recht 29 f., 90 f., 97, 104 f., 106 ff., 118, 126
Gesetzespositivismus 97, 123
Gesetzesvorbehalt 100 f., 107 f.
Gesetzesvorrang 107
Gesetzgebungsmaterialien 92
   s. a. Auslegung
Gewissheit 57, 59 f., 79 ff.
   s. a. Beweiswürdigung
Grundrechte, Grundrechtsdogmatik 99 ff.
Güterabwägung s. Abwägung

Habitus 8 f., 14, 26, 33, 70, 120
Hermeneutik 23, 126 ff.
„Hin und Herwandern des Blicks" 7
Hypertext Recht 29, 108 f., 118, 122
   s. a. Recht

Indizien 41, 55 ff., 66 ff.
Informationsverarbeitungsprozess 16, 55 f.
Interessenjurisprudenz, Interessentheorie 123

Interpretation 89 ff.
s. a. Auslegung, Hermeneutik

Judiz 27, 96, 99
Justizgewährleistungsanspruch 104

Kanones, canones s. Auslegung
Kant, Immanuel 14, 17, 75, 120
Kognition, Kognitionswissenschaft 16, 24 ff., 75, 78, 84, 89, 129
- richterliche Kognition 26
- Expertenwissen 77 f.
Kohärenz 17 f., 25 f., 53, 94, 113 ff.
- Herstellung von Kohärenz 25, 66, 109, 113, 117 f.
s. a. richterliche Entscheidung
- Prämissenrahmen 118
- temporal kohärente Struktur 23, 46, 48
- Theorie 113, 117
Konstrukt, Konstruktivität 26 f., 32, 75, 81
Konstruktivismus 26

Lebenswelt 26, 37

Mehrebenensystem 108
Methode, Methodenlehre 1, 5 ff., 12 ff., 29 f., 33, 52 f., 86, 88 ff., 113 ff.
s. a. Herstellung von Kohärenz
- Begriffliches 5 f., 12 f., 86, 119
- des gerichtlichen Erkenntnisverfahrens und der Rechtswissenschaft 7 f., 12, 14, 17, 44, 119, 124
- Gebrauchsmethodik, Handwerk 119 ff.
- regelgeleitetes Verfahren 14
- Verfassungsrecht 9 f., 95 f., 101, 106 f., 120
Multiperspektivität 14 f., 17, 117, 120
Muster, Mustererkennung 14, 23, 31, 35 ff., 48, 52, 72 ff., 88 f., 99
- Typologie 27

Neurath, Otto 114, 118
Neurowissenschaft 45, 47
s. a. Kognition
Nullhypothese 49 f., 72 f.

Positivismus s. Gesetzespositivismus
Präjudizien 106, 125
Prinzipien 13, 17, 47, 53, 93, 95, 99
prozedurales Wissen 13, 24

Prozessmaximen 13, 43

Recht 7 ff., 95 ff., 104 ff.
- Hypertext 29, 108 f., 118, 122
- Rechtsgewinnung, -ermittlung, -anwendung 17 f., 31, 87 ff., 101, 115, 117 f., 122
- Rechtsfortbildung 90 f., 107 f., 124
- Richterrecht 81, 104 ff.
Rechtsprechung 9 f., 64 f., 87 ff., 104 ff.
Rechtsquelle 125
Rechtsstaat, rechtsstaatlich 89, 96, 102 ff.
Rechtssystem 96, 104 ff.
Regelbindung 94, 101
regulative Idee 17
Rekonstruktion, 125
s. a. Konstrukt, Konstruktivität
Richter 8, 10, 12 f., 27 f., 33 ff., 40 ff., 55 ff., 71 ff., 80 f., 91 f., 95, 106 f.
- Richtertypen 40
- Richterethik 86

Sachverhalt 6 f., 31 ff., 89, 113 ff.
Savigny, Friedrich Carl 90, 121 ff.
Schlussfolgerungen 7, 17, 26, 55 f., 59, 65, 85 f., 113, 116 f.
s. a. Subsumtion
Semantik, semantisch 42 f., 118, 122, 125
Stimmigkeit 53, 75 f., 115 f.
s. a. Kohärenz
Subsumtion 5, 27, 99 ff., 115 f., 121
System, Systemdenken 70 f., 74, 76, 81, 94 ff., 104
Systemdenken 122

„tools for handling" 14
Topik, Topos 123, 125 f.

Umfassendheit 39, 66, 116
s. a. Kohärenz
Urteilskraft 28, 97 f.

Vagheit, vage Begriffe 29 f., 101, 116 f.
Verhältnismäßigkeit 101
Verhandlungsmaxime 32, 41, 83
s. a. Prozessmaximen
Vorverständnis, Vorurteile 23 ff., 37, 78, 83, 120, 123, 128 f.
Wahrheit 10, 31 f., 35, 37 f., 44 ff., 52 f., 66, 83, 113 f., 127

- Prozessuale 32, 49, 83
- Wahrheitstheorien 113
- Verifizierung 7, 49 ff., 76 ff.

Wahrnehmung 15, 21 ff., 33 ff., 45 ff., 74 f., 117, 119
  s. a. Kognition
Wahrscheinlichkeit 15, 57 ff., 66 ff., 77, 80 f.
Werte, Wertungen 26, 65, 69, 85 f., 97 f., 113

Widerspruch, Widerspruchsfreiheit 67 f., 107, 116, 127
  s. a. Kohärenz
Wittgenstein, Ludwig 30, 122
Wortlautgrenze 122

Zeugen, Zeugenbeweis 15 f., 21, 36 f., 44 ff., 55, 73 f.